다락방
이야기

페미니스트 연구공동체 여이연

다락방 이야기_ 페미니스트 연구공동체 여이연

여성문화이론연구소 엮음

발행	고갑희
주간	임옥희
편집 · 제작	사미숙
펴낸곳	여이연
주소	서울 종로구 대명길 17 대일빌딩 5층
전화	(02) 763-2825
팩스	(02) 764-2825
등록	1998년 4월 24일(제22-1307호)
홈페이지	http://www.gofeminist.org
전자우편	gynotopia@gofeminist.org

초판 1쇄 인쇄 2017년 12월 16일
초판 1쇄 발행 2017년 12월 18일

값 15,000원
ISBN 978-89-91729-34-6

잘못된 책은 바꿔 드립니다.

다락방 이야기

페미니스트 연구공동체 여이연

여성문화이론연구소 **엮음**

도서출판 **여이연**

| 목   차 |

| 부   록 |

2 0 년 을
담 다.

여성문화이론연구소가 20년이 되었습니다.

연구소의 삶뿐 아니라 회원들 각자의 일상이 바빠 연구소의 세월이 쌓이는 줄 몰랐는데 20년은 그냥 지나치기 힘든 무게가 있는 것 같습니다. 작년부터 20주년을 마음에 담았지만, 한 해 한 해 지나온 연구소의 일상과 20주년이 되는 올해도 크게 달라진 것은 없습니다. 그래도 옛날 사진에서 찾은 20년 어린 연구소 선생님들의 모습은 새삼스럽기는 합니다.

떠들썩하게 20주년을 준비한 것은 아니지만 올해 연구소 사람들의 마음은 분주했고, 그 결과물 중 하나가 바로 『다락방 이야기』입니다.

『다락방 이야기』를 준비하는 과정에 느낀 소회 중 하나는(정리된 자료가 너무 없어서 이런 생각을 했을 수도 있습니다), 다소 거창하게 말하자면 '여성들'이 자기 역사를 '겸손'하게 다루어 왔다는 것입니다. 아마도 우리도 그랬나봅니다. 연구소 하나 꾸려나가는 것이 뭐 그리 대단한가. 그렇게 생각했었나봅니다. 막상 연구소 20년을 기록하려다보니 제대로 된 사진하나 찾는 것조차 쉽지가 않습니다. 다시 생각해보면 기록을 정리할 여유와 재원이 없기도 했고, 또 한편으로는 다들 기억하고 있고, 그 속에 스스로 역사로 존재하기에 그것을 기록해야 하는 필요성이 절실하게 다가오지 않았던 탓도 있었던 것 같습니다.

연구소가 어느새 20년이 되었냐 연구소 안팎에서 자주 듣는 이야기입니다. 이는 연구소에서 활동한 연구소 사람들에게도 놀라운 일이지만, 주위 다양한 연구자집단, 페미니스트 활동가들에게도 인상적인 숫자임에는 분명합니다. 20년. 물리적인 시간으로도 꽤 긴 시간입니다. 『다락방 이야기』 작업을 계기로 모두의 기억이 추억이 아닌 역사가 되기를 바라며, 연구소 20년의 '일부'를 이 책에 담았습니다. 20년을 한 번에 기록한다는 것은 불가능한 작업이었고, 이 책이 담은 내용은 20년의 일부입니다. 이 책을 시작으로 또 다른 '일부' 이야기들이 덧붙여지고 여러 기억들이 소환되기를 바랍니다. 그래서 연구소의 역사가 풍성해지고, 나아가 한국 페미니즘 역사, 여성운동사 역시 풍성해지기를 또한 기대합니다.

필자들을 대신하여
문은미

다락방 풍경,
11컷

2000년 한국고전여성문학회가 만들어지고 학회 일을 하면서 이론에 대한 갈급함이 생겼다. 공부가 필요해서 여이연 강좌를 찾아왔다가 지금까지 인연이 이어졌다. 처음 왔을 때 다락방의 내실(內室)-사무공간-이 다가갈 수 없는 공간처럼 보였다. 막상 들어가 앉으니 허름한 소파가 내 몸무게보다 더 깊이 쑥 내려갔다. 그 무게만큼 나도 여이연에 쑥 들어갔다.

밖에서 보면 자기들끼리 뭉쳐 있어 틈이 없는 것 같지만 막상 들어가 보면 느슨하기 짝이 없는 곳, 필요하면 느슨함이 조금씩 단단해지면서 모양을 드러내는 곳, 그런 곳이 여이연이었다. 한동안은 좀 더 단단한 조직화, 제도화가 필요하다고 생각했지만 지금 와서 생각해보면 그런 느슨함이 20년을 버티게 한 것은 아닐까 생각하곤 한다.

지금 여이연은 나에게 몇 뭉치의 종이로 남아 있다. 한동안 매주 했던 성노동 세미나 발제문, 성노동자 네트워크 회의자료, 10주년 학술대회 회의록. 나머지 뭉치들은 다 없앴는데 왜 이것만 남았는지는 잘 모르겠다. 아마도 앞의 두 개는 지속되지 못한 것에 대한 아쉬움 때문일 테고, 마지막 건 중요한 자료라고 생각해서인 것 같다. 그러나 20년을 맞는 여이연은 이제 다른 공간이다. 새로운 구성원들과 더불어 새로운 의제, 새로운 운영 방식으로 지금까지 해 왔던 것처럼, 아니 지금 하고 있는 것처럼 여이연은 이론과 실천의 최전선이 될 것이다. 그러니 나는 이제 곧 그 뭉치마저도 버릴 것이다.

김경미

겨울이다. 가장 따뜻한 것이 필요했던 계절에 가장 따뜻한 느낌을 온전히 전해준, 여이연은 내게 뜨거운 겨울이다. 여이연 다락방을 찾아가는 길은 추웠던 기억이 압도적으로 많다. 그랬다. 여이연은 해마다 12월 송년회를 하는데, 놓칠 수 없었던 그 파티는 늘 그해 가장 추운 날이었고, 파티라 차려입고 간 모직 코트는 늘 추위에 뻣뻣해졌었다.

대학로의 시끄러운 음악 소리와 요란한 네온사인을 헤집고 여이연 다락방이 있는 건물로 들어선다. 언젠가 보았던 영화 포스터가 벽에 덕지덕지 붙어있고, 낡고 먼지 쌓인 벌건 플라스틱 비디오테이프가 쌓여 있는 계단을 지나면 열린 철창을 만나게 된다. 그 철창은 늘 열려있으니 망정이지 닫힌 모습을 보게 된다면 결코 올라가고 싶지 않을지도 모른다.

발소리를 줄여 조심스럽게 들어가 본다. 붉은 조명으로 음탕하게 꾸며진 다락방은 비밀스러웠다. 음식 냄새도 난다. 음악 소리도 들린다. 그리고 사람이 있다. 드레스 코드는 '레드'였던 것 같다. 어쨌거나 멋스럽게, 어쨌거나 자유롭게, 레드로 치장한 반가운 얼굴들을 보니 저마다의 뜨겁고 붉은 심장이 느껴진다. 해마다 이렇게 파티를 했다.

독보적으로 비명을 지르는, 뭐라 말할 수 없는 중독성 있는 아쟁 연주. 어질어질 끈적끈적한 춤이지만 뭔가 전투적이고 의리가 있어 보이는 탱고 공연. 속이 시꺼먼 정경부인의 치마 속을 훔쳐본 것 같은 시 낭송. 어둠 속의 노크처럼 마음을 두드리던, 그러나 어디서 끝나는지 잘 모르겠는 타악기 연주. 늘 관객에게 숙제를 던지곤 하는 극단 '목요일오후한시'의 공연까지. 그야말로 어느 것 하나 예측하기

다락방 풍경, 11컷

힘든 원초적 퍼포먼스로 기억된다. 그리고 함께하는 사람과 술과 음식이 있으니 이 지구의 마지막 날이 온다면 그렇게 즐기고 지구는 터져버려도 될 듯하다.

여이연의 다락방은 그렇게 요상한 주술을 내게 걸었다. 무언가에 갈등하고 고민하던 나 자신은 사라지고, 보여지면 보여지는 대로, 상대가 원하면 원하는 대로, 같은 모습으로 사는 것에만 익숙해져 가던 내게 여이연의 다락방은 마치 '오르페오의 방'*과도 같았다. 어느 날 파니에게 찾아온 점성술사 오르페오처럼 여이연의 다락방은 나 자신을 사랑하게 해주고, 내 편이 되어주고, 나를 위로해주는 마법을 부렸다. 마음 한구석 굵은 철창에 가두어 두었던 나의 욕망 덩어리를 드러내고 까칠한 인간, 나쁜 여자가 되고자 하는 나를 끌어내 주었다. 어쩜 여이연 다락방 입구에 놓인 철창을 넘어 올라가던 그 순간, 내 머릿속을 꽁꽁 동여맨 철창도 부숴버리기로 맘먹었는지 모른다.

그렇게 내가 새로운 세상에 들어설 수 있었던 건 어디에 숨어 지냈는지 알 수 없었던 여이연에 모인 다양한 사람들 때문이었을 것이다. 아니면 여이연이 읽어주는 세상, 여이연 사람들과 함께한 세월이었을지.

그런데, 어쩜 그건 여이연 다락방 창문이, 쫄쫄 흐르는 시원찮은 싱크대 수돗물이, 낡고 둔한 겨울 가스난로가, 늘 무언가 적혀있던 낡은 보드판이, 구석에 처박힌 냉온수기가, 주저앉은 소파가, 커다란 회의 테이블이, 절대 환하면 안 될 것 같은 형광등이 어우러져 내게 부린 마법이 아닐까. 나는 앞으로도 이런 주술에 기꺼이 걸릴 준비가 되어있다. 다른 세상, 다른 사람, 다른 나를 만나고 싶다면 여러분께도 여이연의 다락방이 부리는 주술에 한번 빠져 보기를 추천한다.

박진영

* 영화 〈파니 핑크〉에서 옆방 주술사 오르페오는 자신의 방으로 파니를 초대해 자신이 잠드는 관에 누워보게도 하고 무언가를 잊게 해주는 스프를 만들어주기도 하면서 파니에게 늘 요상한 주술을 부린다. 더 놀라운 건 그 주술의 효과가 장난 아니라는 거!

집을 나와, 명륜동 여성문화이론연구소에 가는 여정은 꽤 길다. 지하철을 타고 4호선 혜화역 4번 출구로 나와 시끌벅적한 대명길을 걸어, 빌딩 사이에서 간판 없는 여성문화이론연구소를 찾는다. 처음 연구소를 찾기 위해 몇 번 헤매던 기억도 난다. 이정표가 되어주는 DVD방 표지를 겨우 찾아, '설마 여기에 있을까'란 의구심을 접어둔 채 계단을 올라 마침내 문을 열면, 맨 꼭대기 다락방에 여성문화이론연구소가 있다.

연구소에 빼곡하게 찬 물품과 책, 팸플릿, 포스터는 지나온 20년의 세월을 고스란히 보여준다. 이 다락방 공간에 공부하는 여자들의 흔적이 깃들어 있다. 여기서 얼마나 많은 세미나와 강좌가 이루어졌는지. 연구소 한편 작은 사무실 컴퓨터는 항상 켜져 있다. 출판 비용을 줄이려 교정과 편집을 모두 소화하면서 수고롭게 책을 만들어 왔다. 다양한 이론서뿐 아니라, 『여/성이론』은 상근자와 운영진의 부지런하고 반복적인 노력을 담아, 1999년 창간한 이래로 지금 37호에 이르렀다. 정말로 『여/성이론』은 그 이름처럼, 여성이라는 현재의 정체성을 만든 가부장제의 역사에 균열과 틈새를 내었고, 이제 다양한 여성들의 차이를 확산하고 있다.

출판과 문화를 움직이는 독자와 관객 대다수가 여성이라는 공공연한 비밀을 이제는 다들 안다. 그만큼 여자들은 그 누구보다도 앎과 문화를 갈망한다. 여성들은 자신의 경험을 입말로, 자신의 언어로 표현할 수 있는 언어와 배움을 그 누구보다도 원한다. 몸에 맞지 않은 옷처럼 불편하고, 알면 알수록 오히려 자기를 죄어오는 가부장제의 지식에서 벗어나, 아픔으로 증후로 나타나는 어지러운 경험을 바라보고 직면할, 말과 이론이 여성에게 절실히 필요하다.

일찍이 버지니아 울프가 『자기만의 방』에서, 여성이 자기를 위해서 휴식하고 글을 쓸 수 있는 자리, 정신을 집중할 수 있는 자기만의 공간이 필요하다고 이야기한 바 있다. 이와 더불어, 여성들이 함께 말하고 토론하고 공부하는 공간 역시 필요하다. 지식을 원하는 여성들이 속할 수 있는 공공장소란 얼마나 부족한 것인가.

여성문화이론연구소는 바로 그런 공간이 되어주었다. 한여름을 나게 한 오래된 에어컨과 덜덜 떨리는 몸을 녹여주는 자그마한 히터를 끼고, 공부를 좋아하는 여자들이 다달이 내는 돈으로 운영하는 이 작은 공간이 얼마나 많은 사람들에게 버팀목이 되어주었던가. 한나 아렌트의 망명 생활에 동반자가 되어준, 한 시대를 먼저 살아간 라엘 파르하겐의 다락방 지식 살롱처럼, 1997년 개소한 이래로 다락방 연구소에서, 여성들은 역사를 다시 쓰고 여성주의적 시각에서 새로운 시대를 건너갈 이론적 패러다임을 만들면서 십 년을 두 번 넘어 2017년에 왔다.

개별 연구자들이 제도권 밖에서도 상호 교류하고 여성주의 연구를 자유롭게 할 수 있는 공간을 만들어보자는 처음의 취지는 여전히 지켜지고 있다. 생생한 날 것의 이야기가 나올 수 있도록 귀 기울이고, 더듬거리는 말투로 속삭이는 목소리를 이론화함으로써 여성이 주체가 될 수 있는 가능성을 다양하게 찾아냈다. 이제, 십 년 뒤, 30주년을 맞은 2027년 여성문화이론연구소의 모습을 기쁘게 바라본다.

김은주

'페미니즘과 미술'이라는 키워드 아래 '빨간뻔데기'라는 콜렉티브 그룹 활동을 간헐적으로, 그래도 질기게 하던 시절이 있었다. 처음엔 여이연의 다른 세미나와 다를 바 없이 매주 다락방에 모여 책을 읽었지만 무브먼트가 필요하다는 한마음 한뜻으로 의기투합한 뒤엔 본격적으로 놀고, 먹고, 싸우며 이래저래 다양한 일을 벌였다. 다른 이들이 보기엔 '거친 생각과 불안한 눈빛'뿐인 떨거지들이었겠지만 우린 젊었고 패기만은 충만했다.

그런데 너무 충만해서였을까. 며칠 밤을 티격태격하며 만든 순수한(?) 기획안은 페미니즘이라는 낙인 아래 미술비평가, 공무원들에게 시대에 뒤처지고 쓸모없는 콘텐츠일 뿐이었다. 어느 면접에서는 심사위원이 빨간 껍데기라고 팀 이름을 가지고 희롱질을 하더니 무엇을 위한 활동이냐는 철학적이고도 심도 높은 질문으로 우리의 영혼을 패대기치기도 했다. 결국 할 말 다 하며 자진 탈락하고 자존심 하나 챙겨 돌아왔지만, 이것을 시작으로 우린 계속 비슷한 패배감을 맛보아야 했다. 입신양명의 꿈은 다사다난한 시간을 겪으며 희미해졌고 우리는 이렇다 할만한 성과를 이루지 못한 채 미술계의 제도권 진입에 실패했다.

시간이 지나고 각자의 삶에서 생계와 육아로 고군분투하며 하루하루를 보내다 보니 이제는 기억 속의 먼 빨간뻔데기가 되어버렸지만…… 페미니즘이 대세 아닌 대세가 되어버린 지금은 우리의 수많은 시도와 노력이 이 시대의 주춧돌이 되었던 것은 아닐까 자위하며 안드로메다에 가기도 한다. 물론 한 친구는 결혼을 하며 '나는 내가 페미니스트인 줄 알았는데 그냥 미친년이었나 봐요~'라고 우스갯소리를 하기도 하지만 우리는 최선을 다했고 또 훌륭했기에 이 시대의 참 요정이라고 자부하기로 하자.

조경미

"시름시름 사는 것이다. 게으르게, 숨만 쉬고." 앞으로의 계획에 대한 누군가의 물음에 임옥희 선생님이 던진 이 허탈한 답변이 내내 가슴에 남았다. 다른 운동가들에게서 보이는 모종의 뜨거움이나 열정 같은 건 어째 하나도 느껴지지 않는 답변. 왠지 다 죽어갈 듯 작게 떨리던 그 말이 울림을 준 이유는 무엇이었을까.

나는 록산 게이의 『나쁜 페미니스트』에 공감한다 외치면서도 속으로는 내 사사로운 얼굴마저 진정성으로 똘똘 뭉쳐있길 바라던 '열정충', '진지충'이었다. 개인적인 것이 정치적인 것이라는 급진 페미니스트의 언명을, 모든 개인적인 것을 다 정치적으로 올바르게 남기라는 말로 엉뚱하게 확대해석했던 까닭이다.

하지만 얼굴 없는 진정성이란 얼마나 허망한가. 임옥희 선생님과 여이연을 통해 만나게 된 것은 기대와는 달리 책과 이론보다 이야기와 연극이었다. '참을 수 없는 한남의 사사로움'을 가리기는커녕 오히려 나약하고 우울한 내 민낯을 드러낼 기회를 얻었다. 팀원들과 데이트 폭력의 상처를 조심스레 드러냈을 때, 근엄한 남성 역役을 내려놓고 내 안의 다른 성을 연기했을 때, 팀원이 성노동 경험을 하염없이 풀어냈을 때, 우리의 이야기를 앞에서 들어주던 사람들이 있었다. 모두 여이연을 통해 만난 사람들이었다.

'이론'이 주는 무게 때문에 안타깝게도 여성문화이론연구소는 '배운' '여성'들만 드나들 수 있는 딱딱한 공간의 이미지를 가지고 있는 것 같다. (다 내가 남성 1호 회원으로서 영업의 임무에 소홀한 탓이다.) 하지만 적어도 내겐 이론이 주는 명확함과 확실함보다 모호함과 주저함을 알게 해준 곳이 여이연이었다. 다 안다고 깝치지 말고, 여전히 모르고 있음을 정직하게 인정하며 그로부터 나아갈 길을 탐구하기. 멸렬할 것 같은 임옥희 선생님의 답변에서 힘을 느낀 이유를 이제야 조금 알 것 같다. 왜 '끊임없이 처음부터 다시 시작해야 한다'고 말씀해주셨는지, 왜 페미니즘은 과거완료가 아니라 언제나 현재진행형인지를.

수십 년 동안 하나의 분야에 천착해온 학자가 아직도 '잘 모르겠다'고 이야기했을 때, 아는 체하며 관심받길 좋아했던 내가 느꼈던 부끄러움은 이루 말할 수 없었다. 선생님은 존 쿳시 소설의 등장인물, 엘리자베스 코스텔로를 닮고 싶다고 하셨지만, 그 이후로 나는 조심스러우면서도 솔직한 임옥희 선생님을 더 사모하게 되었다. 주저하고 고민하고 무너지며 얻는 경험이 소수자의 소리를 더 강력한 언어로 만드는 방법이라는 사실을 요즘 '남성'이 아닌 다른 소수성을 경험하며 더 깊게 깨닫고 있는 까닭이다.

여이연이 20년 동안 쌓은 공든 탑에 실금을 내지 않도록 조신하게 잘 들으며 살아야겠다고 다짐한다. 아울러 누구도 갖지 못한 여이연 남성 1호 회원의 타이틀을 자랑스럽게 여기고 여이연 회원 영입 홍보의 천명을 따르려 한다.

이명훈

가끔 캐나다 런던의 한적한 주택가를 거닐다 보면, 100여 년이 족히 넘은 노란 벽돌집들과 그 벽을 타고 올라간 울긋불긋한 나뭇잎 덩굴 사이로 주택 겸 사무실을 사용하는 이들의 커다란 창문을 맞닥뜨리곤 한다. 소도시인 탓에 토론토와 같은 대도시의 살인적인 부동산 가격에서 자유롭고, "자기만의 방" 혹은 "자기만의 집"을 갖는다는 것이 인간적인 노력으로 가능한 그런 곳이다. 그런 탓에 이 도시에서 산책을 하다 보면, 버지니아 울프의 "자기만의 방"을 떠올리다가 "자기만의 집"을 가지고 집의 한 부분을 사무실처럼 개방해서 페미 언니들의 공간을 만드는 일을 상상하게 된다. 그리고 그 공간을 채울 사람들을 떠올리다 보면, 여이연 정신분석 세미나팀 선생님들 얼굴이 눈앞을 스쳐 지나가고 절로 미소를 짓고 있는 나를 발견하게 된다.

내게 2층짜리 노란 벽돌집이 생긴다면, 아무 생각 없이 기꺼이 내 생활공간을 내어 주고 싶은 사람들……. 정신분석 세미나팀을 처음 찾아가게 된 것은 5년 전 캐나다 생활을 잠시 정리하고 서울로 돌아갔을 때였다. 길진 않지만 이방인으로 또 인종화된 아시아 여성으로 한국을 떠나 살았던 경험을 서울에서 만난 예전 친구들과 공유할 수 없었기에, 소통의 기쁨을 느끼지 못하고 있던 차였다. 정신분석 세미나팀의 커리큘럼은 정신분석뿐만 아니라, 정치경제 및 문화연구를 망라하기도 했지만 세미나 팀원들의 다양한 개성과 대화의 내용은 가히 상상의 범주를 넘나들곤 했다. 무엇보다 우리 세미나의 절정은 발제와 토론 후 그때그때 마련한 음식과 술을 테이블에 펼쳐 놓고, 온갖 말들의 잔치를 벌이는 것이다. 사적 공간과 공적 공간의 구분이 어렵듯이, 우리네의 세미나와 뒤풀이의 경계 역시 종종 불분명하긴 하지만 말이다. 그 책 냄새 가득한 다락방 안에서 매주 금요일 세미나를 하던 순간에는 마치 내 주변에 보송보송하고 따스한 아지랑이가 피어올라 노란빛으로 나를 감싸 안아 말랑말랑한 솜사탕 같은 구름을 타고 노니는 느낌이었다고 한다면, 아마 몇몇 캐나다 친구들은 마리화나의 맛을 표현한다고 놀릴지도 모르겠다. 혹은 오르가즘의 완곡한 묘사라고 할지도 모르겠다.

사실, 여성주의 관련 지식을 습득하고자 한다면 글을 읽는다든가 학회에 참석한다든가 온라인상의 커뮤니티 활동으로도 어느 정도 충족이 되겠지만, 정신분석 세미나 팀에는 지적인 습득뿐만이 아니라 소통의 공간이 만들어진다. 소통에 대한 갈증이 풀리는 것만큼 행복을 주는 일이 또 있을까? 그것은 마치 성인이 되어 습득한 외국어를 가지고 소통해야 하는 이가 겪는 고통의 사이클을 벗어나는 것과 같기도 하며, 혹은 김영하의 단편『오직 두 사람』처럼, 지구상에서 같은 언어를 사용하는 오직 두 사람이 남아 싸움으로 언어의 단절을 겪는 것이 아니라, 다른 이들이 이해하지 못하는 유일의 언어로 오로지 두 사람이 소통하는 데서 오는 안도감과 충족감에 비유할 수 있을지도 모른다. 그리고 그것은 중독의 맛이다. 피곤한 한 주의 끝자락에서도 매주 금요일이면 저절로 여이연으로 발걸음을 향하게 만드는! 그래서 나는 여이연의 행복한 페미니스트였다고 오그라드는 고백을 하고야 만다.

홍영화

비좁은 옥탑방에서, 희미한 불빛 하에, 몇 명밖에 없는 수강생들과 함께 나의 여이연 첫 수업은 끝났다. 솔직하게 말하면 가기 전까지 강좌에 대한 관심도 물론 많았지만 그보다 여이연이라는 단체에 대한 궁금함이 더 컸다. 거기는 어떤 곳인지(곳일지), 어떤 사람이랑 만날 수 있을지, 만나서 어떤 신기한 것을 알게 될지, 그런 기대가 좀 있었다. 어떤 미지에 대해 탐색하고 싶은 그런 욕망이라고 말해야 하나…….

전에도 이미 여러 번 들어보고 귀에 익었던 이 유명한 여이연, 주어진 노선도에 따라 찾아가서도 찾기가 매우 어려운 곳이었다. 건물 밖에서 몇 바퀴 떠돌면서 보이던 것은 4층뿐인 건물인데, 5층은 도대체 어디에 있는가, 여기가 맞는가 하는 의구심이 엄청 들었다. 한번 가보자 하는 생각을 가지고 올라가 보니 아악~ 여기가 맞구나. 맨 위층에 있는 옥탑방이었다. 문을 여는 순간 조금, 아주 조금 충격을 받았다. 내 상상과 너무 달라서 그런가, 아니면 기대치가 너무 높아서 기대와 괴리가 생긴 현실 때문에 그런가, 그 유명한 단체의 사무실이 이런 데에 있는 게 좀 믿기 힘들었다. 그럼에도 불구하고 그 순간에 엄청난 존경심이 생겼다. 여기서 엄청나게 대단한 일이 이루어졌겠지, 수많은 힘든 시간을 버텨왔겠지, 또 여기에 수없이 많은 추억들이 남아있겠지. 여러 가지 생각들이 툭툭 튀어나왔다. 동시에 이 낯선 곳에는 설명할 수 없는 어떠한 친밀감이 느껴졌다. 아주 이상한 기괴함들……. 그때의 나는 여이연과 더 깊은 인연을 맺을 수 있을 거라 전혀 생각지 못했다.

바로 그곳에서 한여름 동안 나는 많은 것들을 배웠다. 전에는 책에서만 이름을 볼 수 있던 선생님들이 내 눈앞에서 수업을 하고 있는 것이다. 전에 전혀 의심치 않고 당연하게 생각했던 많은 일들을 여기서 질문받고 새로운 식으로 재고하게 된다. 또 남들과 다르게 생각해도, 똑같게 생각하지 않아도 된다고 나에게 알려준다. 전에 몰랐던 것들이 억압된 무의식 속에서 슬슬 수면 위로 떠오르는 듯하였다. 내 머릿속에 산재해 있던 파편들이 나를 재구성하는 것같이 말이다. 굳이 그 산산조각 위에 뭔가 좀 새기려면 아마도 페미니즘인 것 같다. 역시 생각을 바꾸면 세상이 달라지고 살던 이 세상이 달라지니 생각도 바뀌는 것이다. 이제 내 눈으로 보는 이 세상은 확 변했다. 이 모든 변화는 여이연이 내가 처한 이 막막한 현재, 이 시점에 준 최고의 선물이다. 어디로 가야 하나 잘 모르는 때에는 나 여이연에 간다. 기대가 있었으면서도 이런 변화를 가져올 줄은 몰랐다. 인생은 역시 그러하다. 삶의 한 장면이 희극이냐 혹은 비극이냐, 희망이냐 절망이냐를 결정하는 것은 아름답거나 비참하거나 환희에 차거나 가슴 아픈 현실이 아닌 아직 그 현실 안에 서 있는 사람들이다. 그리고 지금은 나는 이 사람들과 함께 한 전선에서 손을 불끈 쥐고 일어날 힘을 다지면서 새로운 세상에 임하기를 기대하고 있다.

만약에 여이연은 어떤 존재이냐고 물어보면 나는 쉽게 대답할 수 없을 것 같다. 그럼에도 그만큼 소중한 의미를 가지고 있는 게 아닌가 싶다.

이가우

지하철역을 나와 또 계단을 오른다. 닭 요리점을 지나 보드게임방을 지나 비디오방까지 지나면 마주하게 되는 다락방 같은 공간. 여이연에 이르는 길은 음식을 채우고, 유희를 채우고, 은밀함까지 채운 뒤 마지막 욕구를 채울 수 있는 공간인 걸까. 우리는 여이연에서 무엇을 채워왔나.

목한시(극단 목요일오후한시) 연습을 종종 여이연에서 하곤 했다. 반짝이는 혜화 거리가 내려다보이는 다락방 같은 이 공간에서 사춘기, 꿈, 외로움을 주제로 연극연습을 하였다. 연말이면 여이연 송년회에서 재롱잔치도 했고, 그렇게 여이연은 익숙한 공간이 되어갔다. (여이연 식구들은 우리의 손짓하나 눈짓하나에도 감동을 받는 훌륭한 관객으로 기억한다.)

개인적으로 오정과 여이연을 떼서 생각할 수 없다. 오정을 통해 여이연을 알았으니까. 그리고 오정을 통해 페미니즘에 발가락을 담갔으니까. 즉흥 연습을 하다가 눈에 문득문득 들어오는 페미니즘 책과 학회와 워크숍 포스터. 서당 개 3년이면 풍월을 읊는다고 했던가. 여이연에서 연습만 했을 뿐인데 난 페미니스트 엄마가 되어있다. 이 영광을 오정과 여이연에게 돌린다.

니모

그전부터 이름은 들어 알고 있었지만, 처음 여이연의 다락방까지 올라간 계기는 2007년 태혜숙 선생님의 스피박 세미나였습니다. 여이연 홈페이지를 찾아보니 2월 5일-9일이라고 되어있네요. 5개월 된 첫아이를 맡길 곳이 마땅치 않아, 제 동생이 아기를 유모차에 태우고 겨울의 대학로를 배회하며 기다려주었던 고마운 기억이 납니다. 육아 속에서 점점 멀어져가는 공부를 어떻게든 놓지 않아야겠다는 절실함이 있었던 것 같아요. 벌써 10년 전 이야기네요. 둘째를 임신하고 있던 2010년 겨울에 아이와 남편을 데리고 다락방에서 열린 송년회에 참석한 기억도 납니다. 도착하고 보니 가족 단위로 온 참석자는 저희들뿐이고, 남자는 남편 외에 활동가로 보이는 한 분이 더 있을 뿐이어서 '잘못 왔구나'라는 생각이 든 것도 잠시…… 남편은 처음에는 눈짓으로 저를 타박하며 빨리 가자는 눈치를 주는 듯하더니, 장기자랑 시간이 되니 앞에 나가 생전 처음 보는 분들 앞에서 '일하며 살림하는 워킹대디'의 고충을 털어놓으며, 신나게 제 욕을 하고 있어서, '정말 잘못 왔구나'라는 생각이 들었다는…….

이건 뭐 활동을 하는 것도 아니고 안 하는 것도 아닌 상태로 10년을 왔지만, 게으른 참여에도 불구하고 여이연과의 끈이 이어지는 이유는 일단은 여이연이 추구하는 페미니즘이 나에게, 나아가 우리 사회에 필요하다고 생각하기 때문입니다. 둘째는 여이연도 나와 같은 사람이 필요할 것이라는 근거 없는 자신감입니다. 오정 선생님의 표현대로, 이른바 "정상" 가정에 속한 나의 고민과 목소리가 여이연을 더 풍부하게 할 것이라고 바람을 섞어 생각해봅니다. 힘들게 걸어온 20년을 진심으로 축하하고, 앞으로도 우리 사회 페미니즘 논의에 자양분과 언어를 제공하는 어렵지만 소중한 역할이 계속되길 기원합니다.

최하영

안녕하세요. 20주년 축하드려요. 저에게 여이연은 사미숙 선생님으로 기억되는 것 같습니다. 강한 인상이 남았던 첫 기억이 떠오르네요. 회의가 있어서 모이기로 했는데 점심에 반주로 소주 한 병을 걸치고 온 선생님이 술 냄새를 풀풀 풍기면서도 회의를 시작하자 칼같이 안건을 정리하는 모습을 보면서 나도 저런 활동가가 되고 싶다는 생각을 했던 기억이 납니다.

난생처음 연극이라는 걸 하면서, 관객들의 시선이 미치지도 않는 벽 뒤에서, 바짝 긴장한 채 음향 설비를 만질 때 사미숙 선생님이 제가 서 있는 쪽을 빼꼼 쳐다보시며 웃음으로 격려해주셨던 기억도 잊을 수 없습니다. 무대에서 처음으로 연기를 하게 됐을 때도, 함께 무대에 오르는 사람들과 관객, 작품을 대하는 태도를 참 많이 배운 것 같습니다. 저는 그렇게 그저 재밌게 연극을 하고, 재밌는 행사들을 함께 만들면서 활동가가 되었던 것 같습니다.

작년 여이연 송년회에서 상연할 낭독 연극을 준비했을 때도 떠오르네요. 2주 남짓한 시간 동안 함께 마음을 모아서 대사를 외우고, 동작을 연습하고, 노래 가사를 외우고, 많은 사람들 앞에서 부족한 연기로나마 송년회 무대에 참여할 수 있어서 정말 즐거웠습니다. 저에게 여이연은 연극, 그리고 사람으로 기억되는 것 같아요.

혜화역 4번 출구에서, 버스정류장에서 여이연 다락방으로 향하는 길은 눈 감고도 걸을 수 있을 것 같아요. 지지에서 여이연 다락방에 신세를 지면서 거의 매주 연극과 각종 행사들을 준비하고, 반나절에 걸친 회의를 끝내면 새벽 3시가 넘도록 술을 마시고 웃고 떠들던 그 순간들이 아마 제 인생에 가장 빛나고 즐거웠던 순간인 것 같아요. 겨울에도 난로 몇 대에 의지해서 밤늦도록 떠들고 마시던 기억이 생생하네요.

다락방의 이상한 사람들이 만들어내는 즐거움과 뿜어내는 에너지에 반해서 계속 발걸음을 하게 됐던 것 같습니다. 여이연 20주년 축하를 해야 하는데 공부 얘긴 하나도 없고 연극이랑 술 얘기 밖에 안 나오네요. 어쩔 수 없죠. 저는 여이연에서 강의 한번 들은 적이 없지만 술은 참 많이 마셨거든요. 여이연 다락방에서 먹은 술은 항상 맛있었습니다. 함께 마시는 사람들이 좋으면 뭘 마셔도 좋으니까요. 여이연이 만드는 수많은 순간의 반짝임을 응원합니다.

이도균

지금으로부터 26년 전, 대학 2학년 때 우연히 버지니아 울프의 『자기만의 방』을 읽고 페미니스트로 살기로 결정한 이정은입니다. 그냥 제목이 멋져 보여서 읽기 시작한 책이었는데, 깊은 감동과 깨달음을 얻어서 그날 이후로 제 명의의 통장을 개설하고, 적금을 넣기 시작했던 기억이 나네요.

저는 심리학을 전공했지만, 심리학이 답답했습니다. 심리학책보다 더 많은 시간 여성학책 읽기에 몰두했고, 그 당시에 많이 읽었던 책은 '또 하나의 문화' 시리즈들이었습니다. 그리고 매 학기 여성학 관련 수업을 들었는데, 저의 첫 여성학 수업은 한명숙 선생님의 강의

였습니다. 그 수업에서 제가 자신감 없는 태도로 발표할 때, 선생님께서 '지금 이 자리에서 그 얘기를 너보다 잘 할 수 있는 사람은 아무도 없으니 자신감 있게 하라'고 말씀하셨던 기억이 납니다. 그 말씀이저에게는 매우 큰 용기가 되었습니다. 왜냐하면, 그것은 저의 성폭력경험과 관련된 이야기였기 때문입니다. 대학원 진학 후, 저의 알 수없는 불안의 기저를 탐색하는 과정을 거쳐야만 했는데, 이것은 저에게는 매우 중요한 사건이었습니다. 그 당시 정신분석의는 나이가 많은 남성이었는데, 제가 아동기에 경험한, 뭐라고 이름 붙이기 애매하지만 뚜렷하게 남아있는 기억에 대한 이야기를 꺼냈을 때 시덥지 않은 반응을 보였었습니다. 정신분석의는 그 경험을 분석의 주제로 삼지 않으려 했지만, 저는 그 경험을 '성폭력'이라고 명명했고, 결국 저는 성폭력 사건과 제 불안의 연결고리를 설명해 낼 수 있었습니다.제가 이런 통찰을 할 수 있게 해 준 것은 여성학이라고 생각합니다.여성학은 현재의 나를 설명하는 '언어'였기 때문입니다.

1990년대 후반부터 여성학은 침체기를 맞이하였고, 저는 육아와가사노동에 몸부림을 치다가 2004년부터 여성단체에서 일하게 되었습니다. 당시, 저는 정체되어있는 한국의 페미니즘에 지루함을 느끼고 있었고, 여기저기를 두리번거리다 오게 된 곳이 바로 다락방입니다. 처음 여이연 다락방에 왔던 날, 저는 저에게 항상 따뜻했던 외할머니를 만나는 것 같았습니다. 그래서 지금도 한참 동안 가지 않으면 서운한 공간입니다. 지난번에 여이연에 이사 계획이 있다는 이야기를 얼핏 들었을 때, 다른 곳으로 이사를 가더라도 인테리어 컨셉은 다락방으로 했으면 좋겠다는 생각을 혼자 했었습니다.

저는 여이연이 많은 사람들과 함께 했으면 좋겠다는 생각을 늘 합니다. 그런데 사람들은 여이연을 어려워합니다. 아마도 어려운 책들을 출판해서 그런 것 같습니다. 하지만 뚝심 있게 현재의 기조를 이어나가는 것 역시 필요하다고 생각합니다. 저는 여이연의 책들이 많은 사람들의 '언어'가 되기를 바랍니다. 리베카 솔닛의 책에 이런 말이 나오더군요. "언어는 우리를 잇는다. 이야기는 삶을 구한다. 그리고 이야기가 곧 삶이다. 우리는 곧 우리의 이야기다." 다락방에서 많은 이야기가 오고 갔으면 좋겠습니다. 늘 다락방이 이현재 선생님의 말처럼 '소란스럽게 연대'하는 공간이 되었으면 좋겠습니다. 그래서 우리의 이야기가 멀리서도 들릴 수 있었으면 좋겠습니다.

이정은

혜화동 페미니스트,
여전합니다

•

문은미

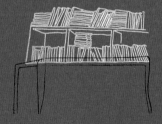

맙소사, 여이연

연구소 강좌가 시작되는 첫날은 늘 전화기 옆에서 대기하고 있어야 했다. 강좌를 듣기 위해 처음 방문하는 이들의 전화가 쉴 새 없이 울리기 때문이다. "네, 혜화역 4번 출구로 나오시면..", "네, 그 건물 맞아요, 5층으로 오시면 됩니다." 이미 홈페이지나 강좌 안내 포스터를 통해서 연구소 위치를 확인하고 왔겠지만 짐작한 건물은 5층으로 보이지 않고, 층마다 노래방, 비디오방[1]이 자리 잡고 있어 제대로 찾아 왔을까라는 의심을 거두기 힘들었을 것이다. 이른바 '혜화동 먹자골목'[2]에 페미니즘 연구소라니. 연구소가 있을 곳이라고는 생각하기 힘든 시끄럽고 번잡스러운 혜화역 4번 출구 근처에 낡은 건물 계단을 오르며 '여기가 맞나'라는 의심은 연구소 문을 열고 들어오기까지 계속 되는 것이다.

"여기 ○○가게 있고, 비디오방도 있는데 여기 맞아요?"

"네, 계속 올라오시면 5층입니다."

그날도 강좌 시작하던 첫날, 여지없이 전화를 받았고, 위치를 물었고, 자동응답기처럼 대답을 했는데, 수화기 넘어 감탄사가 들려왔다.

"맙.소.사."

---

[1] 연구소 바로 아래 비디오방(현재 DVD방)은 연구소 역사보다 오래되었다. 변함없이 그 자리를 각자 지키면서 본의 아니게 비디오방의 흥망성쇠도 지켜보게 되었다. 비디오방 외에 1, 2, 3층은 자주 상호가 바뀌었다. 지금은 노래방이 없다.

[2] 지금은 먹자골목이라는 표현이 적절하지 않겠지만, 10년 전까지만 해도 혜화역 4번 출구에서 나와 성균관대로 가는 연구소가 위치하고 있는 그 골목은 주로 음식점이 많아 먹자골목으로 불렸다.

아마도 혜화동이라는 위치가 주는 이미지와, 당시 노동, 계급, 신자유주의를 이야기하고 여전히 IMF 경제 위기를 이야기하던 시절에 페미니즘, 문화/이론을 내세우고 페미니즘 강좌를 꾸역꾸역 개최하고 있는 연구소에 대한 기대와, 혜화동 오래된 건물 5층 다락방은 아무래도 어울리지 않았을 것이다. 그래서인지 처음 방문하는 사람들은 연구소에 대한 감상을 꼭 한마디씩 남겼다. 아늑하고 좋다거나, 이런 번잡스런 곳에 이런 공간이 있다니라든가.

연구소를 와본 사람들은 알겠지만, 연구소는 좁고 어두침침한 계단을 5층이나 올라가야 하는, 여름에는 덥고 겨울은 추운 다락방이다. 주로 평일 저녁에는 세미나가, 주말에는 회의가 열리고, 여름, 겨울방학에는 페미니즘 문화/이론 강좌가 열렸고, 비정기적으로 봄, 가을에

도 강좌가 있었다. 사람이 없는 다락방은 낡고 어둡지만, 세미나, 회의, 강좌로 연구소가 사람들의 일상으로 들어가면 그곳은 더 이상 20년 된 오래된 낡은 다락방이 아니다. 이것이 여성문화이론연구소(이하 여이연 또는 연구소)가 20년을 잘 살아올 수 있었던 힘이다.

그럼에도 불구하고 현실은 엘리베이터 없는 5층 다락방이고, 처음 방문하는 사람들이 '맙소사'를 외칠 만한 외적인 조건은 여전하다. 엘리베이터가 없다는 것은 장애인 등 교통 약자의 접근이 쉽지 않다는 것이고 여유 없는 재정을 탓하지만, 어쩌면 우리 감수성이 딱 그만큼이라는 것을 상징하는 것일 수도 있다. 이는 20년 내내 연구소가 풀어야 할 숙제로 남아있었다.

나는 연구소에서 몇 년 동안 간사로 일했고, 20년에 약간 못 미친 시간을 연구소 활동을 조금 열심히 하는 회원으로 있다. 아마도 그렇게 보낸 시간이 힘이 되어 이 글을 쓰고 있는지도 모르겠다. 이 글은 연구소 사람들에 대한 이야기이다. 여기서 연구소 사람들은 글의 흐름에 따라 모든 회원들이기도 하고, 때로는 간사, 운영위원, 대표 등으로 활동했던 이들이기도 하고 어쩌면 한두 번 오고 안 오거나 못 오고 있는 이들이기도 할 것이다. 그리고 대부분은 여이연 그 자체이다. 여이연이라고 했을 때, 당연히 함께 떠올려지는 이름이 엄연히 존재하고, 연구소가 특별히 기억하고 참고해야 할 사람들이 분명히 존재하지만 우선은 집단으로서 여이연에 대한 이야기를 써볼까 한다.

자기만의 방 혹은 '19호실'이었다

연구소는 현재 100여명의 회원이 있고, 그 회비로 연구소를 운영하고 있다. 회비는 주로 연구소 임대료와 인건비로 사용되는데 늘 부족했다. 20년을 어떻게 운영해왔는지 신기할 정도이다. 연구소를 운영하는 데 임대료와 인건비가 차지하는 비중이 크기는 하지만 그 용도에만 비용이 들어가는 것이 아니지 않는가. 임대료와 인건비 등을 제외한 대부분의 보이지 않는 비용 역시 연구소 사람들의 몫이었다. 회의 끝나고 식사를 하는 경우, 식사비를 먼저 계산하거나, 연구소에 필요한 물품을 그때그때 슬쩍슬쩍 사다놓거나, 연구소 올 때마다 간식거리를 양손 가득 들고 오는 것도 회비를 내는 것 이상으로 연구소 살림에 중요한 역할을 했다. 언젠가 연구소 벽 페인트칠을 연구소 사람들이 모여 한 것도 그랬다. 지금 연구소 벽이 바로 '우리'가 칠한 벽이다. 정신분석세미나팀은 한때 연구소가 재정적으로 힘들던 시기, 세미나 후 뒷풀이 비용을 줄여 연구소에 회비로 내자며 각자 술과 안주를 준비해서 연구소에서 뒷풀이를 하기 시작했다. 그것이 계기가 되어 연구소에서 하는 정신분석 세미나팀의 뒷풀이는 세미나팀의 결속을 다지고 세미나팀을 기억할 때 빠짐없이 등장하는 주제가 되었다. 연구소 개소 초기와 20년이 지난 지금, 정도의 차이는 있으나 연구소 사람들 모두가 연구소 '살림'을 하고 있는 것이다.

연구소 사람들에게 여이연 회원이 된다는 것의 의미는 무엇인가. 보통 회원이고 회비를 낸다는 것은 그에 상응하는 서비스를 기대한다는 것을 의미한다. 그런데 대부분의 연구소 사람들은 회비를 내고도, 일종의 '역차별'을 받고 있다. 『여/성이론』에 글을 쓰면, 회원은 원고료가 없었다. 『여/성이론』 두 권이 원고료를 대신했다. 연구소 강좌에서 강의를 하더라도 회원인 강사의 강사료가 비회원보다 더 적었다. (지금은 차이가 없다.) 연구소 회원이 〈도서출판 여이연〉에서 책을 출간하는 것도 마찬가지다. 비회원이면 원고를 제공하는 것으로 역할이 끝날 수 있지만, 회원인 경우는, 교정 교열 모든 과정에 품이 필요했다. 이 작업은 여전히 회원들이 애쓰고 있다. 현재는 특별한 혜택은 없더라도 그나마 '못한 대우'는 덜 하는 편이다.

이런 일들이 지금은 틀리지만 왜 그때는 맞았을까. 그때는 누구도 다른 대우를 문제적이라고 생각하지 않았다. 비회원 강사, 외부 필자에 대한 더 나은 대우는 굳이 비유하면, 객에 대한 예우이다. 우리 공간에 찾아온 손님에 대한 예우라고 생각했던 것이다. 이는 연구소라는 공간에도 적용되었다. 사소하게는 연구소에 있는 종이 한 장 쓰는 것도 의식적으로 무의식적으로 당연하게 생각하지 않았고, 연구소에 있는 모든 물건들이 연구소 사람들에게는 그냥 당연하게 존재하는 물건이 아니었다. 연구소는 여자들이 드물게 가지는 '자기만의 방'이었고, 또는 그 방을 벗어나서 다시 찾은, 누구도 모르는 자기만의 공간인 '19호실'[3] 이었다. 그래서 최선을 다해서 지키고 노력해야 하는

---

[3] 도리스 레싱의 단편소설 〈19호실로 가다〉의 주인공 수잔은 집안에 자기만의 공간인 '어머니의 방'을 만들지만 시간이 지나면서 아이들과 남편이 드나드는 공간이 되어 집 밖에 다시 자기 공간을 만든다. 아무도 모르는 곳의 호텔 19호실을 낮 시간동안 사용하는데 결국 남편의 뒷조사에 의해 그 공간도 드러나면서 수잔은 19호실에서 자살을 선택한다. 이는 소설 줄거리라기보다는 19호실을 설명하기 위한 정리이다.

공간이었던 것이다.

물론 '그때는 맞고 지금은 틀리다.'

지금은 틀리다라고 말할 수 있는 것은 연구소에 대한 생각과 태도를 달리할 필요가 있기 때문이다. 그것은 단순히 세상이, 사람들이 변했기 때문이 아니다. '열정 페이'라는 말이 지금 시대에 문제적 단어로 등장한 것처럼, 연구소에 대한 열정을 강요할 수 없는 시대라서가 아니다. 또 사람들이 권리를 누리는 고객으로, 회비에 상응하는 서비스를 받고자 하는 회원으로 위치를 바꿨다는 식의 해석도 적절하지 않다.

'지금은 틀린' 이유는 연구소가 더 이상 여자들의 자기만의 방이나 19호실로 남아있기를 기대하고 그때와 같은 행동과 열정을 기대하는 것이 시대착오적이기 때문이다. 어쩌면 자기만의 방에서 싸움을 준비하고 이제는 그곳을 '진지'로 긴 싸움을 해야 하는 때이고, 그것을 위해서는 세상과의 단절이 아니라 연구소는 일상과 삶의 공간이 되어야 할 것이다. 연구소가 연구소 사람들의 일상과 분리된 특별한 공간이 아니라 일상적인 공간이 되기 위해서 서로의 삶과 살아가는 방식에 주목할 필요가 있다. 그래서 강사료를 좀 더 높게 책정하려 하고 무급노동을 당연하게 여기지 않고, '연구소는 원래 그런 공간 (개인 생존과는 무관한)이야'라고 쉽게 단정 짓지 않으면서 삶을 나누는 일상적인 공간으로 연구소를 만드는 것이 지금의 시대정신이다.

현재 사단법인이기는 하지만, 연구소는 10년 이상을 '어디에도 걸

리지 않는 단체'로 살아왔다. 오랜 논의를 거쳐 사단법인을 신청하기로 한 것은 연구소 회원들의 삶과 연구소를 분리시키지 않는 방식을 찾으려는 노력과, 그 선택이 결국 연구소를 위한 것이라는 지난한 싸움의 결과였다. 쉽게 말하면, 연구소는 오랫동안 사단법인 등록과 관련된 입장차이가 존재했다. 사단법인이 되면 연구소의 재정과 활동을 국가에 확인받아야 하는 복잡한 절차가 번거롭고, 매년 그 번거로움을 감수할 만한 이득이 없다고 판단해서 법외(?) 단체를 오랫동안 유지했다. 사단법인 등록으로 연구소가 보다 적극적으로 대외활동을 하자는 주장이 제기되면서 사단법인 등록은 한동안 연구소의 뜨거운 논쟁거리였다. 그 논쟁이 정리된 것은 연구소 회비에 대한 연말 소득공제 때문이었다. 연말정산 시기에 연구소 회비에 대한 소득공제 가능 여부를 묻는 회원들이 늘어나고 그것을 논의 과정에서 연구소가 세상사와 다소 거리를 두고 살아온 것은 아닌가하는 질문을 서로에게 했다. 국가의 통제로부터의 자율이라는 큰 대의부터 귀찮고 번거로움이라는 연구소 관점에서의 바라본 문제들을 연구소 사람들의 관점으로 사고를 전환시키는 계기가 되었다. 서로가 연구소와 자신의 삶을 분리시키지 않고, 그 속에서 회비를 낸다는 의미를 다시 생각하게 되었고, 자연스럽게 사단법인을 둘러싼 논쟁은 정리되었다[4]. 연구소로 사람들의 일상이 들어오고 있었다.

---

4 지금은 회비는 내지만 소득공제가 필요한 사람들이 줄어들고 있다. 연구소에 이른바 정규직 혹은 일정 정도의 소득을 유지하는 임금노동자가 줄어들고 있기 때문이고, 이것 역시 지금 시대의 연구소가 맞닥뜨리고 있는 과제이다.

여자들의 공간이다

　개인적으로 약 20년 연구소 시간 속에서 가장 인상적인 사건 중의 하나가 〈여/성이론의 생산과 실천〉 주제로 열린 10주년 기념 학술대회였다. 연구소 10년을 기념하는 학술대회이면서 첫 학술대회였다. 학술대회는 오전부터 저녁 늦게까지 이어졌고, 함춘회관 강당에 100여 명이 꽉 들어찼다. 점심 식사비를 포함해서 만원이라는 참가비가 있었지만, 자리가 부족할 정도로 많은 사람들이 발표를 경청했고, 끝까지 자리를 지키는 사람들이 많았다. 그래서인지 연구소 사람들은 학술대회를 준비하면서 힘들었던 과정보다는 학술대회 현장에서 느껴지는 사람들의 페미니즘 이론연구에 대한 관심에 고무되었다. 10주년 기념행사이면서 이러저러한 성과로 인상적인 사건으로 기억되기는 하지만 개인적으로 10주년 학술대회가 기억에 오래 남게 된 계기 중 하나는 청중으로 온 어떤 남성 연구자의 학술대회에 대한 반응 때문이었다. 발표자들의 발표를 듣고 정확한 표현은 기억나지 않지만 "발표자가 모두 경상도 사람들이네요"라는 촌평을 남겼다. 두고두고 어떤 의미인가를 생각했다. 사실 그랬다. 발표자 모두가 대구, 부산 등 경상도 억양을 가지고 있었다. 대구, 부산에서 태어났다고 하지만 서울에서 산 기간이 길어 그 미묘한 사투리 억양을 느끼는 것이 쉽지 않을 수도 있는데 모두가 경상도 사람이었다. 당시는 그게 왜 중요한지 몰랐다. 지금도 여전하겠지만, 주로 남성 중심적인 공적 공간에서 사람들이 관계 맺는 중요한 기준은 학연과 지연이다. 그래서 비판학문을 하는 사람들은 학연과 지연에 더 민감하다. 어떤 자리든지

대학과 출신지역을 고려하는 것은 권력에 민감하고 비판의식을 유지하려는 노력으로 보이기 때문이다 연구소에서는 학연과 지연, 특히 출신지역을 중요하게 생각해 본 적이 없다. 교수와 학생이라는 지위, 서로의 연구와 글을 대하는 태도, 자기와 다른 전공에 대한 배타적 태도, 나이주의에 대한 문제의식 등이 주로 연구소 긴장의 대상이었다. 이를테면, 특정 전공자가 연구소에 많아지는 것을 주의하고 그럴 때 연구소 회원 가입의 기눈을 어떻게 해야 하는가와 같은 문제들이다. 그래서 여성들의 공간이 더 낫다는 것을 말하는 게 아니다. 여성들의 공간도 학연과 지연에 자유롭지 못하며, 위계와 권력관계들이 존재한다. 단지 그 사소해 보이는 사건을 계기로 연구소와 여성들의 공간에 대한 생각을 좀 더 구체적으로 할 수 있게 되었다.

지금은 연구소에 남성 회원이 있다. 사단법인 논쟁사와 더불어 오

랫동안 연구소 논쟁의 주제가 바로 남자회원의 문제였다. 2000년대 초반 성정체성, 성적지향 관련 연구를 하면서 '남성' 회원 가입이 안 된다는 게 말이 되냐는 의견부터 시기상조라는 말까지 다양한 방식으로 남성 회원을 둘러싼 논의가 오랫동안 지속되었다. 연구소 명칭에 '여성'이라는 단어가 명시적으로 들어가 있어서 회원 신청을 하는 남성은 없었지만, 간혹 강좌를 들었거나 연구소에서 세미나를 하는 남성 수강생들이 남성 회원이 될 수 있냐는 질문을 하곤 했다.

연구소 초기, 세미나를 중심으로 운영되던 시기에 연구소 사람들의 입장은 분명했다. 남성 회원의 존재는 세미나를 하면서 불필요한 논쟁을 하게 되고, 세미나에 대한 집중도가 떨어진다는 것이다. 처음에는 이 말의 의미를 잘 몰랐다. 세미나에서 읽고 있던 책의 번역자를 초청해서 이야기를 나눈 적이 있었는데, 같은 책을 읽고 주제를 이해하는 과정에서 각자의 경험이 들어오고 그에 대한 해석이 달라지면서 남성/여성의 차이에 주목하는 논쟁으로 이어졌다. 그러다보니 논쟁이 깊어지지 못하고 겉도는 느낌이 들었다. 그러한 토론도 필요하겠지만, 애초에 여성 연구자들이 모여 연구소를 시작하고 공부하는 데에는 주제 선정부터 토론까지 다른 공간에서 반복되었던 피로감을 건너뛰자는 목적이었을 테니, 세미나를 하면서 그러한 생각은 더욱 단호해졌을지도 모르겠다. 게다가 연구소 개설 초기에는 규모도 적었고 한두 명의 남성 회원으로 연구소의 방향과 분위기가 달라질 수도 있을 것이라는 생각도 기우만은 아니었을 것이다. 여성들이 자유롭게 어떤 이야기도 할 수 있는 공간을 만드는 것이 그 당시에는 최우선의 목표였고, 그래서 남성 회원은 고려 대상이 아니었다. 그러한 목표에 어느 정도 가까이 왔는가를 생각해 볼 여지는 있지만 지금은 연구소 회원 가입 시 성별을 구분하지 않는다. 그럼에도 불구하고 여이연은 대학 밖의 여성 연구자 모임이고 여성 공간이다. 여성 연구자들에게도 여성 공간의 존재와 그 의미는 두 번 강조할 필요 없이 중요하지만 당위성 말고 실존과 생존의 문제와, 실존과 연구의 문제와 여성 공간의 의미는 두고두고 다듬어가야 할 문제이다.

정신분석과 성노동을 이야기한다

여이연은 다양한 전공자들이 모여 페미니즘/문화/이론을 공부하는 곳이다. 각자 공부하기도 하고 모여 공부하기도 하고(세미나), 콜로키움과 강좌, 학술대회에서 발표하고, 『여/성이론』에 글을 쓰거나 〈도서출판 여이연〉에서 책을 출판하는 것으로 개인과 세미나팀의 연구물은 사람들과 소통한다. 많은 이야기들과 주장들이 오고간다.[5]

그럼에도 불구하고 여이연의 주된 테마를 이야기하라고 하면 정신분석과 성노동을 빼놓을 수 없다. 정신분석 세미나는 연구소 초기부터 시작된 세미나로 많은 세미나들이 시작되고 끝나는 부침 속에서도 지금까지 이어지고 있는 거의 유일한 세미나이다. 세미나를 오래 하고 있다는 것은 그만큼 결과물도 많다는 것이고, 그 결과물들은 여이연의 중요

----

[5] 부록에 정리된 강좌, 학술대회, 여이연책들 『여/성이론』 저널 목차를 보면, 연구소에서 어떤 공부를 해왔는지 큰 흐름을 볼 수 있다.

한 '브랜드'가 되었다.[6] 정신분석을 공부하는 곳은 많지만 명시적으로 페미니즘을 표방한 곳은 없으며, 페미니즘과 정신분석이 만나서 풀어놓은 이야기는 기존 정신분석 연구에서 다루는 여성 이야기에 답답해하던 페미니스트들에게 좋은 길라잡이가 되었다. 정신분석 페미니즘과 여이연은 한 묶음이 되었다.

성노동은 여전히 뜨거운 주제이다. 연구소 내에서도 그랬다. 처음에는 성노동운동세미나로 시작을 했고, 성노동에 대한 국내외 자료를 공부하고 성노동 네트워크를 통해 현장에서 공부를 이어가고 그 논의를 정리하는 과정에서 세미나 구성원들의 의견도 미묘하게 다르다는 것을 확인했다. 지금도 그렇다. 성노동연구팀 구성원들은 성노동이라는 개념에 대해 일정한 합의에 도달했지만, 연구소의 모든 사람들이 '성노동'이라는 이름 하에 논의되는 주장에 동의하는 것은 아니었다. 성노동연구팀은 연구소 내에서 공부를 하는 것을 넘어 성노동에 대한 글을 쓰고, 강연을 다니고, 미디어와 인터뷰를 하고 집회와 시위 현장에서 목소리를 내었다. 성노동자들과 함께 성노동자 지지단체를 만들기 위해 노력을 했고, 그러는 과정에서 연구소는 어느새 성노동 논의를 대표(?)하는 단체가 되어 있었다. 그 과정에서 연구소 내부에서도 이런저런 이야기들이 있었다. 연구소 내부에서 있었다기보다는 성노동연구팀에서 성노동에 대한 논의가 시작되고 있을

---

[6] 앞에서 언급한 바대로, 부록의 목록을 훑어보면, 정신분석세미나팀의 연구물들을 확인할 수 있고, 이 책의 다른 글, 세미나, 출판, 강좌를 다루고 있는 글에서도 정신분석세미나팀은 중요한 역할을 하고 있다.

때 온갖 비난과 악의적인 말과 글들이 연구소를 향할 수도 있다는 생각에 〈여성문화이론연구소 성노동연구팀〉으로 활동하는 것을 고민했다. 성노동연구팀의 이런 고민을 연구소 내부에서 공론화했고, 성노동에 대한 다른 입장을 가진 연구소 사람들도 여이연 전체가 아닌 성노동연구팀으로 활동하는 것에 동의했고 지지했다. 아마도 연구활동에 대한 연구소 사람들의 이러한 태도가 연구소가 느슨해 보이지만 20년을 살아온 힘일 것이다.

연구소는 공부하는 곳이고, 공부하는 모든 과정이 운동이라고 생각하는 곳이다. 연구소는 정신분석과 성노동만 공부하는 곳은 아니다. 정신분석 세미나팀처럼 큰 주제를 잡고 오랫동안 끈질기게 공부하고 있는 사람들이 있는가하면, 6개월, 1년 정도의 프로그램을 가지고 특정 주제를 밀도있게 집중해서 공부하기도 한다. 연구소 사람들

은 다양한 주제와 다양한 주장에도 열려 있고, 세미나, 강좌, 『여/성이론』, 단행본들을 통해서 그 주제와 주장들이 부딪치고 그렇게 만들어진 파장들이 연구소의 내용과 형식을 만들기를 바라는 것이다. 그래서 공부하는 모습이, 당장 벌어지고 있는 '폭력적인 현실'에 개입하지 않는 것처럼 보이는 모습에 서로 답답해할 수도 있지만, 오래 보고 자세히 보면 알 수 있듯이, 연구소 사람들은 늘 공부하고 있고, 늘 논쟁 중이다. 그 과정은 세상을 바꾸는 운동이다.

이론연구소이다

여성문화이론연구소의 줄임말은 여이연이다. 처음에 여문연으로 부르는 사람들도 있었지만, 여이연으로 자연스럽게 정리되었다. 연구소 초기 '여이연' 줄임말을 낯설어 하는 사람들이 많았는데, 그 낯설음에는 현장성, 운동을 강조하는 당시 사회적 분위기에 이론을 내세우는 것에 대한 고민도 담겨 있었다. '여문연'과 '여이연'이라는 줄임말의 선택에도 연구소의 성격이 드러난다. 여이연은 이론을 연구하는 곳이다. 페미니즘, 여성문화를 연구하는 곳이기도 하지만 가장 중요한 것은 페미니즘 '이론'연구소라는 것이다.

이 글을 쓰기 위해 고정갑희를 인터뷰했는데 "사람들은 이론연구를 운동이라고 생각하지 않았다. (이론을 내세우는 것을) 편협하다고 생각했다"고 연구소 설립 당시 사회 분위기를 전했다. 경험을 중요하게 생각하면서 이론을 경시하는 분위기가 있었고, 그래서 여성문화이론연구소라는 이름과 연구소에서 하고자 하는 일은 낯설고 두려운 일이었을 수 있다. 여성연구자들이 대학 밖에서 연구소를 운영하고 이론을 생산하고 여성사상가를 배출하는 것이 가능할 수 있는 일인가. 지금도 쉽지 않은 도전일 것 같은데, 1997년이라서 가능했는가. 아니면 언제라도 가능성은 희박하지만 시작하는 것이 중요한가. 이 논의도 세미나, 강좌, 출판기획, 혹은 학술행사와 관련하여 늘 나오는 이야기이다. 지금 준비된 수준에서 시작할 것인지, 더 준비할 것인지. 연구소의 시작에 대한 이야기가 참고가 되었으면 좋겠다.

> 역사의 하위문화로 가라앉은 여성의 문화에 목소리를 부여하고 이런 목소리를 이론화함으로써 여성이 문화적인 주체가 될 수 있는 가능성을 찾는 이들이 있다. (중략) 문화상품이 범람하는 자본주의 내 소위 문화의 장에서 활동하는 여성들이 남성위주의 세상에서 무언가 불편함을 느끼면서 공부하고 일하는 여성연구자들이 3년 전 대학이 아닌 혜화동에 여성문화이론연구소를 열었다. 몇몇 여성 연구자들이 모여 페미니즘을 공부하던 중 새로운 패러다임의 장기적인 연구를 위해 연구소 체제가 적합하다는 판단 하에 대학 제도권 밖에서 여성주의를 표방하는 연구소로는 처음으로 97년 여성문화이론연구소를 설립했다.[7]

1997년 '여성주의를 표방하는 연구소는 처음'이었으나 그것의 의미는 아직 제대로 정립되지 못했다. 지금도 90년대 이후 여성운동사를 이야기할 때 여성문화이론연구소를 언급하는 경우는 드물다. 거의 없다. 연구소에서 세미나를 하고 대중강좌를 열고, 『여/성이론』을 만들고, 출판을 하는 일들은 여성운동이다. 오히려 지금보다 2000년대

---

[7] 여성신문, 2000년 2월 11일 "여성 언어와 문화로 세상을 뒤집는다".

초반 글에서 연구소가 언급되는 일이 간혹 있었다. 그렇게 언급되더라도 한 줄 정도로 이런 연구소가 있다라는 소개 정도이지만, 연구소 명칭조차 제대로 쓰는 사람이 없었다. '영성'문화이론연구소라던가, 이론 혹은 문화와 같은 단어가 하나씩 빠진 채 여성이론연구소, 여성문화연구소로 그 글들에서 연구소의 이름은 여러 이름들로 등장했다. 그럴 때마다 연구소의 존재감이 미미한가 보다라고 생각했는데, 지금 돌이켜보면, '이론을 경시'하는 분위기가 연구소 이름을 기억하지 않아도 된다는 무의식에 정당성을 부여하고 있었는지도 모르겠다.

> 97년 여이연을 만들게 된 이유는 크게 두 가지 정도로 이야기할 수 있습니다. 첫째로, 우리도 여성사상가가 나와야 한다는 생각에서 후진들에게 자신들의 사상을 만들 수 있는 공간을 제공하고 현재 공부하는 여성학문 연구인력들이 상아탑의 한계에서 빠져 나와 여성문제를 본격적으로 함께 연구할 수 있는 대안적인 공간이 필요하다고 인식했기 때문입니다. 둘째는 여성단체들과 소통하고, 가능하다면 여성주의 이론을 필요로 하는 여성단체들에게 그것을 제공할 수 있는 인력 형성 공간이 필요하다는 생각 때문입니다. 덧붙여 개개인 여성들이 여성주의자로서의 방향을 설정하는 데 조금이라도 도움이 될 이론을 제공할 목적이 있었습니다.[8]

지금 연구소도 다르지 않다. 여성사상가들이 성장하고 함께 연구하는 대안공간이 되고 여성주의 이론이 충돌하고 갈등하는 현장이 되고 그것이 이론과 운동의 성장에 기여하기를 바라는 것, 지금도 크게 다르지 않다.

----

[8] 한겨레신문, 2000년 8월 18일, "우리 시대의 여자 여성문화이론연구소 고갑희".

2017년, 여성문화이론연구소

여기에 연구소 사람들의 이름을 모두 쓰고 싶었으나, 혹시 자기 이름이 등장하는 것을 싫어하는 사람이 있지 않을까라는 질문을 받고 '그럴 리가', '그럴 수도', '그러면'이라고 생각하고 포기했다. 연구소 사람들의 이야기를 쓰면서 누군가의 이름만으로 연구소의 역사가 기억되는 서술을 하지 않으려는 노력을 했지만 결국 조금 더 연구소를 위해 마음과 시간을 나눴던 이들의 역사가 드러나지 않는 것도 위인전식의 역사 기록만큼이나 문제적이라는 생각이 들었다.

기억하지 못하는 것은 아니다. 어떻게 기억을 해야 할지 그 방법이 다소 서툰 것이다. 누군가 기억하는 것이 역사가 아니라 스스로 지켜내는 것이 역사이다.

당연한 이야기라 잊고 있었는데, 어떤 여이연에 대한 기사의 마지막 문장이 새롭게 다가온다.

"여이연 사람들은 세상을 바꿀 수 있는 지식이 곧 페미니즘이라고 믿고 여성을 위한 언어와 이론 생산을 위해 남성들의 언어와 역사를 과감히 거스르고 있다."

20년, 이렇게 매듭하나 만들고, 연구소는 계속된다. 혜화동 페미니스트, 여전합니다.

안과 밖의 접속,
여이연 강좌

·

배상미

여성문화이론연구소에서 강좌의 위치

여성문화이론연구소(이하 여이연) 강좌에 대해 논하기 이전에, 내가 어떤 위치와 시각에서 이 글을 작성하고 있는지 간략하게 소개하겠다. 나는 2005년에 처음 여이연을 알게 된 후, 2007년 겨울 강좌를 수강하고 그 강좌의 연속선상에서 꾸려진 세미나에 참여하면서부터 여이연의 회원이 되었다. 이후 여이연의 다양한 강좌와 세미나에 적극적으로 참여하면서 2009년 전반기에 여이연이 간행하는 반년간지 『여/성이론』의 편집간사로 활동하기 시작했다. 2012년 초에 편집간사 활동을 마치고 2013년 초부터 2015년 초까지, 그리고 다시 2016년 하반기에 여이연 강좌 책임자로 활동했다. 회원으로서 여이연의 강좌를 지켜본 것은 후반부 10년으로, 전반부 10년에 관해서는 자료를 통해 접한 것이 거의 대부분임을 밝힌다. 이 글에 대해서는 이견이 있을 수 있으며, 어디까지나 위와 같은 배경을 가진 한 명의 여이연 회원인 나의 시각에서 20년의 여이연 강좌를 회고하며 미래를 전망해 보는 글이라는 것을 밝힌다.

2000년대 초반에 서울을 중심으로 하나둘 씩 생기던 대학 밖 인문학 연구공동체들은 그 공동체 구성원들의 연구 성과를 중심으로 인문학 강좌를 제공했다. 이 강좌들이 어느 정도 대중적인 인기를 끌면서 사람들 사이에서 인문학 강좌에 대한 요구가 있다는 것이 확인되었고, 이것이 국가의 인문학 육성정책과 지역 도서관 문화교양 프로그램 육성 등과 맞물리면서 현재 한국에서 인문학은 사람들이 일상적 공간에서 매우 쉽게 접할 수 있는 하나의 교양 프로그램이 되었다. 지역 관공서를 비롯하여 지역 도서관, 대학 등은 다양한 인문학 프로그램을 갖추고 사람들에게 때로는 무료로, 때로는 높지 않은 가격으로 제공하고 있다. 이 인문학 프로그램 안에는 가끔 '페미니즘'이 포함되기도 한다. '페미니즘' 강좌가 여이연이 아닌 다른 인문학 연구공동체나 지역의 인문학 프로그램에서 제공되면서 더욱 대중적 접근성을 높이고 있는 지금, 20주년을 맞이하여 여이연에서 페미니즘 강좌를 해야 하는 이유를 생각해볼 필요가 있다.

　　여이연의 강좌는 1998년 처음 시작한 이래 20년 동안 페미니즘이 다양한 학문분야와의 접합이 가능하다는 것을 한국에서 대중적 페미니즘의 논의 지형을 넓혀 온 것으로 보인다. 그렇지만 최근 여이연 강좌는 정체된 측면이 없지 않다. 2010년대 초반 이후 수강생이 점차 줄어들면서 폐강되는 강의의 수도 늘어났고, 수강료만으로는 강사료도 충당하기 어려워져서 적자를 감수하면서까지 강좌를 개강하는 사례도 발생하기 시작했다. 물론, 2016년 여름강좌는 역대급(!)의 수강생을 끌어 모으는 기염을 토했으나 바로 이어진 그 다음 겨울 강좌는 그와 같은 흥행열풍을 이어가지 못했고, 2017년 여름강좌 역시 수강생의 수가 저조했다. 2016년 '여성혐오'라는 키워드가 한국사회를 휩쓸고, 한 페미니즘 서적이 많은 언론사들의 '올해의 책' 목록에 올랐음에도 불구하고, 여이연 강좌가 2010년 초반 이후부터 지속적으로 고전을 면치 못하고 있는 상황은 아이러니하다. 대중들이 페미니즘 강좌를 여이연이 아닌 다른 곳에서 접하는 현재의 상황에서 여이연이 강좌 프로그램을 운영하는 목적은 무엇인가? 여이연이 논하는 '페미니즘'이 대중들이 원하는 '페미니즘'과 다른 것은 아닌가? 그리고 여이연 강좌의 대상은 누구인가? 나아가, 만약 여이연이 강좌 프로그램을 계속 운영해나가야 한다면, 그 이유는 무엇인가? 이 글은 여이연 강좌와 관련하여 위와 같은 질문을 상기하면서, 강좌가 역점을 두어온 측면들과 그동안 걸어온 길을 살펴보고, 미래를 탐구해보고자 한다.

여성문화이론연구소 강좌의 취지

여이연 강좌는 연구소가 처음 설립된 1997년의 다음해인 1998년부터 시작되었다. 여이연이 개소한 바로 다음 해부터 강좌를 시작할 정도로 여이연 창립멤버들이 강좌를 여이연의 정체성과 밀접한 관련을 가지는 프로그램으로 생각했던 것으로 보인다. 당시 여이연 창립멤버들은 강좌를 통해 대중들과 직접 만나고, 그 대중들을 여이연 회원이 되도록 함께 세미나를 하고, 나아가 이들이 세미나의 결과를 강좌를 통해 발표하면서 이론적 수준을 신장하도록 독려하고자 했다. 여이연은 단순히 페미니즘 이론을 소비하고 생산하는 집단이 아니라, 운동으로서 페미니즘 이론의 확장과 생산을 지향했기 때문에 강좌 후에도 수강생들에게 세미나를 제안하거나, 식사 등을 하며 여이연 공간 및 회원들과 친숙해질 수 있는 자리를 마련하였다. 실제로 강좌는 대중들이 연구소를 쉽게 접하고, 나아가 회원으로 가입하는 창구가 되었다. 연구소는 설립 초기부터 회원들을 중심으로 한 몇몇 소규모 세미나들을 진행하고 있었지만, 연구소에 처음 방문하는 사람들이 이 세미나들에 접근하기는 어려웠다. 대신, 강좌는 강좌료를 내야하긴 했으나 세미나보다 소극적으로 여이연의 학술활동에 참여할 수 있는 방법이었으며, 세미나보다 용이하게 여이연의 공간에 방문하고 여이연의 강사들을 만나는 기회가 되었다. 이렇게 강좌를 통해 여이연을 처음 방문한 사람들이 회원이 되고, 세미나에 참석하면서 다시 여이연의 강사가 되기도 했다.

지난 20여 년 동안, 여이연의 강좌는 페미니즘에 흥미가 있는 사람, 여이연에 관심이 있는 사람 등 다양한 사람들이 여이연과 접속하는 장이 되어왔다. 이 점에서 강좌는 여이연의 대중성을 높이도록 기여했다고 할 수 있다. 또한, 여이연 회원들이 다른 회원의 소개로 세미나에 참여하거나 강좌의 강사로 참여하지 않는 이상, 강좌를 통해 회원으로 가입했다는 사실을 상기해보면 강좌가 여이연의 회원이 되는 창구의 역할도 해왔다고 볼 수 있다. 최근 대중들에게 페미니즘 강의로 주목받고 있는 몇몇 회원들을 상기해보면, 한국의 대표적인 페미니즘 강사라고 할 만한 인력들을 배출하기도 했다. 이런 점을 고려해보면, 20년 간 여이연의 강좌는 상당한 성과를 남긴 듯하다. 그러나 다른 한편으로 보면, 여이연의 회원 수는 10년 전이나 지금이나 거의 비슷한 수준이고, 10년 전이나 지금이나 여이연을 대표하는 강사들 역시 대부분 비슷한 이름들이 언급된다. 10년 동안 여이연은 강좌 수강생들을 회원 가입으로 이끌어내지 못한 것인가? 그 이유는 무엇인가? 10년 동안 여이연의 강사진은 왜 늘어나지 않은 것인가? 여이연이 20년 동안 새로운 회원들과 강사진들을 늘려나가지 못한 이유를 살펴보기 이전에, 20년 동안 여이연의 강좌가 진행되어온 역사를 점검해보고자 한다.

여성문화이론연구소 강좌의 역사

초기 여이연 강좌는 다양한 페미니즘 조류와 주목할 만한 페미니즘 이론가 소개, 그리고 페미니즘의 '정전'들을 소개하는 강좌들이 주를 이루었다. 이러한 강좌는 여이연의 창립 초기부터 현재에 이르기까지 가장 많이 개설되어 왔으며, 수강생의 수도 제일 많다. 1990년대 말과 2000년대 초반에 개설된 여이연의 강좌들은 주로 서구 페미니즘 사상에 집중되어 있었다. 그 한 예로 여이연의 첫 강좌였던 1998년에 개설된 가을강좌와 그로부터 2년 후인 2000년에 개설된 가을 강좌의 목록을 살펴보겠다.

1998년 가을 강좌

1. 페미니즘 이론- 페미니즘과 현대이론의 역학관계

1강 유혹인가 전복인가?-정신분석과 페미니즘

2강 정체성의 정치와 젠더-퀴어이론과 페미니즘

3강 하위주체와 재현-탈식민주의와 페미니즘

4강 지속가능한 개발인가 (악성)발전인가

5강 생산과 재생산의 은폐구조-마르크스주의와 페미니즘

강사: 이수자, 노승희, 태혜숙, 고갑희, 오수원

2. 페미니즘 문화론- 페미니즘 문화연구의 지형과 방법

1강 문화연구와 페미니즘-젠더와 섹슈얼리티의 경계선과 문화

2강 이데올로기(들)와 성적 주체 형성

3강 육체/욕망/권력

4강 시각과 이미지-인식과 지각의 문화적 변동

5강 페미니즘 미학의 새로운 구성

강사: 고갑희, 임정희, 손자희, 지혜

3. 영화- 여성/역사/영화

1강 여성의 표상: 마리아에서 탱크걸까지

2강 육체: 나의 몸은 전쟁터!

3강 가부장제와 여성: 결혼/모성/낙태

4강 성 정체성: 성별과 섹슈얼리티의 절합을 찾아서

5강 페미니즘: 동일성에서 차이로 혹은 인간에서 여성으로

강사: 주유신, 김선아, 손소영, 구정아

4. 90년대 한국문학- 여성주의 시학을 찾아서

1강 자본주의 아래서 욕망하기- 신경숙, 은희경, 차현숙

2강 가부장제 역사 뒤틀기- 이경자, 이혜경, 김인숙

여이연의 첫 강좌이기도 했던 1998년의 가을 강좌는 페미니즘 이론을 소개하는 한 강좌를 제외하고 모두 '문화'와 관련된 강좌였다. 연구소 이름인 '여성문화이론연구소'에 걸맞게, 여성의 시각에서 문화를 이론화하는 작업을 그 무엇보다 중시했던 것이다. 이는 1990년대 대중문화가 급격하게 성장했던 시대적 분위기와도 관련이 있을 것이다. 대중문화의 성장과 더불어 다양한 대중적 재현물 안에서 여성의 이미지 역시 다수 생산되었다. 문화이론과 한국의 대중문화 분석에 집중한 여이연 강좌들은 현재 한국의 문화현상을 페미니즘적으로 분석할 방법론과 그 방법론을 활용한 결과를 수강생들과 공유하면서, 현재 한국의 젠더지형을 살피기에 유용했을 것이다. 1998년은 여이연 설립 후 1년밖에 지나지 않은 시점임에도 불구하고, 모든 강좌를 현재와 유사하게 5강으로 구성한 것은 그만큼 여이연 구성원들이 서로 협력하여 보다 많은 내용을 대중들에게 소개하려는 포부가 있었음을 짐작할 수 있다. 한 명의 강사가 5강을 모두 진행하지 않고, 여러 명의 강사가 힘을 합쳐 강좌를 진행하는 구성 역시 특기할 만 하다. 이러한 구성은 초기 여이연의 강좌가 여러 강사들의 힘을 합쳐 공동으로 기획되었다는 것을 보여준다. 문화연구의 맥락에서 페미니즘을 소개하는 강좌의 구성은 2000년대 들어서면서 조금 바뀌기 시작한다. 2000년 가을 강좌는 이러한 변화의 흐름을 극적으로 보여준다.

2000년 가을 강좌

1. 페미니즘 이론2: 페미니즘과 현대이론의 역학관계

1강 생산과 재생산의 은폐구조: 마르크스주의 페미니즘

2강 제국과 재현: 탈식민주의 페미니즘

3강 정체성의 정치와 젠더: 레즈비언 페미니즘

4강 욕망의 메카니즘: 정신분석학적 페미니즘

5강 권력과 섹슈얼리티: 급진주의 페미니즘

강사: 고정갑희, 태혜숙, 노승희, 이수자, 허라금

2. 페미니즘 이론가들2

1강 마리아 미즈: 식민화 기획 속의 자연/문화 이분법을 넘어서

2강 반다나 쉬바: 전지구적 자본주의와 살아남기

3강 우에노 치즈코: 가부장제, 국민국가, 젠더

4강 벨 훅스: 인종, 섹스, 위반의 시학

5강 가야트리 스피박: 탈식민의 가능성으로서의 하위주체

강사: 태혜숙, 이수자, 이숙인, 강희, 박미선

3. 여성주의 문화비평 2: 미래의 기상도

1강 모성신화 다시 쓰기: 재생산의 정치와 여성의 몸

2강 생산과 연대로서의 자아: 레즈비언 페미니즘의 역사와 전망

3강 여성의 얼굴을 한 테크놀로지: 테크노페미니즘과 기술/정보 권력

4강 새로운 성정치학: 여성주의 성애학을 향하여

5강 대안적인 공간 만들기: 여성주의 문화운동의 현주소와 전략들

강사: 고정갑희, 노승희, 허라금, 권명아, 지혜

2000년 가을 강좌는 1998년의 강좌와 유사하게 모두 5강으로 구성되었고, 이 강좌들은 모두 여이연 회원이나 혹은 여이연에 관심을 가지는 사람들과 함께 협력하여 구성되었다. 그러나 1998년 강좌가 문화연구 이론과 한국의 문화현상 분석에 집중했었다면, 2000년의 강좌는 페미니즘의 기초 이론을 소개하는 강좌들이 대부분을 차지하였다. 2년 만에 극적으로 변화한 이 같은 강좌 구성은 페미니즘 기초 이론 강좌를 필요로 하는 수강생들의 요구와 그간의 강좌들이 수강생들을 많이 끌어 모으지 못했던 것과 관련이 있어 보인다. 이 강좌들은 1990년대 후반기 여이연 강좌들과는 달리 여이연 회원들이 중점적으로 연구하는 분야의 특성을 확실하게 보여주지는 않지만, 페미니즘 이론을 접근하는 구체적인 키워드를 제시하는 등 좀 더 체계적인 형식을 가지고 있었다. 물론 이와 같이 페미니즘의 기초 이론을 소개하는 형식에서도 여이연의 특성이 드러난다. "페미니즘 이론2"와 "페미니즘 이론가들2"에서 나타나듯이, 여이연의 페미니즘 기초 강좌는 주로 근대를 비판하는 사상의 영향을 받은 페미니즘 이론 및 페미니스트와, 마르크스주의에 영향을 받은 페미니스트들을 주로 다루었다. 여이연 회원들은 자칫 여이연의 색깔이 흐려질 수도 있는 기초 강좌에서조차 각 회원들의 관심분야를 살리는 방향을 택한 것이다.

여이연의 설립 초기부터 지금에 이르기까지 여이연 강좌는 주로 서구 페미니즘 사상의 소개에 집중해왔다. 하지만 여이연은 2000년 초반에 동양사상과 한국 고전문학을 연구한 페미니스트들을 회원으로 참여하도록 이끌면서, 2001년 강좌부터 거의 매년 페미니즘 시각으로 동양철학이나 조선시대의 고전소설들을 소개하거나, 조선시대의 문화들을 재해석하는 강좌들을 꾸준히 개설하였다. 애석하게도 이런 강좌들은 연구소 안에서 큰 인기를 얻지 못했고, 적은 수의 수강생으로 개설되거나 혹은 폐강되는 사례들이 많았다. 그럼에도 불구하고 여이연이 이러한 강좌들을 계속해서 개설해온 이유는 서구의 사상을 소개하는 것뿐만 아니라 한국 사회를 주요 텍스트로 삼아 페미니즘 이론을 생산하려는 의도와도 관련이 있을 것이다. 현재까지 여이연에서 개설해온 강좌들은 주로 정신분석, 탈식민주의, 과학기술, 섹슈얼리티, 퀴어, 서구 페미니즘 사상사, 서구 주요 페미니즘 조류와 사상가, 키워드를 통한 페미니즘 이론 강좌가 주류를 이룬다. 특히 여이연이 국내 어느 기관보다 꾸준히 탈식민주의 페미니즘 사상을 소개해온 것은 서구 페미니즘 이론을 수용하고 확산하려는 여이연의 노력이 서구 이론의 모방에 그치지 않고 이를 바탕으로 한국 사회를 해석해보려는 노력의 일환이었다는 것을 보여준다.

여이연이 한국사회를 대상으로 새로운 이론을 생산하려는 시도는 성노동을 이론화하는 과정에서 본격화되기 시작했다. 2004년 성매매특별법 발효와 맞물려, 이제까지 '피해자'로 간주되었던 성산업 종사자들이 생존권을 외치며 거리로 나서자, 많은 페미니스트들은 당황하면서 이 현상을 설명할 적절한 언어를 찾지 못했다. 이 상황에서 여이연은 한국에서 성산업이 차지하는 위치와, 성산업 종사자 여성들에게 낙인을 부여하는 사회적 맥락을 연구하면서, 여성 성산업 종사자들의 입장에서 현재의 한국 성산업 지형과 반성매매 흐름을 이론적으로 재고하고자 했다. 이 결과는 여이연의 '성노동' 연구로 나타났다. 『여/성이론』에서도 논의된 '성노동' 논의는 강좌에서도 찾아볼 수 있다. '성노동' 논의의 시발점은 2003년 여름 강좌인 "페미니즘 이론-끝나지 않은 논쟁"이었다. 이 강의 정보는 다음과 같다.

> 페미니즘 이론- "끝나지 않은 논쟁"
> 1강 성과 계급 논쟁: 성없는 계급, 계급없는 성을 넘어
> 2강 민족주의와 여성주의: 민족없는 여성, 여성없는 민족
> 3강 육체유물론과 사이버페미니즘: 육체의 물질성은 극복되어야 하는가?
> 4강 이데올로기와 욕망
> 5강 노동과 섹슈얼리티
> 강사: 고정갑희, 문은미, 이수자, 임옥희, 한금윤

이 강좌는 노동, 성, 민족, 몸, 이데올로기, 욕망 등 페미니즘과 접합될 수 있는 다양한 의제들을 아우르면서 주로 '성'을 이론화하는 것에 집중하였다. 성을 다각도에서, 특히 계급과 노동의 측면에서 바라보는 시각은 성과 노동의 관계를 이론화하는 기초가 될 만했다. 실제로 2005년 겨울강좌와 2006년 겨울강좌에는 각각 "여성주의 정치경제학1"과 "성노동: 성.자본.권력"이라는 보다 구체적인 표제 아래에서 '성노동'이 무엇이고, 이를 이론화해야 하는이유를 밝혀갔다. 여이연 강좌는 2010년대 초반까지 꾸준히 성노동을 이론화하려는 노력을 계속 이어나갔다. 2017년 현재 여이연에서는 성노동과 관련된 연구 성과가 거의 제출되지 않고 있지만, 한국에서 여전히 성산업이 성행하는 상황에서, 성노동 연구는 지속되어야 할 필요성이 있다고 하겠다.

여이연 강좌는 페미니즘 이론 영역에만 국한된 것은 아니었다. 2010년 이후부터는 페미니스트로서 직접 연극에 참여 해보거나 그림을 그리는 강좌들이 마련되었다. 2010년 겨울강좌인 "여성+미술+관계 청산"이나 2011년 겨울강좌인 "즉흥연극 워크샵 〈엉덩이와 의자의 결별〉"과 같은 강좌들이 바로 그것이다. 이 강좌들은 2010년대 초반에 몇 차례 개강하고 이후 그 명맥을 잃은 듯하지만, 여이연 회원들 중 이론 연구자들뿐만 아니라 예술창작의 영역에 종사하는 사람들도 문자 문화가 아닌 다른 문화적 방식으로 페미니즘 이론 형성에 기여할 가능성을 보여주었다. 이 시도들은 '이론'이 글로만 형성되는 보수적인 영역이 아닌, 다른 표현방법을 경유하여 나타날 수 있다는 가능성을 보여주었다.

여이연 강좌는 지난 20년 동안 여이연 회원 개인의 연구 성과만이 아니라 세미나 팀의 결과물과 회원들의 저서 혹은 역서를 자세히 소개하는 장이었다. 특히 정신분석 세미나팀와 성노동 세미나는 세미나와 강좌의 밀접한 관계를 보여준 대표적인 사례였다. 전자는 여이연에서 명실 공히 최장수하고 있는 세미나이다. 회원들은 이 세미나에 참여하면서 지속적으로 여러 서적을 읽고 토론하여 현재 한국사회에 소개할만한 이론들을 발굴하고 회원들 각자의 문제의식을 키워 나갔으며, 이것은 강좌라는 결과로 나타났다. 성노동 세미나의 활력은 성노동과 관련된 이론과 강좌가 여이연에서 꾸준히 생산될 수 있었던 배경이기도 했다. 앞서 언급했듯이 강좌는 대중들이 여이연을 처음 접하고 회원이 되어서 세미나에 참여하는 창구가 되기도 했지만, 역으로 세미나에서 연구한 결과를 대중들과 공유하면서 그 연구의 유효성을 확인하는 장이 되기도 했다. 여러모로 강좌는 여이연과 대중들의 접속을 위해 없어서는 안 되는 통로였던 것이다.

이와 같은 강좌의 중요성으로 인해, 여이연 운영진들은 강좌 수강생 수급이 어려워질 때마다 강좌를 부흥시키기 위한 다양한 노력을 기울였다. 이러한 노력이 두드러진 시기는 2010년대 초반이었다. 강좌 수강생이 안정적으로 수급되지 않고 장기적인 강좌 프로젝트를 기획하기 어려워진 2010년대 초반에는 강좌 진행 방식을 바꾸어 보다 많은 수강생들을 확보하고자 했다. 2001년 여름강좌부터 2010년까지 여이연의 강좌는 월요일부터 금요일까지 연속적으로 오후 강좌와 저녁 강좌로 나누어 진행되었지만, 2011년부터 특정 요일을 정해 5주 혹은 6주 동안 강좌를 진행하는 방식을 택하기 시작했다. 여이연의 강좌는 2003년부터 봄과 가을에 진행하는 한 개 혹은 두 개의 강좌를 제외하고 주로 여름과 겨울, 즉 대학의 방학기간에 개설되었다. 2010년 이전까지는 여이연 강좌의 주 소비자층을 대학원생과 시민단체나 정당 활동가로 정했기 때문에 낮 시간대에 강좌를 개설해도 수강하는 사람들이 적지 않았다. 그러나 여이연을 주로 찾았던 대학원생 혹은 시민단체나 정당 활동가들이 점차 여이연의 강좌를 수강하는 횟수가 줄어들고, 갈수록 다양한 분야에서 활동하는 사람들이 수강생으로 유입되면서 낮 시간에 강좌를 들을만한 여력이 있는 사람들이 줄어들었다. 그 결과는 대부분의 강좌를 저녁 시간대로 옮기고, 일주일을 오롯이 여이연 강좌를 위해 투자하는 것보다 특정 요일에 강좌를 배치하여 일정이 많은 사람들도 강좌를 들을 수 있는 형식으로 전환하기 시작했다. 그러나 그 결과는 뚜렷한 효과를 보이지 못했다.

흥미롭게도, 여이연의 수강생이 본격적으로 줄어드는 2010년대부터 여이연에서 이전에는 없었던 실험적이고 흥미로운 주제의 강좌들이 여럿 개설되었다. 물론 결과적으로 이 강좌들이 모두 폐강되어 그 새로움을 수강생들과 함께 공유하지 못하는 아쉬움을 남겼다. 페미니즘 인류학 강좌(2012년 여름: "낯선 곳에서 나를 만날까?: 여성주의 인류학 세미나를 위한 특강")라든가, 근대 초기 유럽의 페미니즘 강좌(2012년 겨울: "근대 여성의 탄생", 2013년 여름: "프랑스 혁명과 여성"), 그리고 젠더차이에 입각한 공간 분할에 관한 강좌(2015년 겨울: "여성과 디자인")는 어디에서도 쉽게 들을 수 없는 새롭고 흥미로운 주제였음에도 불구하고 모두 폐강되었다. 반면, 지속적으로 흥행하는 강좌는 2000년대 후반부터 한국 페미니즘계의 아이돌로 부상한 주디스 버틀러 강좌, 그리고 몇몇 '저명한' 여이연 강사들의 강좌와 페미니즘 기초 이론에 관한 강좌들이었다. 이것은 여이연의 수강생들이 페미니즘 기초 이론을 숙지한 후 그를 바탕으로 새롭고 구체적인 주제에 관심을 보이기보다, 기초 이론을 접하기 위한 목적에서 여이연 강좌를 수강하고 그 인연을 계속 이어나가지 않고 떠난다는 증거이다. 나아가 여이연 역시 기초 이론을 수강한 수강생들을 지속적으로 또 다른 여이연 강좌를 찾게 할 만큼 그들의 요구에 맞는 강좌를 기획하지 못하고 있다는 것을 보여준다.

또한 8강 이상의 기획으로 구성된 '지독' 강좌 역시 2000년대 말

이후 처음 등장하였다. 2016년에도 개설되었던 '지독' 강좌는 페미니즘 이론가들, 정체성 이론, 정신분석 이론, 섹슈얼리티 이론, 마르크스의 『자본론』 강독 등 페미니즘 혹은 페미니즘과 접합할 수 있는 다양한 주제들로 진행되었다. '지독' 강좌는 여이연이 계속해서 제도권 밖에서 장기적으로 페미니즘을 공부하려는 사람들에게 다양한 주제를 제안하며 페미니즘에 대한 관심을 이어나가도록 끊임없이 강의를 계발하려는 노력의 산물이었다.

여이연 내부 성원들의 강좌계발 노력 이외에도, 수강생에 초점을 맞춰 여이연의 강좌를 개설하려는 노력 역시 존재해왔다. 매번의 강좌 때마다 수강생들을 대상으로 한 강좌 만족도 조사와 개설 희망 강좌 조사는 바로 그러한 노력의 일환이었다. 그러나 수강생들의 요구에 따른 강좌를 개설해도 수강생 미달로 폐강하는 아이러니한 상황이 벌어지기도 했다. 강좌가 끝난 후에 항상 수강생들의 요구 조사를 하지만, 그 요구가 대부분 '퀴어'나 '생태'처럼 광범위한 카테고리를 언급하는 것에 그쳐있고, 혹은 구체적인 요구를 한다고 해도 연구소에서 그것에 맞춰서 강좌를 제공할만한 인력이 없는 경우도 있었다. 20년 전과 마찬가지로, 여이연의 인기 강좌는 페미니즘의 기초 이론을 소개하는 강좌들이나 당시 유행하는 사상가들을 소개하는 강좌들이 대부분이다. 어쩌면 여이연은 강좌를 통해 대중들의 페미니즘에 대한 관심을 높이고, 기초 이론을 바탕으로 수강생들이 보다 구체적이고 각론적 성격을 가진 페미니즘의 주제들에 관심을 가지도록 독려하지 못했다고도 할 수 있다.

당대성과 호흡하는 여성문화이론연구소 강좌를 위하여

2017년 현재, 페미니즘이 '유행'한다고 한다. 2-3년 전보다 여성학 책의 판매량도 늘어났고, 다양한 여성학 서적이 출간되고 있으며, 지상파 방송에서 젠더를 주제로 한 토크쇼까지 등장했다. 한국사회는 점차 젠더에 더 예민해지고 구체적으로 젠더 권력차이에 대해 접근해나가는 것처럼 보인다. 대중적인 페미니즘의 인기를 선도한 메갈리아 같은 인터넷 커뮤니티와 SNS들은 이론적으로 페미니즘 이론에 접근하기보다 심정적으로 페미니즘에 입각하여 현재 가부장적인 한국사회와 한국문화를 비판하는 데에 초점을 맞추었다. 이들에게는 보다 많은 사람들의 분노와 공감을 불러일으킬 '무기'로서의 페미니즘 인식론이 필요했고, 여이연이 지금까지 해온 이론을 소개하고 만들어내는 작업은 이들의 실제적 필요에 맞는 무기를 제공하기에는 적절하지 않았다. 여이연이 이론들을 소개하고 생산하는 방식은 옳고 그름을 이분법적으로 가르지 않고, 이분법의 성립불가능성을 밝히고 이분법을 전유하는 인식론에 기초하는 것이었다. 이는 현재 온라인 페미니즘에 '화력'을 제공하기에 적절하지 않다. 페미니즘의 '유행'에 지지를 보내는 이들의 시각에서 여이연의 페미니즘 이론 생산은 지루하고 현실과 동떨어져 있으며 '지금 당장'이 아닌 미래를 기약하고 어떤 것 하나 확언을 내리지 않는 '답답한 상아탑'일 뿐이다. 페미니즘 기초 이론을 습득하기에 여이연이라는 창구가 유용할지 몰라도, 여이연 회원들이나 세미나팀의 연구 성과를 바탕으로 구성된 페미니즘 강좌는 항상 현재 한국사회 분석과 밀접한 관련을 맺지는 않

63

는다. 여이연이 페미니즘의 '유행'을 선도하는 세력과 '만날' 수는 있어도 이들의 요구와 항상 '일치'하지 않는다면, 여이연은 페미니즘에 관심 있는 사람들과 어떤 관계를 맺을 수 있을까? 여이연의 강좌가 '운동'으로서의 페미니즘을 지향한다고 했을 때, 어떤 방향으로 나아가야 그 '운동'으로서의 성격을 지키면서 동시대 사람들과 호흡하며 살아남을 수 있을 것인가?

현재 여이연의 운영위원을 비롯하여 세미나에 적극적으로 참여하는 성원들은 대부분 박사 수료 이상의 학력으로 제도권에 적을 두고 있는 사람들이다. 여이연은 이론 생산을 표방하고 있지만, 아직 자체적으로 이론을 생산할만한 인력을 키워낼 여력이 되지 않기 때문에 대학원이라는 제도권의 공간에서 연구자로서의 자질을 갖춘 사람들을 중심으로 이론을 생산하고 있다. 그리고 이들은 과거에 여이연의 페미니즘 기초 이론 강좌나 여이연 세미나 팀이나 회원들의 연구 성과를 바탕으로 한 강좌의 수강생이기도 했었다. 제도권 안에서 페미니즘을 공부하는 사람들이 줄어들고, 페미니즘의 힘이 축소되는 상황은 기초 이론이 아닌 다양한 주제의 강좌를 들을 만한 수강생의 축소로 이어질 수 있다. 나아가, 이는 여이연의 회원으로서 여이연에서 페미니즘 이론을 생산할 동료들을 점차 상실해나간다는 의미이기도 하다. 여이연이 구성될 당시에도, 그리고 현재에도 여이연의 주력 회원들이 모두 제도권 소속인 상황에서 제도권 페미니즘의 쇠퇴가 여이연 강좌의 쇠퇴에도 영향을 미친다는 것을 인정하지 않을 수 없다.

페미니스트들이 배를 곯는 상황에서 페미니즘 강좌가 성행하고 페미니즘 이론 생산이 활발해지는 것을 기대하기는 어렵다. 그러나 여이연이 운동으로서 페미니즘 이론 생산을 표방하는 연구소로서 정체성을 계속 지켜나가기 위해서는 대중과 지속적으로 만나기에 제일 용이한 창구인 강좌의 필요성 또한 부정할 수 없다. 앞으로 어떤 변화가 일어나든, 여이연 강좌는 앞으로도 페미니즘 기초 이론과 세미나팀 및 회원들이 현재 진행하는 연구를 중심으로 구성될 것이다. 이 글에서 한 가지 제안하고 싶은 것은 2009년 겨울과 여름, 그리고 2010년 겨울 강좌에서 시도했던 '시대난독' 강좌를 다시 부활시키는 것이다. '시대난독' 강좌는 동시대를 페미니즘적 시각으로 바라보는 방식을 고민하기 위한 목적에서 기획되었다. 세 차례 진행된 강좌의 내용은 다음과 같다.

2009년 겨울
시대난독—읽기 어려운 시대, 정면돌파 정신이 필요하다
1강. 시대난독: 어떻게 시대를 읽을 것인가
2강. 옥소리를 지지한다.: '간통죄'가 제기하는 문제들
3강. 종부세 합헌/감세론을 통해 생각해 본 여성의 재산권과 가족
4강. '진실'의 소리 : 왜 아버지인가?
5강. 살아있는 시체들의 낮: 군가산점제의 부활
강사: 고정갑희, 임옥희, 이박혜경, 전해정, 권김현영

2009년 여름
시대난독—여성 연예인으로 산다는 것: 연예 노동과 인권
패널: 고정갑희, 나영정, 키라

2010년 겨울

시대난독

페미니스트 '루저'?

발제 1. 홈(가부장적 홈)에서 홈(공동체)으로의 지향을 위하여/ 김강

발제 2. 페미니스트, '불온'한 건강을 말하다/ 약손

위에서 인용한 세 개의 '시대난독' 강좌는 2009년에 진행된 강좌와 2010년에 진행된 강좌의 구성이 조금 다르다. 2009년에 진행된 두 강좌는 동시대에 세간에서 화제가 된 이슈 가운데 페미니즘의 시각으로 진지하게 논의해보아야 할 주제를 선별하여 강좌의 형태로, 또는 집담회의 형태로 진행하였다. 그리고 2010년의 강좌는 사회적 이슈가 아닌 현재 페미니스트들의 생활과 직결된 문제를 다루었다. 2009년과 2010년의 '시대난독'의 주제는 그 초점이 조금 다르지만, 이것들은 모두 동시대의 여성들이 살아가는 현실과 매우 가까운 문제들이라고 할 수 있다. 지금 한국사회에서 페미니즘이 인기를 모으고 있는 것은 여성들의 불안정하고 억압적인 상황과도 관련이 있다. 이 때, 무엇이 '불안정'하고 '억압적'인지 보다 구체적으로 역사적 맥락을 살펴, 그 실상을 규명할 필요가 있다. 언론의 일회성 보도로는 이러한 현상이 현재 여성들, 그리고 한국사회의 젠더 지형을 어떻게 징후적으로 반영하고 있는지 알기 어렵다. 여기서 여이연 강좌의 역할이 있다고 생각한다.

여이연 강좌는 페미니즘의 시각에서 다양한 주제들을 다루고 있으나 그 주제에 관심이 없는 사람들의 경우에는 쉽게 접근하기 어려

운 경우가 많다. 그러나 시사적이고 생활에 밀접한 주제는 누구나 한 번쯤 들어봤고 실감했을 법한 주제이므로 대중들이 접근하기에 용이하다. 대중적인 주제이지만, 페미니즘의 시각에서 한국사회 볼 때 중요한 국면들을 분석하는 작업은 여이연만이 할 수 있는 중요한 일이다. 또한 대중들이 여이연에 쉽게 다가가기에 좋은 유인이 되기도 한다. 실제로 '시대난독' 강좌는 참가자들이 여이연 다락방을 꽉 채울 만큼 열정적인 호응 속에서 진행되었다. 당시 '시대난독'의 인기는 무료로 진행되었다는 점도 무시할 수 없을 것이다. 앞으로 강좌의 무료/유료 수강여부는 따로 논의해보아야 하겠지만, 여이연의 구성원들과 여이연의 강좌가 대중들과 호흡하면서, 동시대와 발맞춰나가기 위해서는 '시대난독'과 같은 유형의 강좌가 필요하다고 하겠다.

앞으로 여이연의 강좌가 새로운 분기점을 맞아 성장할 수 있게 될지, 아니면 지지부진한 상황을 면치 못하게 될 지는 쉽게 예측할 수 없다. 다만, 강좌가 보다 다양한 사람들에게 다가가려는 노력을 멈추지 않고, 시의성을 잃지 않는다면, 앞으로 좀 더 많은 사람들에게 관심과 지지를 받게 되지 않을까 기대해본다.

세미나 합시다

•

오경미

세미나에 참여하세요

性勞動運動과 SEX WORKER를 빨간색으로 통일하였지만, 서체와 크기, 굵기를 달리해 책 표지의 전면에 배치한, 〈성노동연구팀〉이 2007년 출간한 『성노동』[1] 겉표지는 내가 여성문화이론연구소를 생각할 때 가장 먼저 떠올리는 이미지이다. 이 책을 읽고 받았던 충격과 이후 이 책을 출판한 선생님들이 속한 〈성노동연구팀〉에 참여하면서 비로소 연구소의 일원이 되었다고 느낀 것이 내가 연구소와 이 책의

표지를 동시에 연상하는 이유일 것이다. 나에게 연구소는 인식 전환의 공간이었으며, 연구소를 들락거리며 참여한 세미나는 나의 인생 전반을 긍정적으로 부정하는 과정 그 자체였다.

조금 더 사적인 기억으로 이야기를 이어나가겠다. 내가 여성문화이론연구소와 직접적인 인연을 맺게 된 것은 『퍼포먼스, 몸의 정치』 (김주현 외, 2013)를 연구소의 회원이신 김주현 선생님과 함께 준비하면서부터였다. 여성문화이론연구소의 존재는 이미 이전부터 알고 있

---

[1] 여성문화이론연구소 성노동연구팀, 『성노동』, 여이연, 2007.

었으나 이 책의 원고를 위해 사미숙 선생님을 인터뷰하면서 연구소에 첫 발을 들였다. 이후 『여/성이론』의 편집간사를 맡게 되면서 연구소를 들락거리게 되었다. 그러나 그것만으로는 충분하지 않았다. 연구소에서 공부도 하고 싶고, 선생님들과 더 깊은 교류를 하고 싶었으나 방법을 몰라 주저하고 있었다. 그러던 차에 "세미나에 참여하세요"라는 사미숙 선생님의 제안은 그렇게 반가울 수 없었다. 그렇게, 그리고 당시 연구소에서 진행되던 〈성노동연구팀〉의 세미나에 참여하게 되면서 나의 연구소 생활이 본격적으로 시작됐다.

내가 연구소 회원이 된 것은 2013년 즈음이다. 따라서 20주년을 기념하기 위한 단행본 『다락방 이야기』에 실을 세미나에 관한 원고를 청탁받았을 때 느꼈을 당혹감은 독자 여러분도 충분히 짐작 가능하리라 생각한다. 지극히 짧은 기간의 경험과 기억만으로 90년대 말부터 시작된 연구소 세미나 전반을 아우르는 글을 쓴다는 것은 불가능했다. 그렇기에 내가 취할 수 있는 최선의 방법은 개인적인 경험과 기억에서 출발하되 이것들을 연구소의 공식적인 형식과 그 역사에 접속시키는 것이라고 생각한다. 길지 않은 연구소 생활이었지만 다수의 세미나가 조직되고 사라지고 중단되었다가 다시 시작되는 과정들을 지켜봤다. 세미나의 구성원과 공부의 내용은 같지 않았다. 하지만 대부분의 세미나 팀이 책을 읽고 지식을 습득하는 단계에 머무르지 않았다는 것은 동일했다. 어떤 이들은 치열하게 읽고 토론하다 거리로 뛰쳐나가 시위대에 합류하기도 했고, 어떤 이들은 먹고 마시며 즐겁게 수다를 떨고 시니컬하게 세상을, 사회를, 남자를, 여자를 비웃기도, 탐구하기도 하며 책을 냈고, 어떤 이들은 함께 예술을 논하다가 전시장에 모여 작품을 발표하기도 하였다. 연구소의 세미나들은 여성주의 이론에 깊이를 더하고 새로운 담론을 만들어내기도 했으며 다양한 형식의 현장 활동으로 연구소와 외부를 연결하는 고리가 되기도 했다. 나는 연구소 생활을 하면서 참여했던 세미나와 연구소에 남아 있는 세미나 관련 자료들 그리고 회원들을 통해 얻은 자료들을 바탕으로 이 글을 쓰고자 하며, 이를 통해 세미나가 연구소의 주된 목적사업들과 연결되는 방식과 세미나의 역할, 의미 등을 짚어보고자 한다.

함께 공부하며 기존 연구를 확장하다

여성문화이론연구소의 사업들은 모두 유기적으로 연결된다. 주로 3, 4, 5월과 9, 10월에 열리는 콜로키움과 연말에 개최되는 학술대회는 시급하게 다루어야 하는 여성주의적 의제나 여성주의 이론을 확장하고 심화시킬 수 있는 주제, 여성주의적 관점에서 비판적으로 고찰해야할 필요가 있는 사안들을 이슈화하는 논쟁의 장이다. 강좌는 여성주의를 접하지 않은 이들을 대상으로 여성주의 기존 이론들을 전달하거나 더 심화된 이론을 접하고자 하는 이들을 위해 마련된 연구소의 사업이라고 할 수 있다. 콜로키움이나 학술대회에서 논의된 주제들은 강좌로 기획되기도 하고 출판으로 이어지기도 한다. 사업들 중 세미나는 나머지 사업이 생성되는 토대이자 조건으로 기능한다. 세미나는 특정한 주제에 관심을 가진 이들이 모여 팀을 구성하고, 관련한 서적이나 논문 등 앞서 생산된 연구 결과물들을 팀원들이 나누어 발제하며 함께 읽어나가는 방식으로 진행된다. 이 과정을 거치면서 세미나 팀원들은 여성주의 내부에서 간과해 왔던 이슈들을 발굴하기도 하고, 새로운 관점에서 기존에 생산된 이론과 담론들에 접근하고 개입하기도 한다. 팀원들은 결과물이 일정 정도 축적되면 내부 회의를 거쳐 생산된 담론 중에 공론화가 필요하다고 생각되는 것들을 콜로키움, 강좌, 학술대회 혹은 출판물의 형식으로 다듬어 발표한다.

성노동 세미나와 정신분석세미나는 세미나의 결과물을 강의, 학술대회, 출판으로 연결한 대표적인 세미나로 언급할 수 있다. 모든 세미나 팀들이 값진 여성주의 이론과 담론을 생산했고 지금도 왕성한 활동을 이어가고 있지만, 내가 참여한 〈성노동연구팀〉은 여성주의 진영을 통틀어 가장 논쟁적인 이슈를 생산했다는 점에서 주목할 수 있다. 〈성노동연구팀〉은 2005년 본격적인 연구를 시작하였다. 2004년 성매매 여성들을 위한다는 시혜적 차원에서 성매매특별법이 제정되고 이와 함께 집창촌이 도시재개발 사업의 일환으로 강제 철거되는 과정에서 한국 사회는 뜻밖의 상황에 직면하게 된다. 성매매특별법을 근거로 성서비스와 관련한 모든 거래행위를 법적으로 근절하고 처벌하기 위해 공권력이 투입되자 그간 공적 공간에 자신을 드러내지 않던 성노동자들이 자유롭게 직업을 택할 권리, 사회 구성원으로서 누려야 마땅한 인권과 생존권을 요구하며 목소리를 내기 시작한 것이다. 이들의 자발적 노출은 성노동 혹은 성과 관련한 모든 서비스를 인신매매에 준하는 여성에 대한 성적 착취로 인식하고 있던 우리 사회에 큰 충격을 던져주었다.

그들의 자발적 존재 증명은 여기에서 그치지 않고 여성주의 진영에도 적지 않은 충격을 야기했고, 여성주의자들은 기존 여성주의 이론으로 해결할 수 없는 상황에 직면하게 되었다. 이러한 상황에 맞닥뜨리게 되자, 연구소 내부의 몇몇 회원들은 기존 여성주의 이론의 한계를 직시하고 성노동 담론에 대한 패러다임 전환의 필요성을 감지하고, 성노동 세미나를 시작하였다. 이들은 수차례의 강의와 학술대회, 글의 서두에서 언급했던 출판을 통해 '성매매'에 대한 기존 논의를 전복하려 시도하였다. 이 세미나의 목표이자 지향점은 『성노동』 표지에 적힌 간략한 글에서 명확하게 드러난다.

한국에서 성노동에 대한 논의를 촉발시킨 것은 2004년 9월 23일 시행된 성매매방지특별법이다. 이 책은 그동안 한국에서 진행된 '성매매'에 대한 논의의 편향성을 바꾸려는 시도에서 출발하였다. 성특법은 '성매매'를 여성 억압, 더 심하게는 인신매매에 준하는 것으로 보는 시각에서 나온 결과이다. 이 책은 이러한 시각에 준하여 법을 더 강화하고자 하는 움직임에 대한 반론을 제기하고, '성매매'가 던지는 문제들에 대해 다른 시각을 제공하기 위해 기획되었다. 이 책은 매춘을 성노동으로 보는 입장에서 출발한다. 매춘을 성노동으로 보는 시각은 기존의 인식틀에 대한 문제를 다양하게 제기한다. 성노동은 섹스, 젠더, 섹슈얼리티의 관계에 대해 다시 생각하게 하며, 성과 노동의 관계에 대해 생각하게 한다. 성노동은 인권, 법, 국가, 산업 등에 대해 새로운 시각을 요구한다. 그리고 성노동을 정치화하려는 성노동운동은 기존여성운동과 노동운동에 도전한다. 성노동운동은 여성주의적 인식론과 방법론에 대해 근본적인 문제를 제기하고, 노동의 가치와 범주에 대해 새로운 이론과 실천을 요구한다.

세미나 팀원들은 함께 공부한 결과물들을 『여/성이론』을 통해 꾸준히 발표하면서 자신들의 주장을 확고하게 다져갔다. 집창촌에서 노동하는 여성들을 대변하여 성특법 이후 본격화된 집창촌 폐쇄와 결부된 도시재개발사업을 비판하거나[2] 법과 공권력에 의지한 여성계의 성매매 근절 의지가 성노동자들 간의 다양한 입장 차이를 묵인하는 일방적인 접근임을 반드시 고려해야 한다는 사실을 지적하였고,[3] 성노동자들과의 서면 대담을 통해 성매매 종사자들이 결코 동일한 범주 아래 포섭될 수 없는 다양한 입장을 견지한 존재들임을 드러냈다.[4] 세미나 팀원들은 이렇게 축적한 결과물들을 강좌로 기획해 이론화를 시도했다. 2012년 겨울강좌에서는 이론적, 윤리적, 역사적, 법적, 노동이론적 측면에서 성매매 담론에 접근하며 성매매를 성노동 담론으로 전환하고자 하였으며, 2014년 겨울강좌에서는 성노동을 여성에 대한 폭력으로 의미화해왔던 폭력 담론에서 벗어나 노동/가치 담론으로 재구성해보려 하였다. 이 강좌는 2014년 겨울 〈성노동연구팀〉이 기획한 제5회 여성문화이론연구소 학술대회 〈성노동의 이론화: 폭력 담론에서 노동/가치 담론으로〉의 내용을 강의로 재구성한 것이기도 하다.

....

2 김경미, 「집창촌 폐쇄와 재개발의 문제점」, 『여/성이론』 18호, 여이연, 2008.

3 김경미, 「'피해'와 '보호'의 이중주: 성매매방지법을 넘어서」, 『여/성이론』 13호, 여이연, 2005.

4 고정갑희·이희영, 「쟁점 2. 성노동자와의 서면대담」, 『여/성이론』 13호, 여이연, 2005.

2012년 겨울강좌

성·노·동

1월 31일-2월 28일, 매주 화요일 저녁 7시

강사: 고정갑희, 지혜, 이현재, 문은미

1강 성노동에 대한 성이론적 고찰

2강 성노동에 대한 윤리적 고찰

3강 성노동에 대한 역사적 고찰

4강 성노동에 대한 법적 고찰

5강 성노동에 대한 노동이론적 고찰

2014년 겨울강좌

성노동의 이론화- 폭력 담론에서 노동/가치 담론으로

1월 22일-2월 19일 매주 수요일, 오후 7시

강사: 김경미, 배상미, 오김숙이, 사미숙

1강 성노동의 가치 생산 문제

2강 성매매 근절론을 둘러싼 딜레마: '성매매'와 '성평등'의 관계

3강 매춘 낙인과 문화실천

4강 낭만적 사랑 사회에서 성노동의 문제

2015년 겨울강좌

성.노.동 이야기

1월 20일-2월 5일 매주 화요일과 목요일 오후 7시

강사 : 김경미, 고정갑희, 문은미, 배상미, 오김숙이

1강 매춘 : 왜 굳이 성노동인가

2강 성의 상품화와 노동의 위계 : 성은 거래될 수 있는 상품인가

3강 성과 노동의 문제 : 성매매를 노동으로 볼 수 있는가

4강 성과 노동과 폭력의 문제 : 성매매는 여성에 대한 신체적/정신적 폭력인가

5강 매춘과 낙인의 문제 : 매춘에 대한 낙인을 둘러싼 투쟁은 어떻게 일어나는가

6강 매춘의 가족로망스 : 매춘과 가족은 상반되는가. 가족 등 다른 사회제도와 매춘의 관계는?

세미나는 또 다른 세미나를 파생시키기도 한다. 낭만적 사랑을 사회학적으로 접근하는 〈로맨스 세미나〉팀은 〈성노동연구〉팀에서 파생된 세미나다. 이 세미나는 사랑으로 결속되어 주로 남녀 사이에서 이루어지는 연애라는 행위가 단지 사적인 관계의 문제가 아닌 사회적 규범에서부터 경제 시스템 등과 복잡하게 얽힌, 그렇기에 사회적으로 규명해야 할 필요가 있는 논쟁적 이슈임을 드러낸 것이다. 〈로맨스 세미나〉팀은 함께 공부하며 축적한 결과물로 2013년 개최된 제6회 맑스코뮤날레 〈세계자본주의의 위기와 좌파의 대안〉에 〈후기자본주의와 로맨스〉라는 제목의 분과세션에 참여하기도 하였다. 주제의 특수성과 참신함으로 발표장이 가득 찼으며 높은 호응을 이끌어냈다. 세미나 팀원들은 이 연구 결과를 당해 연구소의 여름강좌로 재기획하기도 하였다.

2013년 제6회 맑스코뮤날레 〈세계자본주의의 위기와 좌파의 대안〉
분과세션 〈후기자본주의와 로맨스〉
5월 12일 일요일 오후 12:30~2:30
사회 | 유서연(여성문화이론연구소)
발표 1 | 포스트모던적 로맨스 주체: 줄타기와 저글링 | 이현재
발표 2 | 로맨스자본주의: 소비주의와 사랑의 계급화 | 박이은실
발표 3 | 로맨스 유토피아, 여성이 만든 억압의 세계 | 사미숙

2014년 여름강좌
후기자본주의와 로맨스
7월 18일–8월 8일 매주 금요일 오후 7시
강사: 이현재, 사미숙, 유서연
1강 고대 에로스에서 근대 로맨스까지
2강 소비주의와 자기계발 시대의 포스트모던적 로맨스 주체
3강 로맨스 유토피아, 여성이 만든 억압의 세계
4강 로맨스는 노동이다!: 일상생활의 로맨스

1999년에 결성되어 여성문화이론연구소에서 결성된 세미나팀 중 가장 오래된 정신분석세미나는 결성 기간이 가장 오래된 만큼 『페미니즘과 정신분석』(2003), 『다락방에서 타자를 만나다』(2005), 『페미니스트 정신분석이론가들』(2016)등 3권의 책을 출간했다. 2012년도에는 제3회 여성문화이론연구소 학술대회 〈젠더불안, 민주주의 혁명: 정치적인 것의 귀환〉을 주관하기도 하였다. 〈정신분석세미나〉팀은 자신들을 "정분난 여자들"로 명명하며 "감히, 프로이트의 허파를 뒤집고 라캉의 코털을 건드리며 들뢰즈의 기관없는 신체를 탈주시키고 크리스테바의 비체를 다듬어서 달구어진 무쇠 솥에 넣어 버무렸다. 다락방에 커다란 솥을 걸어놓고 정신분석학을 요리하기 시작"했고, 『페미니즘과 정신분석』은 "굽고 찌고 튀기고 졸여낸 첫 번째 요리"였으며, "더욱 열심히 솥을 닦고 그 안에 문화의 바다에서 건져 올린 신선한 재료들을 집어넣었다. 다락방에 모여든 여자들은 마녀들의 무쇠 솥에서 졸여낸 묘약으로 드디어 여우에서 여우(女友)로 종횡무진 둔갑하는 변신술을 익혔다. 제도적 거식과 문화적 폭식을 오가며 변신한 이

들은 낮이면 강좌를 열어 개체 수를 늘리고, 밤이 되면 수많은 텍스트들을 '먹고' 문화를 '마시며' 새로운 글들을 '토하는' '주경야독'의 세월을 5년 동안 지속"해 『다락방에서 타자를 만나다』를 출간했다.[5]

〈정신분석 세미나〉팀의 강좌는 이 글에서 세세히 나열하기 어려울 정도로 수차례 기획되었다. 중요한 강좌만 언급한다면 아래와 같다.

2005년 가을강좌
다락방에서 타자를 만나다
11월 17일–12월 15일 매주 목요일 저녁 7시부터
강사: 구번일, 김미연, 문은미, 손희정, 임옥희
1주 비체들의 유혹적인 유머
2주 불안한 남성주체
3주 공포스런 여성비체
4주 거식으로 읽어낸 여성의 몸
5주 타자의 목소리: 성노동의 문제들

2006년 겨울강좌
처음 만나는 정신분석
1월 23(월)–1월 27일(금) 오후 7시
강사: 구번일, 배수경, 성미라, 심혜경, 조현순
1강 오이디푸스 콤플렉스와 남근선망
2강 매저키즘과 패티시
3강 히스테리

....

5 여성문화이론연구소 정신분석세미나팀, 『다락방에서 타나를 만나다』, 여이연, 2005,
7쪽.

4강 여성성

5강 나르시시즘

2006년 여름강좌

처음 만나는 정신분석 2

7월 10일(월)–7월 14일(금) 오후 7시

강사: 구번일, 심혜경, 허윤, 오은경, 조현순

1강 무의식

2강 꿈과 실수행위

3강 강박증, 부친살해

4강 반복강박과 죽음충동

5강 우울증

페미니즘과 정신분석: 사랑의 이야기

1월 29일–2월 2일 오후 3시

강사: 니리, 영희, 옥희 (여성문화이론연구소 정신분석세미나팀)

1강. 여성적 나르시시즘의 가장무도회

2강. 복수와 사랑의 도착: 여사제 지간의 애증

3강. 사랑의 굴레 혹은 연대: 제시카 벤자민

4강. 불안과 공포의 변주: 레나타 살레클

5강. 슬픔과 애도의 정치: 사라지는 존재를 기억하기

2016년 지독강좌

페미니스트 정신분석이론가들

10월 25일–11월 22일 매주 화요일 저녁 7시부터

강사: 신주진, 임옥희, 이해진, 김남이, 조현준

1강 줄리엣 미첼: 마르크스와 프로이트를 넘어

2강 캐롤 길리건과 제시카 벤자민: 타자의 목소리와 상호인정의 변증법

2012년 〈정신분석 세미나〉팀은 "젠더 불안, 민주주의, 혁명" 등의 단어들을 엮어 "정치적인 것의 귀환"을 시도하는 여성문화이론연구소 제3회 학술대회를 기획하기도 하였다. 『페미니스트 정신분석이론가들』(2016)은 "정분"팀이 내놓은 가장 최근의 결과물이다. 이들은 "우리는 21세기를 살고 있지만 우리의 아비투스는 20세기에 여전히 머물러 있을 수도 있다. 이론실천과 구체적 일상 사이에는 간극과 시차가 존재한다. 현란한 21세기 이론들로 넘쳐나는 시대에도, '우리'는 몸을 가진 존재로서 여전히 살아가야 한다. 온갖 트랜스trans의 흔적trace을 몸으로 각인하면서 살아가는 시대에, 컴퓨터의 0/1의 세계처럼 남성은 0, 여성은 1로 구분되지 않는다. '우리' 안에는 다형도착적인 온갖 젠더/섹슈얼리티가 혼재되어 있기 때문이다. 그런 혼란이 가져다 준 불안한 자유, 불확실성, 불안정성에서 벗어나고 싶은 충동 또한 잠재되어 있다"고 하면서, 바로 그렇기 때문에 "여성주체, 젠더, 섹슈얼리티의 가능성을 모색했던 이론들을 재조명하고 재활용할 필요가 있다"며 이 책의 기획의도를 밝힌다. 이 세미나 팀은 "사회주의 페미니스트 정신분석학자인 줄리엣 미첼, 대상관계이론에 주목하여 여성주체의 가능성을 탐색하려고 했던 멜라니 클라인, 캐롤 길리건, 제시카 벤자민, 성차에 주목한 성차의 페미니스트로서 줄리아 크리스테바, 이리가레 그리고 젠더수행성으로 잘 알려진 주디스 버틀러에 주목"하여 이

기획의도를 만족시키고자 하였다. "나아가 이 책에서 다루지 못한 페미니스트 정신분석이론가들 또한 연구원들과 함께 꾸준히 공부하면서 그 결과물을 시리즈로 출판하여 공유"하겠다는 "정분" 팀의 언급은 이후 "정분" 세미나 팀이 만들어낼 결과물을 기대하게 만든다.

그 외에도 〈미학세미나〉를 꼽을 수 있겠다. 〈미학세미나〉 팀은 "한국에서 페미니즘 예술이 꽤 오랜 역사를 쌓아왔지만 다소 정체된 상황에서 새로운 미학의 경계를 열어보자는 생각에 작가, 비평가, 기획자, 이론가가 모여 2014년 3월부터 함께 공부"하고 있다. 팀원들은 함께 『미술사의 현대적 시각들』(2007, 경성대학교출판부), 『공포의 권력』(2001, 동문선), 『예술, 문학, 정신분석』(2003, 열린책들), 『꼭 읽어야 할 예술이론과 비평 40선』(2013, 미진사) 등을 읽으며 연구의 범주와 깊이를 확장해나갔다.

〈정신분석세미나〉, 〈성노동연구팀〉, 〈로맨스세미나〉, 〈미학세미나〉 팀의 활동을 통해 여성문화이론연구소의 세미나 사업을 살펴보았다. 연구소에서 개설되었다 사라진 모든 세미나를 일일이 기록할 수는 없었으나 살펴본 세미나 활동만으로도 충분히 연구소 세미나가 왜, 어떤 목적에서 조직되었으며 구체적으로 어떤 활동을 하며 자신들이 추구하는 목표를 충족시키기 위해 고군분투하는지 알 수 있었다. 연구소의 세미나들을 관통하는 미션은 여성주의 이론과 담론의 확장과 발굴이라고 정리할 수 있을 것이며, 기존의 여성주의 이론과 담론에 대한 비판적 성찰, 남성에 의해 산출된 역사적 결과물에 대한 비판적 재검토는 연구소와 연구소를 구성하고 있는 우리들이 세미나를 통해 달성하고자 하는 구체적인 비전일 것이다.

각 세미나 팀들이 현재까지 지향해온 바들은 연구소를 설립한 여러 선생님들이 세미나라는 활동을 시작하려 했던 애초의 목표에서 크게 벗어나지 않는다. 내가 연구소에 들어오기 전 조직되었던 세미나는 경험할 수 없었기에 구체적인 세미나 내용을 세세하게 전달할 수는 없다. 그러나 연구소에 보관된 자료와 함께 일하고 있는 선생님들로부터 전해들은 세미나 기획 취지에서 애초의 목표를 어렵지 않게 발견할 수 있다. 2007년 3월부터 2009년 3월까지 진행되었던 〈가족세미나〉는 가족 안에서 수행되는 여성의 노동이 사회의 성별분업과 젠더 이데올로기에 미치는 영향에서 출발해 이론서 강독에서 벗어나 '한국'이라는 지역에서 나타나는 가족문제를 역사적, 사회적, 인류학적으로 연구한 연구서와 논문을 읽었다고 한다. 가족들과의 갈등이나 자녀 양육의 어려움 등 현실에서의 경험을 함께 공유하기도 하는 세미나의 현장성은 이 세미나만의 독특성이었다. 2001년 시작된 〈여사서 세미나〉는 전통시대 여성의 생활규범을 살피고 여성에 관한 유교적 세계관에 접근할 수 있는 자료로서 중국 뿐만 아니라 우리나라의 규범서로 널리 읽혀 온 『여사서』를 여성주의적 시각으로 '다시' 읽는 세미나였다. 그 외에도 문학이론, 소설론에 관한 기본 이론서를 읽는 〈문학이론 세미나〉, 주디스 버틀러의 텍스트를 바탕으로 섹슈얼리티를 논의하는 〈섹슈얼리티 세미나〉, 맑스의 정치경제학 비판에서 드러나는 자본의 생산/유통과정을 살펴보고, 섹슈얼리티, 상품, 상품화, 노동에 관련된 여성주의적 고민을 해석하고 논의를 이어가는 〈자본론 세미나〉, 탈식민 이론 텍스트들이 제공하는 개념을 여성주의적 아젠다로 풀어내 여성주의적 변형과 확장을 꾀하려 했던 〈탈식민 세미나〉에서도 세미나를 통해 해결하고자 했던 목표의식이 잘 드러난다.

세미나, 연구소와 외부를 연결하다

세미나는 강좌, 콜로키움, 학술대회 등 다양한 연구소의 사업들을 유기적으로 연결하는 역할에만 한정되지 않는다. 세미나는 연구소 내부와 외부를 연결하는 고리의 역할까지 겸한다. 어떤 사람들은 세미나에 관심을 가지고 연구소 회원이 되기도 한다. 그렇게 회원이 된 이들을 위한 세미나가 〈벌집 세미나〉이다. 애초의 〈벌집세미나〉 개설 취지는 연구소 신입 회원을 위해 "이전의 삶과 다른 새로운 삶의 시작"을 위해 "남성 중심적 학문을 뒤로하고 새로운 인간을 위한 학문을 시작"하고 "나이와 학력과 가정 배경을 잠시 괄호로 묶어 새로운 세상, 낯선 세계를 모험하고 알아가는", "아기의 호기심과 순수함으로 나를 찾으려 첫 발을 땅에서 떼는 설레임으로 세상에 나아가는" 이들을 위한 것이었다. 2015년 'IS김군' 사건과 '강남역살인사건'을 계기로 한국 사회에 페미니즘에 대한 관심이 높아지면서 연구소 역시 활기를 띠게 되었다. 페미니즘 이론의 필요성을 느낀 이들이 연구소와 만날 수 있는 계기는 강좌였다. 그러나 강좌만으로는 외부인들이 연구소와의 결속지점이나 합류지점을 찾을 수 없기에, 운영위원회 위원들은 세미나가 강좌로 연구소와 인연을 맺은 이들이 연구소 일원으로 합류할 수 있는 효과적인 창구로 세미나를 지목했다. 그래서 2016년 〈벌집세미나〉를 재개하여 페미니즘 기초이론을 본격적으로 공부하는 계기를 마련하고자 하였다. 2000년 〈벌집세미나〉 조직 당시 함께 읽으며 공부했던 페미니즘 기초 서적들은 아래와 같다.

1. 캐롤린 라마자노글루(1997). 김정선 역. 『페미니즘, 무엇이 문제인가』. 문예출판부

2. 성의 정치학

① 케이트 밀렛(1990). 정의숙 역. 『성의 정치학』. 현대사상사
② 슐라미스 화이어스톤(1983). 김예숙 역. 『성의 변증법』. 풀빛

3. 섹슈얼리티

① 한국성폭력상담소(1999). 『섹슈얼리티 강의』. 동녘
② 안드레아 드워킨(1996). 유혜연 역. 『포르노그래피』. 동문선
③ 린 헌트(1996). 조한욱 역. 『포르노그라피의 발명』. 책세상
④ 제프리 웍스(1999). 서동진 역. 『섹슈얼리티』. 현실문화연구

4. 가부장제

① 실비아 월비(1996). 유희정 역. 『가부장제 이론』. 이대출판부
② 우에노 치즈코(1994). 이승희 역. 『가부장제와 자본주의』. 녹두

5. 자본주의(성과 계급)

① 아네트 쿤(1996). 강선미 역. 『여성과 생산양식』. 한겨레
② 미셸 바렛(1995). 신현옥 역. 『페미니즘과 계급정치학』. 여성사
③ 레오뽈리나 포르뚜나띠(1997). 윤수종 역. 『재생산의 비밀』. 박종철출판부

6. 탈식민주의

① 가야트리 스피박(1998). 「하위주체는 말할 수 있는가」. 『세계사상』. 4호
② 트린 민하

7. 포스트모던

① 이소영(1992). 정경호 편. 『페미니즘과 포스트모더니즘』. 한신문화사

8. 과학과 젠더

① 이블린 폭스 켈러(1996). 민경숙 역. 『과학과 젠더』. 동문선
② 다나 해러웨이. 「사이보그 선언문」. 홍성태(1997). 『사이보그, 사이버 컬처』. 문화과학사
③ 루스 허바드(1994). 『생명공학에 대한 여성학적 비판』. 이화여자대학교 출판부

9. 생태 · 모성

① 반다나 시바 · 마리아 미즈(2000). 손덕수 역. 『에코 페미니즘』. 창작과 비평사
② 반다나 시바(2000). 한재각 역. 『자연과 지식의 약탈자들』. 당대
③ 아이린 다이아몬드(1996). 정현경 역. 『다시 꾸며보는 세상』. 이화여자대학교 출판부

10. 정신분석

① 엘리자베스 라이트(1997). 박찬부 역. 『페미니즘과 정신분석학 사전』. 한신문화사
② 지그문트 프로이트(1998). 태혜숙 역. 『히스테리 사례분석』. 동문선
③ 뤼스 이리가레(1997). 권현정 역. 『성적 차이와 페미니즘』. 공감

11. 여성적 글쓰기

① 뤼스 이리가라이(2000), 「우리의 두 입술이 함께 말할 때」, 「성차의 윤리학」, 「타자에 대한 사랑」. 『여/성이론』 2호
② 뤼스 이리가라이(1998). 박정오 역. 『나, 너, 우리』. 동문선
또하나의문화(1992). 『여자로 말하기, 몸으로 글쓰기』. 또하나의문화

12. 최근 이론 쟁점

① 한국영미문학페미니즘학회(2000). 『페미니즘, 어제와 오늘』. 민음사

13. 왜 페미니즘을 공부하는가?

① 박혜숙(1998). 『한국에 페미니스트는 있는가』. 삼인
② 달과입술(2000). 『나는 페미니스트이다』. 동녘
③ 프리가 하우그(1997). 박영옥 역. 『마돈나의 이중적 의미』. 인간사랑

14. 여이연은 어떤 집단인가?

① 『여/성이론』 1, 2호

2016년 연구소는 페미니즘 기초이론 강좌를 듣고 연구소의 회원이 된 수강생들을 대상으로 벌집세미나를 재개했고, 두 차례의 세미나로 이어졌다.

또 다른 차원에서 세미나는 연구소와 현장을 연결하는 고리가 되기도 한다. 2004년 성매매특별법 제정을 계기로 연구소에 〈성노동연구팀〉이 조직되었다는 언급은 앞서 했다. 중요한 것은 이 세미나팀만이 당시 성매매를 여성에 대한 착취와 폭력으로 간주하여 근절이 필요한 사회적 악으로 보는 사회적 인식과 대립적인 입장을 취했다는 것이다. 〈성노동연구팀〉은 단지 기존의 이론을 비판적으로 재고찰하고 새로운 담론을 생산하는 데에서 그치지 않고 연구의 결과를 현장과 연결시키기 위해서도 노력했다. 이들은 현장으로 나가 시위에 참여하며 성노동자들의 목소리를 들었고 인터뷰와 글을 통해 이들의 목소리를 전달하기 위해 애썼다. 현장과 연결된 이들의 활동은 추후 〈성노동자권리모임지지〉가 조직되는 데 큰 힘이 된다. 〈성노동자권리모임지지〉는 성노동자 당사자와 비당사자들이 함께 만든 단체로 2009년에 조직되었다. 이들은 함께 활동하며 〈똑바로 나를 보라〉라는 제목의 연극을 두 차례 기획하였고 포럼, 심포지엄 등을 기획하여 여성주의 진영은 물론이고 한국 사회에 묵직한 질문과 과제들을 던져주었다. 또한 〈성노동연구팀〉과 〈성노동자권리모임지지〉는 함께 활동하며 일본의 스와시, 대만의 코스와스, 호주의 스칼렛 얼라이언스 등 성노동자 단체들과도 연대했다. 국제 연대를 통해 각국의 성노동자들이 처한 상황을 살펴보고, 성노동자들의 사회적 지위와 노동

환경 개선을 위해 공동체 구성원을 설득하고 합의를 이끌어내는 과정과 방식을 공유했다.

페미니즘의 시각으로 예술과 미학을 탐구하는 〈미학세미나〉 팀은 함께 전시를 기획하고 개최함으로써 연구소와 미술 현장을 연결하고자 했다. 2016년 12월 15일~18일까지 식물의 방에서 개최한 《릴레이 전시 'Oikos, 부엌 공방'》은 집이라는 사적인 공간의 성별성을 여성주의적인 시각으로 탐색하는 동시에 여성주의적인 공간 실험을 시도해본 전시이다. 전시의 기획 의도는 다음과 같다.

당신은 어디에서 살고 계신가요? 당신의 집에서 당신은 편안한가요?

올해 공간을 화두로 탐구하다가 가부장제와 자본주의에서 집-가정-주거-살아감이 그리 원만하게 연결되어 있지 않다는 것을 생각하게 되었어요. 사람들이 어떤 집에서 살아가는지, 그 집에서의 성별 역할과 공간 디자인은 어떤 관련이 있는지, 그리고 기존의 지배 담론에 저항하는 주거의 혁신은 가능한지를 알고 싶었죠. 하지만 건축의 거대한 물질성과 시장과의 긴밀한 관계, 그리고 전형적인 이성애 가족 가치가 미적 실험의 가능성을 '거의' 소거한다는 것에 좌절했지요.

결국 기획자는 여자/남자들의 집으로 직접 찾아가 보기로 마음먹었죠.

후기자본주의 시대를 살아가는 오늘날, 공적 세계에서 고군분투하는 여성/남성들이 사적인 공간에서는 어떻게 자기 삶을 꾸려갈까요? 그들의 사생활은 행복할까요?

세수를 하고 단추를 달고 뽀송뽀송하게 침구를 마련하고 한 끼 식사를 준비하는 것이 돈을 벌거나 제자를 양성하거나 책을 쓰거나 정책을 입안하는 것보다 열등한 일일까요?

집단지 않음을 독어로는 '섬뜩함(unheimlichkeit)'이라고 하는데, 집이 불편하다면,
어떤 공간 실험을 하고 계신지요?
어떻게 가능할까요?

이와 같은 의도 하에 〈미학세미나〉 팀원들은 퍼포먼스, 영상, 설
치, 갤러리 토크 등 다양한 방식의 작업으로 전시를 구성했다.

〈빨간 뻔데기〉라는 독특한 명칭의 세미나 팀은 〈미학세미나〉보다
먼저 세미나를 기반으로 미술 이론을 공부하고 이것을 예술 활동으
로 연결한 연구소의 세미나 팀이었다. 〈빨간 뻔데기〉라는 팀의 명칭
은 당시 활동가이자 기획자인 수수(김주혜) 선생님이 1970년대 후반
발간되었던 진보적 페미니즘 문화잡지 『Chrysalis』에서 '뻔데기'라는
이름을 따왔고 여기에 '빨간'을 붙여 만들어졌다고 한다. 세미나 팀원
들은 다양한 미술 관련 텍스트를 읽으면서 8강으로 구성된 강좌 〈목요일
마다 후일도모-한국에서의 젠더와 미술 그리고 살아남기〉를 기획하기도
하였다. 이 강좌는 임정희, 고동연, 오혜주의 강의와 윤석남, 정정엽 두
작가의 작업실 탐방으로 구성되었다.

그 후 세미나는 서로의 작업실 탐방으로 확장되었고, 탐방하며 나
누었던 대화들을 기록한 아트북을 발간하기도 하고, 성폭력 상담소
의 의뢰로 4-5명의 멤버들이 성폭력 피해자와 1:1로 팀을 이뤄 미술
멘토링 활동을 하기도 했다. 이후에도 강정마을 후원을 위한 키트 제
작, 콜트콜텍의 상황을 알리는 전시 등 여성의 문제에서부터 사회적
문제로까지 관심을 확장해나갔다. 이렇게 세미나는 다양한 정체성을

가진 연구소 구성원을 결속시켰다. 그리고 세미나는 이론과 담론 생산의 장이었고, 연구소와 외부를 연결하는 통로가 되었으며 연구소와 현장을 연결하는 고리 역할을 수행했다.

세미나를 직접 꾸려보세요

한창 세미나에 참여하면서 공부와 연구소 생활에 흥미를 느껴가고 있을 즈음 〈성노동연구팀〉의 팀원이셨던 김경미 선생님께서 내게 나중에 본인이 원하는 주제로 세미나를 꾸려보는 것도 좋을 것이다, 또 관심 있는 주제로 세미나를 꾸려 주도적으로 세미나를 이끌어 나가다 보면 자신의 연구 범위를 확장할 수 있는 계기도 될 것이고, 연구자로서 자신감을 얻는 계기도 될 것이라는 등의 따뜻한 조언을 해주셨다. 이 조언을 마음에 새겨두고 연구소에서 일하며 공부하다 여성주의적 관점을 견지하며 과학 기술과 그리고 예술이라는 주제를 엮어 〈디지털 시대 기술과 예술〉 세미나를 꾸려보았다. 세미나 팀원들과 함께 과학 기술 철학에 관련된 책과 논문들을 발제하고 읽었던 과정과 경험은 김경미 선생님의 말씀처럼 내 연구의 범위와 깊이를 확장해 주었다. 세미나는 연구소는 물론 개별 구성원들에게도 살펴보았듯이 긍정적인 연쇄 효과를 유발한다. 그럼에도 불구하고, 현재 연구소 세미나는 예전처럼 활성화되지 못하고 침체되어 있는 상태이다. 〈정신분석 세미나〉와 〈미학 세미나〉 정도가 활발하게 진행되고 있는 상황이다. 우리, 다 같이 세미나 합시다라는 말 외에 무슨 말이 더 필요할까. 그러니, 우리 함께 세미나 합시다!

여자를 춤추게 하는 책들

·

사미숙

책, 춤, 창

트럭이 들어온다. 한가득 높이 책이 실려있다.

책더미 중간쯤에서 힘겹게 한 권을 꺼내 펼쳐 든다.

하얗다.

헉!

다행히 이건 꿈이다. 인쇄소에 데이터를 넘기고 책이 배달되어 오기까지 "헉!"하고 심장이 내려앉는 꿈을 여러 번 꾼다. 사람들 앞에서 속옷을 내리고 오줌을 싸기도 하고, 다급하게 전화를 걸지만 번호가 눌리지 않아 애를 태우기도 한다. 내가 어떤 불안과 긴장 속에 있든 책은 거침없이 찍히고 잘려서 내 앞에 놓여진다. 책상에 가득 차 있는 이것들이 다 누군가의 피를 말리는 고단한 작업의 결과물이라 생각하면 정나미가 떨어지고 꼴도 보기 싫어진다. 한 때 빵집에서 일했던 친구가 자기는 빵을 안 먹는다고 말했던 것처럼.

여성문화이론연구소(이하 여이연)를 소개하는 브로셔는 책 위에서 춤추는 여자가 표지를 장식하고 있다. 브로셔를 제작할 때 어떤 그림이 어울릴지 의견을 받아 디자인된 것이니 회원들이 여이연에 대해 갖고 있는 이미지와 이상, 기대가 반영되었다고 할 수 있겠다. 하지만 단순하게 생각해보면 책

과 춤의 동시 등장은 어울리지 않는다. 책 읽으며 춤추기 어렵고 춤추며 책 읽기 또한 어렵다. 그런데 왜 여이연은 자신의 모습과 이상을 이렇게 표현했을까? 책 위에서 춤이라니!

어쨌거나 나는 여이연의 회원이면서 책을 기획하는 팀에 속해 있다. 여이연에 춤판을 까는 일이 바로 나의 일인 것이다. 멍석을 깔면 마당놀이가 펼쳐질 것이요, 카펫을 깔면 플라맹고가, 흙바닥에선 전사의 춤이, 빗자루를 던지면 마녀의 주술춤이, 널빤지를 놓으면 미친년 널뛰기가 시작될 것이다. 그러나 혼자 추는 춤이 무에 재미가 있을까. 마녀의 주술로 다락방에 사람들이 가득차고, 주저도 망설임도 없이 어느새 발그레한 뺨을 부비며 몸을 흔들고 있다. 리듬도 박자도 제각각인 음악이 뒤섞이고 거친 숨소리가 다락방을 가득 채우면 작은 창문이 활짝 열리면서 책들이 푸드득 펄럭펄럭 쏟아지듯 날아간다. 어느 집 책상 위에 또 어느 집 식탁 위에, 이번엔 어느 집 화장실에. 환영받거나 외면당하거나 어쨌거나 만난다. (그)녀들과.

20주년을 기념하는 이 책에서 나는 여이연의 책과 사람들과 작은 창들에 대해 쓸 것이다. 어떤 사람들이 여이연의 책을 만드는지, 어떻게 책들이 창밖으로 날아가는지 역사적 사실보다는 주관적 편집으로, 도서관 분류법 아닌 다락방 분류법으로 쓰게 될 것이다. 읽다보면 함께 춤추고 싶은 충동이 생길지 아니면 말리고 싶을지 모를 일이지만 누구라도 어깨를 들썩여 준다면 하는 작은 바람이다.

출판은 처음이라

사람들이 여이연에 대해 갖는 인상은 크게 두 가지가 아닐까 싶다. 혜화동의 다락방과 여이연의 책들. 이 둘은 또 묘하게 어울린 듯 안 어울린다. 책으로 여이연을 접한 사람들이 처음 다락방에 와서 느끼는 혼란을 나는 많이 목격했다. 흔히들 '여이연 책은 어렵다'고 볼멘소리를 하는데, 좁은 계단을 오르고 올라 간판도 없는 다락방 앞에

도달하는 순간 '이거 실화냐?!', 너무 어렵지 않은 공간에 실망 혹은 안도감이 교차하는 것을 빠르게 눈치챌 수 있다. 벽을 둘러 빼곡히 차있는 책들은 처음부터 지금까지 묵묵히 다락방을 차지하고 있다. 어렵지 않은 공간을 차지한 '어려운' 책들의 존재감은 갑이다.

여이연은 지금까지 저널을 포함하여 일흔 두 권의 책을 냈다.

1997년 연구소 개소를 준비하는 모임에서 출판은 세미나, 강좌, 저널과 함께 주요한 사업으로 책정되었다. 첫 단행본은 2001년 발행된 태혜숙의 『탈식민주의 페미니즘』이다. 어떤 일이든 처음이 가장 어렵다. 책을 읽기만 하던 사람들이 어떻게 책을 만들 수 있었을까? 점차적으로 각 사업의 담당자나 팀을 두어 체계적인 운영을 하게 되었지만, 여이연 초기에는 운영진 모두가 여러 사업에 참여하는 방식이었다고 한다. 초대 소장으로서 출판기획까지 담당했던 고정갑희는 필자섭외부터 교정교열, 편집디자인, 필름 검판까지 책이 만들어지는 과정을 그때 알게 되었고 의미있는 경험이었다고 회고한다. 비록 긴 코트를 제물로 바쳐야 했지만 말이다. 당시 저널 『여/성이론』과 첫 단행본을 함께 진행하던 터여서 "다락방은 바빴고, 추웠고…" 난로에 코트가 타버리는 줄도 몰랐다고 한다.

『탈식민주의 페미니즘』은 여이연의 첫 책이라는 점에서 뿐만 아니라, '한국의 페미니즘사상과 이론의 탄생을 위해 한국의 페미니스트가 개인과 집단으로 필자가 되는 것이 중요하다'는 여이연 출판기획의 철학을 실현했다는 점에서도 큰 의미가 있다. 태혜숙은 책머리를 이렇게 시작한다.

어린 시절, 드물게 먹어본 초콜릿은 내게 황홀감과 함께 잊을 수 없는 달콤한 뒷맛을 남겨 주었다. 그 초콜릿과 비교할 때 투박하고 못생긴 우리의 사탕은 촌스러움으로 다가왔다. 이렇게 경험된 서구 자본주의적 근대의 광휘는 21세기에 접어들어서도 여전히 우리의 일상 삶에서 빛나고 있다. (5쪽)

초콜릿과 사탕의 비유로 시작하는 이 글은 나에게 깊은 인상을 남겼는데, 서구 페미니즘에서 영향을 받아 그 이론을 소개하고 운동을 펼쳐온 한국 페미니즘의 자기성찰이 담긴 고백처럼 들렸기 때문이다.

이런 문제는 페미니즘에서도 도외시할 수 없게 되었다. 페미니즘 이론 역시 서구에서 시작된 것이다. 그렇지만 페미니즘이 제기한 성범주를 중심으로 '주체'를 전면으로 다시 이해할 필요성은 우리에게도 적용된다. 그런데 페미니즘 이론의 전개 과정을 보면 성범주를 특권화하는 '주체' 이해에 머물러 보편주의와 탈역사화 경향을 벗어나지 못하고 있다. 이런 경향을 답습한다면 서구중심적 페미니즘의 문화제국주의에 공모하는 것밖에 안 된다. 이런 문제의식에 따라 탈식민주의와 결합되려는 페미니즘 흐름이 바로 탈식민주의 페미니즘이다. (6쪽)

이러한 문제의식은 『한국의 식민지 근대와 여성공간』(태혜숙 외, 2004)을 통해 확장되고 실현되기에 이른다. 이 책의 공동 필진들은 "식민지 근대 연구를 비서구적, 탈근대적, 동아시아적 근대의 진로를 모색한다는 연구 지평 속에 두고"(9쪽) 여성주의 문화론으로 접근하면서 방법론적 개념으로서 '여성공간'을 제시하였다. 이후에도 탈식민주의 페미니즘에 대한 관심은 『흑인 페미니즘 사상』(패트리샤 힐 콜린스 지음, 박미선 · 주해연 옮김, 2009), 『포스트식민주의의 지리』(조앤 샤프 지음, 이영민 · 박경환 옮김, 2011) 등의 출판으로 이어졌다.

『탈식민주의 페미니즘』과 같은 해에 출간된 첫 번역서 『뫼비우스 띠로서 몸』(엘리자베스 그로츠 지음, 임옥희 옮김, 2001)에서 임옥희는 "번역과 책을 만드는 과정이 영세수공업에서 벗어나지 못했다"(30쪽)

라고 쓰고 있다. 책을 함께 읽은 연구원들이 모두 달라붙어 교정을 하고, 인쇄소에 넘기기 전까지의 일들을 비전문적 머리 쓰기와 몸 쓰기로 나누어 해냈을 것이다. 20년이 흐른 지금도 별반 달라지지 않았다는 사실이 한편으로는 자랑스럽고 한편으로는 부끄럽다. 여전히 처음인 것 같은 순수함과 티미한 서투름의 이중주라고나 할까.

'메뚜기의 반역'인가 '리좀적 증식'인가 – 이론을 번역하고 소개하는 일

태혜숙은 『탈식민주의 페미니즘』 3부에서 탈식민주의 페미니즘의 방법론으로서 '몸의 유물론'을 제시하고 있다. 뒤이어 출간된 『뫼비우스 띠로서 몸』과 『히스테리』(크리스티나 폰 브라운 지음, 엄양선·윤명숙 옮김, 2003)는 "전통적인 철학 이론이나 페미니즘 이론이 제공해왔던 것과는 다른 어휘로 주체성을 파악하는 방식으로 몸에 대한 탐구"(엘리자베스 그로츠, 2001, 33쪽)를 이어갔다. 2004년에 출간된 『유목적 주체』(로지 브라이도티 지음, 박미선 옮김, 2004)) 또한 역자 서문에서 유목적 주체는 "화석화된 유물론이 아니라 새로운 형태의 유물론, 즉 신체적 유물론에서 출발"(13쪽)한다고 밝히고 있어 당시 연구소가 국내에 페미니즘적 몸담론을 소개하고 이슈로 삼으려는 노력에 집중했다는 것을 알 수 있다.

나는 번역서의 역자 후기 읽기를 좋아한다. 한글로 된 책에서는 글쓴이를 온전히 마주할 수 있지만 외서는 중개인(번역자) 없이는 글쓴이를 편하게 제대로 만나기가 어렵다. 이때 중개인의 위치는 모호해서 그(저자)가 나(번역자)일 수도 있는 상황에 놓이게 된다. 원저자에게 많은 부분 동의하지 않으면서 자발적으로 그의 글을 번역해 책으로 출간하는 일은 흔치 않을 테니 말이다. 처음 내가 도서관에서 임옥희, 태혜숙, 문현아, 박미선 등의 역자 이름이 표기된 책을 발견하고 이들과 같은 곳에 몸담고 있다는 우쭐함을 가졌을 때만 해도 번역서 집필의 고통은 1도 알지 못했었다. 『뫼비우스 띠로서 몸』 역자 서문에는 다음과 같은 글이 있다.

> 이해하기도 벅찬 책을 번역하겠다고 만용을 부려 사서 한 고생에 짜증과 더불어 두고두고 후회할지도 모른다는 불안으로 인해 한동안 우울증에 사로잡혔다. 마냥 우울해 한다고 무슨 수가 있겠는가. 활자화되면 그 모든 책임은 역자 스스로 떠맡아야 한다는 것을. 비록 영세한 작업이나마 연구원들 모두가 동참하고 함께 힘을 모아 읽을 만한 책을 쓰거나 번역하면서 작은 기쁨과 작은 풍요를 공유할 수 있으면 좋겠다. 이런 서구이론을 여름 한철 메뚜기처럼 뒤쫓아 다니는 것은 지적인 '화전민'이라고 비판할 수도 있겠지만, 한 가지 위안은 어떤 이론도 내가 처한 지평과는 무관하게 무비판적으로 들어오는 것은 아니라는 점이다. 그들 이론 자체가 내 몸 안에서 때로는 격렬한 반발과 마주치기도 하고 때로는 유쾌한 불안과 만날 수도 있다. 그런 교전이 내 몸 안에 나름의 무늬를 이룰 것이라는 점에서 어떤 이론이든지 맹목적인 수용은 있을 수가 없을 것으로 기대한다. (32쪽)

탈식민주의 페미니즘을 외치는 한편, 서구 이론을 읽고 번역하고 책으로 출판하는 행위가 '지적 화전민'이라는 비판을 받을 수도 있다는 역자의 고뇌가 고스란히 드러난다. 문현아는 『경계 없는 페미니즘』(찬드라 탈파드 모한티 지음, 문현아 옮김, 2005) 옮긴이의 글에서 "'번

역이 반역'이 되지 않기 위해 노력은 했지만 주변 지우(知友)들의 도움
이 없었다면 반역으로 마무리되었을지도 모른다"고 번역자로서의 고
단한 마음을 드러내었다. 이러한 고단한 마음과 고뇌에도 불구하고
이론을 번역하고 소개하려는 노력은 『유목적 주체』(박미선, 2004) 역
자서문에서 밝히고 있듯 "깨닫고 벗어나는 즐거운 아픔을 통해, 리
좀적 증식이 충만하기를"(24쪽) 바라는 연구자들의 열정으로 지속되
는 것이리라. 『세계화의 하인들』(라셀 살라자르 파레냐스 지음, 문현아 옮
김, 2009)을 읽지 않았다면, 재생산노동의 국제적 분업이 여성들 간
의 초국적인 페미니스트 관계를 야기하며 가사노동은 그 자체로 '여
성들 간의 불평등관계'(14쪽)를 대변한다는 것을 깨닫지 못했으리라.
『페미니즘 이후의 문학』(리타 펠스키 지음, 이은경 옮김, 2010)은 여이연
의 첫 문학전공서적이다. 역자는 후기에서 "페미니즘 문학의 죽음이
선언되는 시대에 페미니즘 문학이 죽지 않았다고 주장하는 문학이론
서를 번역하게 된 것에서 가치를 찾고 싶은 심정이기 때문이다."라고
소감을 피력하고 있다. 이 책을 읽은 많은 페미니스트 문학 전공자들
과 독자들도 역자와 같은 심정이 아니었을까.

　서구 페미니즘 사상을 소개하고 비판하는 한편에서는 '다른 세상'
을 보고 말 걸기 하려는 시도도 이루어졌다. "한국의 지식인 페미니
스트들 역시 '여성'을 특권적으로 혹은 특수하게 중요한 항목으로 대
우해주는, 전지구적 자본의 재배치 속에서 비가시적으로 진행되는
겹겹의 억압들을 가려주는 문화적 담론들 (주로 주변부 담론의 용인
과 지식의 제도적 산포를 통해서)에 부지불식간에 공모하고 있을 지

도"(『다른 세상에서』, 가야트리 스피박 지음, 태혜숙 옮김, 2008)모르기 때문이다. 『다른 세상에서』에 실린 두 편의 인도 단편소설을 통해, 『세계화의 하인들』에 등장하는 필리핀 이주 가사노동자들의 인터뷰를 통해, 『성별중국』(다이진화 지음, 배연희 옮김, 2009)에서 소개되는 중국영화 백년사를 통해 독자들은 '다른 세상'들을 만날 수 있었다.

최근 페미니즘의 새로운 물결과 더불어 관련 서적 또한 많이 출판되고 있다. 외국의 이름난 페미니스트 이론가와 운동가들의 글과 말이 20여 년 전과는 견줄 수 없을 만큼 빠르게 활자화되어 국내 독자에게 전달되고 있다. 페미니즘 서적을 출판해줄 곳이 없어서 직접 출판사를 할 수밖에 없었다는 고정갑희의 말이 새삼 격세지감을 느끼게 한다.

세미나 합시다! 책 냅시다!

여이연의 책들은 강좌, 세미나, 저널과 밀접하게 관련되어 있다. 특히 세미나야말로 책 위에서 추는 군무라고 할 수 있다. 모여서 책을 읽고 책을 낸다. '읽고'와 '낸다' 사이에 생략된 과정을 가장 화려하게 채우는 팀은 정신분석 세미나팀이다. (이 책의 세미나편에서 상세히 소개하겠지만 여러번 소개해도 부족한 여이연 최고의 세미나팀이다.) 『페미니즘과 정신분석』(2003), 『다락방에서 타자를 만나다』(2005), 『페미니스트 정신분석 이론가들』(2016)까지 세 권의 책을 냈다. 이들은 책을 읽고 (수다를 떨고) 책을 낸다. 또 이들은 책을 읽고 (술을 마시고) 책을 낸다. 이들은 책을 읽고 (여행을 가고) 책을 낸다. 또 이들은 책을 읽고 (시위를 하고) 책을 낸다. 이들의 모습은 마치 18세기 안동 권씨가 지은 〈반조화전가〉를 21세기에 그대로 옮겨놓은 듯 하다. 당시 여성들이 두견화로 전을 부쳐 먹고, 꽃술로는 편싸움도 하면서 패자에게 벌주도 먹이고, 정담을 나누다 가사도 지어 부르는 모임이 바로 화전놀이였는데, 남성들이 이를 조롱하자 다시 반박하며 조롱하는 뜻으로 지은 것이라고 한다.

> 춘풍이 다시 불러 새 봄을 머의는 듯
> 일시에 모인 부녀 삼십여 인 열좌하니
> 규리한담으로 차차로 수작하고
> 청유분 모아내어 소담이 장만하여
> 옥녀선동들을 먼저 겪어 내어 놓고
> 종용히 모여 앉아 결결히 놀이한 후
> 그제야 일어서서 곳곳에 완상하니[1]

『다락방에서 타자를 만나다』의 머리말 첫 시작은 이렇다. "정신분석학에 정분난 여자들이 다락방에" 모여 "감히 프로이트의 허파를 뒤집고 라깡의 코털을 건드리며 … 다락방에 커다란 솥을 걸어놓고 … 정신분석학을 요리하기 시작했다."(7쪽) 『페미니즘과 정신분석』이 그 첫 번째 요리이다. 2년 후 출간된 『다락방에서 타자를 만나다』의 탄생 과정은 마치 설화와 같아서 여기에 인용한다.

------

[1] 김경미, 『가와 여성—18세기 여성생활과 문화』, 여이연, 2012, 252쪽.

이 요리를 먹고 접신한 여자들은 더욱 열심히 솥을 닦고 그 안에 문화의 바다에서 건져 올린 신선한 재료들을 집어넣었다. 다락방에 모여든 여자들은 마녀들의 무쇠 솥에서 졸여낸 묘약으로 드디어 여우에서 여우(女友)로 종횡무진 둔갑하는 변신술을 익혔다. 제도적 거식과 문화적 폭식을 오가며 변신한 이들은 낮이면 강좌를 열어 개체 수를 늘리고, 밤이 되면 수많은 텍스트들을 '먹고' 문화를 '마시며' 새로운 글들을 '토하는' '주경야독'의 세월을 5년 동안 지속했다. (7쪽)

사실 이 책의 머리말 전체를 옮기고 싶은 충동이 있으나 지면을 채우려는 꼼수로 비칠까 참는다. 다락방의 여우들은 이후에도 계속 묘약을 만들고 변신하고 개체 수를 늘렸을까? 10여 년 후 『페미니스트 정신분석이론가들』을 출판하면서 이전의 소감과는 다르게 한국사회에서 페미니즘 이론이 버티기 어려운 상황을 담담히 얘기하고 있다.

그로부터 10년이 지나는 동안 여성문화이론연구소라는 거창한 이름이 민망할 만큼, 연구소는 간신히 명맥만 유지해왔다. 10년이면 강산도 변한다. 세미나 연구원들의 면면도 변하고, 한국사회에서의 이론지형도 변했다. 정상에 자리했던 맑시즘은 낮은 골짜기가 되고, 깊은 바다에서부터 '포스트' 프로이트 학파인 라캉의 정신분석학이 융기했다. 뿐만 아니라 온갖 종언 이론, 해체론, 유령학, 퀴어 이론에 이르기까지 다양한 이론들이 저지대의 잔주름을 형성하게 되었다. 페미니즘은 이와 같은 이론적 지형 변화의 겹주름 틈새에 힘겹게 끼여 있었다. (7쪽)

최근 '여성혐오'에 저항하며 새롭게 부상한 페미니즘 세대는 "포스트 라캉주의 정신분석학에서 유령이 되어버린 여성"(14쪽)의 강력한 귀환으로 보인다. 정신분석 세미나팀은 이러한 사회현상에 관심을 갖고 "페미니즘의 기원 신화가 가능했던 곳으로 되돌아가서 찬찬히 살펴보면 지금 이 상황에서 어떤 출구가 보이지 않을까 하는 희망"을 찾고자 했다. 물론 "페미니즘/정신분석과 같은 이론이 없었던 시절에도 여성들은 끊임없이 싸우고 사랑하고 배려하면서 살아왔다. 그렇지만 자신을 설명하고 사회를 이해할 수 있는 이론이 있다면, 자기세계와 두려움 없이 대면할 수 있는 힘을 가지는 데 도움이 될 것이다"(16쪽).

위에 언급한 책 외에도 정신분석 세미나팀이 함께 읽고 토론했던 책들은 『너무 많이 알았던 히치콕』(타니아 모들스키 지음, 임옥희 옮김, 2007), 『여성 없는 페미니즘』(타니아 모들스키 지음, 노영숙 옮김, 2008), 『여성 괴물』(바바라 크리드 지음, 손희정 옮김, 2008)이라는 제목으로 번역 출간되었다. 세 권의 책은 모두 영화로 대중문화 보기를 시도하고 있다.

'자기 세계와 두려움 없이 대면할 수 있는 힘'을 갖기 위해 '자신을 설명하고 사회를 이해할 수 있는 이론'을 제공하는 것이 여이연의 사명이라면, 성노동연구팀은 그 사명을 가장 용감하게 파격적으로 수행한 집단이라고 할 수 있다. 2007년 국내 최초로 성매매를 성노동이라고 명시한 책 『성노동』(2007)을 냈다. 마치 선언문과도 같은 머리말을 읽어보자.

이 책은 매춘을 성노동으로 보는 입장에서 출발한다. 매춘을 성노동으로 보는 시각은 기존의 인식틀에 대한 문제를 다양하게 제기한다. 성노동은 섹스, 젠더, 섹슈얼리티의 관계에 대해 다시 생각하게 하며, 성과 노동의 관계에 대해 생각하게 한다. 성노동은 인권, 법, 국가, 산업 등에 대해 새로운 시각을 요구한다. 그리고 성노동을 정치화하는 성노동운동은 기존 여성운동과 노동운동에 도전한다. 성노동운동은 여성주의적 인식론과 방법론에 대해 근본적인 문제를 제기하고, 노동의 가치와 범주에 대해 새로운 이론과 실천을 요구한다. 성노동운동은 성폭력의 문제, 구조적 폭력과 개별적 폭력의 상관관계, 피해자와 행위자 문제, 자발과 강제의 이분법, 가부장제에 대해 다시 생각할 것을 요구한다. (7쪽)

'성노동운동은 기존 여성운동과 노동운동에 도전한다.' 이것은 전사의 춤이다. 정신분석 세미나팀이 조롱과 패러디로 주술춤을 춘다면 성노동연구팀은 진보운동 진영에 도전하며 급진의 춤을 선포하였다. 성노동자들과 노동현장에서 함께 토론하고 시위에서 함께 외치며 발로 머리로 써내려간 글들은 한국의 '성매매 문제'가 '성노동 담론'으로 나아가도록 촉발하였다.

세미나팀의 저서 외에도 여럿이 모여 함께 논의하고 토론하며 만들어낸 공동의 결과물들이 있다. 『주디스 버틀러 읽기』(임옥희, 2006)는 여성문화이론연구소 버틀러 강좌를 함께 했던 사람들과의 열띤 논의를 공동의 결과물로 정리해야겠다는 저자의 노력으로 탄생했다. 『퍼포먼스, 몸의 정치』(김주현 외, 2013)는 미술 이론 전공자들의 비평 모임이 미술관 안과 밖의 퍼포먼스를 교차 비평하는 독특한 형식을 취하고 있다. 원고가 넘어와 책을 편집하는 중에도 필자들이 연구소를 찾아와 자신의 주장에 대한 자문을 구하고 수정하기를 반복했던 일이 기억에 남는다.

고전하는 삶에 고전을 추천함

페미니즘 연구 집단에서 유교사상이라니? 적대시하고 망각하는 것 외에 다른 방법이 있을까? 『성노동』이 기존 담론에 대항한다는 면에서 급진이라면, 아예 적진에서 버티며 "감춰진 사실들을 통해 새로운 진실과 현실을 구성하고자"(『동아시아 고대의 여성사상』, 이숙인, 6쪽) 하는 치열한 작업들이 있다. 동양사상 세미나팀에서 원문 초역을 1년 가까이 토론하고 검토하는 노력으로 탄생한 『여사서』(이숙인, 2003)는 왜 우리가 우리의 과거를 기억하고 해석해야 하는지 역설한다.

우리는 자신의 과거 속에서 자아와 타자가 긴장했던 경험을, 억압과 자유가 다투고 있는 모습을, 넘침과 모자람이 뒤척이는 모습을 만난다. 현재 그리고 미래는 이러한 과거를 어떻게 파악하고 해석하는가에 따라 다르게 전개될 것임이 분명하다. 그렇지만 우리 중에는 자신의 과거 한 지점에 집착하여 과도하게 의미를 부여함으로써 현재를 불균형으로 끌고 가는 사람도 있다. 즉 기억을 선택하거나 별 것 아닌 것을 부풀리는 방법으로 내가 원하는 과거를 창조하는 것이다. 그런데 과거를 현재의 맥락과 비전에 관련시킬 때, 과거는 좀더 객관적이고 합리적인 방법으로 분석될 필요가 있다. 만일 기억하고 싶지 않은 과거라면 더 자세히, 더 가깝게 대면해야만 그 과거를 넘어설 수가 있다. (6쪽)

유교적 전통에서 형성된 '집단무의식' 혹은 '문화적 유전인자'를 가진 우리가 "기억의 늪에서 빠져나오려면 그 기억과 대면하여 그것을 해체"(7쪽)해야 한다. 한국 사회의 유교사상과 가부장제의 공고한 협력 속에서 여성들의 삶이 어떠했는지 방대한 자료를 모으고 분석한 『가와 여성-18세기 여성생활과 문화』는 "유교적 가부장제의 규율을 내면화하면서도 다른 목소리를 내고자 했던 여성들의 흔적"(11쪽)을 보여준다. 소설이어서 가능했을지도 모를 조선 여성의 파격적인 사랑이야기를 다룬 『19세기 서울의 사랑 〈절화기담〉, 〈포의교집〉』(김경미·조혜란, 2003)덕분에 "19세기 말 조선에 있었음직한, 규범을 벗어난, 자신의 목소리를 가진, 당찬 여성들"을 만날 수 있었다.

19세기를 지나 20세기 여성들은 어땠을까? 『경성의 모던걸』(서지영, 2013)에서 만날 수 있다. 규방을 나와 도시 거리를 활보하기 시작한 당시 여성들은 "환영과 미망 그 자체이자 스스로 상품이기도 하였다"(8쪽)고 저자는 분석한다. 당시 도시에서 부상한 '-걸'은 "물질에 대한 허영과 섹슈얼리티를 노출하는 여성"(69쪽)이라는 의미로 쓰였다는데, 100년이 지나 첨단과학시대에 진입한 최근에도 가부장적 윤리를 위반하는 도시의 여성들에게 어김없이 '-녀'라는 조롱 섞인 호칭이 붙는다. 불빛이 켜지기 시작하는 도시의 한가운데 다락방 꼭대기에서 작은 창으로 내려다보면 '-걸'이라 부르든 '-녀'라고 부르든 그저 자신의 이름을 가진 사람들이 환영과 미망으로 혹은 상품으로 21세기 서울 거리를 활보하고 있다. 『경성의 모던걸』은 2016년 같은 제목의 일본어로도 출판되었다.

정체성이 뭐길래

누가 무엇으로 부르든 '나는 나'라고 이야기할 수 있는 언어와 힘을 갖게 된다면 사람들은 좀더 행복해지지 않을까? 『후기 근대의 페미니즘』(이수자, 2004)에서 저자는 "근대와 탈근대의 경계에 위치한 여성의 정체성을 어떻게 규정할 수 있는가"(7쪽)를 핵심적인 관심사로 꼽고 있다. 여성 주체를 규정하는 가장 기본적인 요소인 몸의 물질성과 욕망의 발현은 노동과 몸이 사라지는 디지털시대로 넘어가면서 새롭게 규정될 필요가 있기 때문이라는 것이다. 『여성주의적 정체성 개념』(이현재, 2008)은 '여성의 정체성'을 넘어 "여성주의적 정체성"을 화두로 삼는다. "유럽철학과 여성주의는 모두 배제논리의 극복이라는 공동의 관심사"에서 시작되었기 때문에 여성주의 철학은 그 주체나 대상의 규정과 관련된 것이 아니라 "타자배제를 극복하고자 하는 관심"에서 출현했다는 것을 강조하고 있다. 이 책이 규정하는 여성주의적 정체성의 틀은 마치 저자가 여이연을 염두에 두고 쓴 듯하다.

> 의사소통적 여성주의는 특정한 공동의 여성성에 대한 표상을 통해 그 결속력을 갖게 되는 것이 아니라 견딜 수 없을 만큼 당혹스러운 구성원들 간의 차이를 인정하고 그 속에서 서로 상호작용하겠다는 의지를 집단적 정체성의 핵심으로 갖는다는 것이다.(176쪽)

집단적 정체성 안에서 여성주의적 입장들이 투쟁하면서도 공존하는 "소란한 보편성"이 바로 여이연의 정체성이다. 같은 해에 출간된

『사이렌의 침묵과 노래』(노성숙, 2008)는 그리스 신화 '오디세이'를 여성주의 문화철학적 틀로 다시 읽으면서 "폭넓은 의미에서의 '여성성'뿐만 아니라 '여성정체성', '자아', '주체성'들에 대한 풍부한 상징들까지"(27쪽)이끌어 내고 있다. '정체성'을 이슈에 둔 세 책의 저자가 모두 독일에서 공부를 했다는 사실이 흥미롭다.

여성의 정체성, 여성주의적 정체성과 더불어 성 정체성 이슈도 여이연에서 중요하게 다루어지고 있다. 섹슈얼리티 연구에 열중해온 역자가 2012년에 번역한 『퀴어 이론 입문』(애너매리 야고스 지음, 박이은실 옮김, 2012)에는 "게이/레즈비언 연구가 지하세계의 현상에서 학문담론이라는 영역으로 나오게 된 변화와 함께 수상한 유행병이 생겨났는데 바로 규정이라는 병이다"(15쪽)라는 인용문이 있다. 정체성을 규정하는 것에 익숙했던 독자들(나를 포함하여)이 읽고 뒤통수를 맞은 느낌을 받지 않았을까 싶다. 국내 최초의 양성애 연구서인 『양성애: 열두 개의 퀴어 이야기』(박이은실, 2017)까지 읽는다면, 어디 가서 정체성에 대한 질문을 받더라도 "어떤 하나의 정체성 개념으로 한 인간의 성적 양상을 온전하고 투명하게 그리고 전적으로 설명할 수 있는 것일까?"(31쪽)라고 담담하게 반문할 수 있게 될 것이다.

하나의 음악 두 개의 춤, 오키와 가피의 댄스배틀

『채식주의자 뱀파이어』(임옥희, 2010)는 표지만 보면 공포 소설이다. 실제로 그렇게 알고 책을 산 사람들도 있다고 들었다. 레메디오스 바로의 그림 〈채식주의자 흡혈귀들〉에서 영감을 받아 화가인 회원이 직접 그려 디자인한 표지이다. 저자는 식탁 밑에 살진 닭을 묶어 놓고도 과일에 빨대를 꽂아 빨아 먹고 있는 **빼빼**마른 흡혈귀의 모습에 빗대어 '폭력의 시대 타자와 공존하기'가 가능한가를 우리에게 묻고 있다. 자본, 국가, 인권, 교육, 가족, 모성, 육체, 타자, 환대, 주름, 문학, 유머, 일상, 채식에 이르는 거의 모든 주제를 다루고 있는 이 책은 길 안내 없이 앞으로 갈 준비만 되어있다면 한국의 근대부터 현재까지를 아우르는 '지대녈약'(지대로 널 춤추게 하는 만병통치약)이 될 것임을 장담한다. 저자 소개는 심지어 라임 쩌는 랩으로 하고 있다.

먼먼 옛날 산행 중에 만난 한 보살이 '말을 먹고 말에 먹히고 살 팔자'라고 했던 끔찍한 말이 문득 기억났다. 그 말대로 번역한답시고 말을 옮기고 글 쓴답시고 말을 물어 나르고 있다. 여태껏 말 무서운 줄 모르고 말 등에 올라타고 살았다.

세상을 읽고 조롱하는 한바탕 랩이 끝나면, 『젠더 감정 정치』(임옥희, 2016)는 시퍼런 작두가 놓인 굿판으로 우리를 인도한다. 무의식과 접신한 저자는 억울한 영혼들의 온갖 감정들을 한바탕 쏟아 놓는다. 혐오, 수치심, 폭력, 추락…. 땀과 눈물로 범벅이 된 우리에게 '깊은 슬픔'을 느끼라고 한다. "자기를 잃고 타자의 삶을 유령처럼 껴안"(18쪽)으라고 한다. "섬처럼 고독하고 자유로운 개인들이 세계와 조우하고, 세계를 발명하고, 세계에 대해 책임지는 것은 '사랑'을 통해서"(304쪽)이기 때문이라고.

다른 한 쪽에서는 하나의 축에 연결된 세 개의 스테이지가 준비된다. 저자는 "기존의 안무들을(원문: 이론들을) 해체하고 새롭게 구성"(『성이론: 성관계, 성노동, 성장치』, 고정갑희, 2011, 8쪽)한 무대를 펼쳐놓는다. 기존의 중심축을 깨고 새로운 축을 만들어 이전과는 전혀 다른 것들이 그 주위를 빙글빙글 도는 체계적인 군무를 선보인다. "안에서 바깥으로 밀려나본 경험", "그곳을 떠난 경험", "놀다가 '더이상 놀지 않을래'하고 나온 경험"들을 모아 "그냥 다르게 노는 것이 아니라 다르게 노는 방식 혹은 룰을 만들어"(9쪽) 같이 놀자고 제안한다.

소통을 위해 언어를 사용하는 한 해체구성의 차이는 정도의 차이다. 모든 차이는 정도의 차이다. 그럼에도 불구하고 그 정도의 차이에서 수많은 개인들이 죽고, 울고, 웃는다. 많은 이들이 사랑 때문에 울고, 웃고, 죽는다. 그런데 그 사랑이라는 것이 거래고 권력이고 계급이라고 얘기하면 삭막하게 느낀다. 그러나 그 바닥을 보고 그 때에도 남는 것이 있다면 그건 '사랑'일지 모른다. 무의식을 의식으로 만드는 과정. 그것이 이론가들이 할 일인지도 모른다. 나는 무의식과 의식의 교차에서 나오는 혼란과 소통을 피해보자고 건조하게 이야기해 보려 했다. 축축하고, 끈적거리고, 미끈거리는 점액질의 그 무엇을 햇볕에 말려 들여다보게 하겠다는 욕망이 이 책을 쓰게 된 동기라 할 수 있다. (8쪽)

오키와 가피의 댄스배틀은 '축축하고 끈적이는 말'들을 '쏟아놓고 말리고'를 반복하다가 '피, 땀, 눈물'로 정점을 찍고 먼 훗날 〈아프리칸 뮤직 어워드〉에 진출하게 될 것이라는 다락방의 전설이자 미래가 되었다.

창밖으로 날아가는 책들

학술서나 이론서를 주로 출판하는 입장에서는 한해 두어번 있는 우수학술도서 공모사업이 로또 같은 존재다. 한꺼번에 수 백 권이 전국의 도서관에 배포되는 천운을 잡게 되는 것이다. 우수저작기획에 선정되기를 감나무 아래서 떨어지는 감 기다리듯 하다가 한 2년간 책을 못낸 어렵고 어리석은 시기도 있었다. 그래도 출판을 포기하지 않는 건 아직 창밖으로 날려보내고 싶은 책들이 많기 때문이다. 책은 책으로 날아가기도 하고 사람으로 날아가기도 한다.

여이연의 대다수 구성원들은 학교나 기관에 속해있다. 강의교재로, 참고도서로, 여이연에서 날아간 책들로 공부를 하고 토론을 할 것이다. 날아간 책들이 다시 다락방으로 사람을 불러 모으기도 한다. 저자의 강의를 듣거나 책을 산 사람들이 여이연이 궁금해 찾아오기도 하고 (대부분이 이상한 나라의 앨리스를 경험한다는 그 계단을 지나), 강좌나 세미나에 참여했다가 아예 여이연 사람이 되기도 한다.

사람들은 점점 바쁘다. 시간이 없다. 연구소도 사람 모으기 어렵고 서로 얼굴 보기도 힘들다. 책이 나오면 독서모임도 하고 다락방에 모여 소박한 송년회도 즐겼었는데 이제는 모든 것이 바쁨에게 자리를 내주었다. 그랬던 시절이 불과 5-6년 전이다. 2012년 한 여성단체가 주관하는 행사에서 공연을 해달라는 요청이 내게 들어왔다. 나는 당시 출판팀에서 진행하던 책읽기모임 멤버들에게 같이 해보자고 제안을 했고, 우리는 『여성 괴물』에 등장하는 '이빨 달린 질'을 주제로 퍼포먼스를 하기로 했다. 행사장인 시청 광장에서 부스를 차려놓고

'이빨 달린 질' 사진을 전시하고 시민들이 즉석에서 그린 이빨달린 질도 함께 전시했다.

이빨 달린 질은 자르는 질이 아닙니다
이빨 달린 질은 말하는 질입니다
말할 수 없으리라고 짐작되었던 신체의 모든 부분들이
저항과 능동성을 말할 수 있는 입이 됩니다

우리는 이빨 달린 질, 즉 말하는 질이 달린 괴물을 꿈꾼다
　　　　　　　　　－2012. 10.10 V축제에서 여이연다락방 책읽기 모임

우리는 무대에 올라 함께 쓴 시를 낭독하고 주제를 표현하는 몸짓으로 퍼포먼스를 했다. 시청 광장 한복판에서 크게 '질'이라고 말했던 것이다. 당시 그 무대에 올랐던 다른 단체의 활동가들까지 즉흥으로 모두 함께 퍼포먼스를 했다.

창밖으로 나가 가장 많은 독자를 한꺼번에 만난 책은 『젠더 감정정치』이다. 그것도 여이연으로서는 아주 귀한 고등학생 독자들을 말이다. 처음에 한 고등학교 국어선생님으로부터 전화를 받았을 때만 해도 '에이 설마'하면서 기대를 접었었다. 얼마 뒤, 전북연합 도서토론 동아리 독서한마당에 토론 책으로 선정이 되었고, 저자와의 대화에도 참석해 달라는 믿기지 않는 연락을 받았다. 정신분석 용어나 페미니즘 이론이 고등학생들에겐 어려울 텐데도 이 책이 선정될 만큼 당시 '여성혐오'와 페미니즘이 큰 화두였다. 우선은 행사 기획과 진

행을 맡은 선생님들과 먼저 워크샵을 했다. 나는 출판 담당자여서이기도 했지만, 날아간 책을 받아든 학생들은 어떤 춤을 출지 무척 궁금해서 저자와 함께 행사에 참여했다. 대학생들만 만나던 저자가 고등학생들에 둘러싸여 사진을 찍고 책에 사인을 하는 모습에 낯설고도 행복했다. 우리 책이 청소년들도 춤추게 할 수 있다니! 기대 이상의 진지한 토론과 질의가 오가는 걸 보고 '나도 저 나이에 이런 기회가 있었다면 얼마나 좋았을까, 이런 책이 나에게도 날아왔다면 나도 그 책 위에서 춤을 췄을 텐데'하며 그들에 대한 부러움과 저자에 대한 감사와 나 자신에 대한 뿌듯함을 느꼈다.

날려 보내고 싶은 책 중에는 정식 출판된 책 외에도 작지만 보석 같은 출판물들이 있다. 2012년 한국연구재단이 지원하여 여성문화이론연구소가 노원구의 단체들과 컨소시엄으로 진행한 시민인문강좌 사업 '노원시민인문학당'의 문집 『삶이 묻어나는 인문학』이 그 첫 번째다. 인문학을 처음 접하는 중년의 여성들이 한줄 한줄 써낸 글들은 '또르륵 또르륵' 소리가 나는 듯 했다. 하나라도 더 알려고 눈동자가 또르륵 또르륵, 가는 세월이 아쉬워서 눈물이 또르륵 또르륵. 책을 편집하며 감탄했던 시를 한편 소개한다.

내가 미안해요

미안하다는 말 꼭 들어야 했기에
내 가슴은 언제나 용광로였다.
이제는 내가 긴네고 싶다.

미안하다, 용서해주겠니?

아! 폭포수 맞은 것처럼 시원하다. (33쪽)

『싱글맘의 도움닫기』(박아름 · 사미숙, 2013) 매뉴얼은 여이연에서 실행한 '미혼모 삶의 질 향상을 위한 여성주의 인문학 강좌 프로그램'이 그 우수성을 인정받아 재단측의 제안으로 제작되었다. 인문학 강좌, 연극놀이, 시민단체 멘토링의 과정을 양육미혼엄마들이나 관련 활동가들에게 친절하게 안내하는 책자이다. "여성주의 지식 생산이라는 이론적 작업이 어떻게 실천적 영역에서 공유될 수 있는지, 단지 문자로서의 이론이 아니라 어떻게 구체적 삶과 조우할 수 있는지를 지속적으로 고민해온 여성주의 연구자와 활동가들의 노력이 반영"되었다고 그 제작 배경을 설명하고 있다. 이 매뉴얼 300부를 창밖의 관련 단체들에게 날려보내고 200부는 다락방 방문객들에게 무료 증정하였다. 매뉴얼을 펼치니 함께 울고 웃던 엄마들과, 엄마 따라 힘들게 계단을 오르내리던 아가들이 보고 싶어진다.

저는 작년 인문학 강좌 프로그램 중에 딱 깨달음을 얻은 순간이 있었어요. 처음엔 이런 얘기는 나도 할 수 있겠다 하고 삐딱하게 들었는데, 연극놀이 수업에서 정말 충격이었어요. 너무 재미있고 깔깔대면서 참여했거든요. 그런데 단지 재미만이 아니었어요. 사람들이 한 가지 주제를 가지고 서로 얘기하고 의견을 받아주고 수용하고 이 얘기를 합쳐서 어떤 스토리를 만들어가잖아요. 그동안의 인문학 수업이 바로 이런 수용하는 자세와 함께 무언가를 만들어가는 법을 알게 하기 위한 게 아닐까 하는 생각이 들더라고요. 엄마들이 창피해 하지 않으면서 몸짓을 하고 즐거워하는 모습. 또 자신들이 구성한 연극 장면을 설명하는 그런 모습을 보면서, 아, 사람들이 어쩌면 이런 것들 때문에 인문학이라는 걸 같이 배우고 얘기하고 그러는 거구나. 그때 저는 좀 깨졌어요. 뭔가가. 아, 여이연 인문학 강좌에서 원하는 게 이런 건가? 아무 조건 없이 소통하고 웃고 떠들고. 인문학 강좌 수업 중에 '여성들의 연대는 다양한 목소리가 가능한 소란스러운 연대여야 한다'는 강의가 있었거든요. 그날 보니까 우리가 그걸 하고 있더라고요. (8쪽)

최근 인기리에 종영된 한 드라마에는 이런 시구가 나온다. "사람이 온다는 건 실은 어마어마한 일이다. 그는 그의 과거와 현재와 그리고 그의 미래와 함께 오기 때문이다. 한사람의 일생이 오기 때문이다."(정현종, 『방문객』 중에서) 여이연의 방문객 모두가 어마어마한 사람들이다. 그들의 과거, 현재, 미래가 함께 오기 때문이다. 싱글맘을 위한 사업을 2년 연속이나 할 수 있었던 것도 여이연 회원 중 그 일에 지속적인 관심을 갖고 연구 및 활동해 온 분들이 있었기 때문에 가능했다. 2015년 여성재단의 지원으로 시행된 〈청소년인권운동과 여성주의 인문학의 만남 "그렇고 그런 사이"〉 또한 10여년 전 한 여성 청소년이 강의를 들으러 와서 회원이 된 그 인연으로부터 시작되었다. 청소년인권운동을 하고 있는 그녀는 청소년들에게 무료 페미니즘 강의가 필요하다고 여러 번 제안을 했고, "잘 알지도 못하면서" 아는 척하는 관계가 아니라, 알아가고 싶어하는 "그렇고 그런 사이"가 되고 싶다는 바람을 담아 활동가들과 함께 강좌를 기획했다. 그리고 청소년들을 위한 『여성주의 세미나를 위한 안내서』(박이은실, 2015)를 발간하였다. 250부를 관련 단체들에 배포하였고, 여이연 홈페이지에 자료를 올려 필요한 누구나 받을 수 있도록 하였다.

그리고 그렇게 여성주의와 청소년인권의 만남을 갈구하고, 그 만남이 없어왔다는 사실에 투덜투덜 대던 두 청소년활동가가 여성문화이론연구소에서 한 여성주의자를 만나게 되었다. 대화를 나누다 우리는 그렇게 자연스레 오랜 기간 묵혀두었던 욕구에 대해 말하게 되었다. 청소년들에게 페미니즘은 너무 어렵다. 여성문화이론연구소의 강좌들을 페미니즘에 관심있는 청소년들이 와서 들을 수는 없지 않겠느냐. 이는 여성문화이론연구소만의 문제는 아니었다. 웬만한 여성학 강좌는 대학이나, 유사 대학에서만 이루어지고 있으며, 그렇기에 그런 기관들의 문법을 모르는 청소년들이 접근하기엔 너무도 멀고, 멀었다. 과거 발로 페미니즘 세미나를 하면서 겪었던 두 번째 문제도, 청소년을 대상으로 하는 여성주의 강좌가 만들어진다면 조금은 해소될 수 있을 거라는 기대가 있었다. 지금 자리잡혀 있는 대부분의 페미니즘이 비청소년 여성을 기준으로 하고 있다는 그 두 번째 문제는, 청소년이 주체적으로 페미니즘을 이미 닦여 있는 여성주의의 기반을 청소년들이 흡수할 수 있는 기회가 만들어진다면, 청소년의 눈으로 새로운 페미니즘이 생성될 수도 있지 않을까?

"청소년을 대상으로 한 페미니즘 강좌는 안 해요?"
"앗, 할 수 있을 것 같아요"
청소년을 대상으로 한 여성주의 인문학 강좌는 이렇게 구상되었다. (8–9쪽)

다락방 계단이 가파른 탓인지 사람들의 들고남이 그리 잦지 않다. 자신의 온 우주를 끌고 들어와 살며시 조금씩 꺼내놓은 이야기들이 세미나에서 강좌에서 나누어지고 책으로 퍼져나간다. 서로 어색했던 청소년인권활동가들의 다락방 방문이 출판기획팀의 관심으로 이어져 『소녀들: K-pop, 스크린, 광장』(조혜영 엮음, 2017)을 출간하기까지의 과정은 좀 과장하자면 '전 우주가 나서서 도와준' 덕분이다. 현장과 이론, 이 사람들과 저 사람들, 기존 언어와 새로운 언어가 만나는 그곳, 그런 다락방이면 좋겠다.

현재 이 세계는 소녀와 젊은 여성에게 가혹하다. 세계는 소녀들에게 끊임없이 이중 잣대를 들이대며 그 모든 것을 한 몸에 껴안으라고 명령한다. 분열과 모순으로 존재 자체를 분투해야 하는 상황이다. 그러나 나는 소녀들은 누구보다 영리한 협상가라고 생각한다. 그들은 여전히 포섭되지 않는 에너지, 기존 체제에 완전히 수렴되지 않는 잔여를 보유하고 있다. 그것은 주체와 대상의 이분법을 흐리는 행위, 혹은 주체와 대상 간의 새로운 관계 설정 어딘가에 있다. 지금 당장 저항적이지 않아도 좋다. 다만 해방의 힘을 믿으며, 소녀들이 타자로 남아있기를 강제하는 세계를 교란하는 반사거울을 들고 꺼지지 않는 목소리를 내자. 그것은 비존재로 존재하기를 멈추고 미래를 응시하며 자신의 언어와 비전을 찾아가는 여정이 될 것이다. 이 책을 바로 그러한 한명 한명의 소녀들에게 바친다. (25쪽)

비전문가들의 촌스러운 근자감

SNS에 여이연 책에 대한 악평이 많다고 한 회원이 일러주었다. 예전에는 주로 "어렵다"는 내용에 대한 평을 오프라인으로 접했는데 최근에는 주로 "촌스럽다"라는 외모평이 온오프라인에서 들려온다. 내가 봐도 촌스러운 면이 있다. 20대 때 연애시장에 최소의 경비로 나를 치장하고 나갔을 때 밀려오는 부끄러움 같은 것. 혼자 거울을 보면서는 그래도 이 돈에 이 정도 꾸몄으면 나름 선방했다 생각하고 또 언뜻 보면 괜찮아 보이기도 해서 쫄지 않겠다 다짐하고 거리로 나가보면 어찌나 다들 반짝반짝 화려한지, 어떤 사람인지 속내를 몰라도 첫눈에 홀딱 반할 외모들이 차고 넘쳤다. 다음 진출 때는 아꼈던 돈을 좀 더 써보지만 이게 복불복이어서 내 눈엔 괜찮은데 관심을 못 받기도 하고, 난 자신이 없는데 누군가의 눈에 띄기도 한다. 동화나 영화에서처럼 촌스러움은 요정이나 재벌 정도가 등장해줘야 '확!' 바뀔 수 있는 것이다.

다락방은 요정이나 재벌과는 거리가 멀다. 마녀와 가난뱅이가 주인이기 때문이다. 언 손을 호호 불어가며 엉덩이 땀띠를 견뎌가며 가내수공업으로 만드는 책은 촌스러움이 오히려 자연스럽다. 겉으로는 매번 '팔리는 책'을 만들어야 한다는 말에 솔깃하고 자책도 하지만 그것이 '빨리 많이' 팔리는 책을 뜻하는 것이라면 공염불이라는 것을 너무도 잘 알고 있기 때문에 그런 책을 만들고 싶다는 '척'만 한다. 사실 여이연 책은 팔린다. 팔리고 있다. 느리게 천천히. 요즘이야 너도 나도 페미니즘 서적을 출판하겠다고 나서지만, 여이연이 아니었다면 못 나왔을 책들이 꽤 있다. 여이연의 책들을 탄생시키기 위해 비전문가이면서도 전문적인 일을 해내야 했던 '촌스러운' 사람들 덕분이다.

여이연 출판에도 황금기라고 할 수 있는 시기가 있었다. 기존과 다르게(그리고 지금과도 다르게) 외양은 세련되고, 내용도 어렵지 않은 그런 책들이 출판되고, 어려운 책들도 학술원이나 문광부의 우수도서로 모두 선정되던 전설 같은 시기다. "의욕적인 회원들이 많아 오랜 시간동안 논의하고 팀원들의 아이디어를 바탕으로 참신한 기획"을 할 수 있었으며, "제목부터 목차 표지에 이르기까지 모두 회원들의 아이디어"를 통해 결정하였고 더불어 "희생적인 출판관계자의 조력"까지 더해진 그런 전설 같은. 당시 거의 전문가 그룹이었던 출판기획팀은 "여이연철학을 대중에게 전달할 수 있는 신선한 내용"을 담은 책을 출판하는 것을 목표로 삼았다고 회고하였다. 『뻔fun한 드라마 찡한 러브』(신주진, 2007)는 그러한 목표를 담아 출간된 여이연에서 가장 대중적이고 'fun'한 책이다. 그리고 학술서가 아닌 교양서로 도서번호를 부여받은 유일한 책이기도 하다. 그러나 여이연은 워낙 '소란한' 연대체여서 들려오는 소리들도 많았을 것이다. '어려운'을 넘어보려고 고민해가며 대중적인 책을 기획했을 때 연구소와 어울리지 않는다고 의아해하는 회원도 있었고, 밤 새워가며 책을 만들었는데 표지를 허락맡지 않고 진행했다는 반응에 의욕이 꺾인 적도 있었다고 한다. 이게 다 여이연에 대한 각자의 '징한 러브' 때문이 아닐까.

나는 그 '황금기'를 지나 출판팀 일을 시작했다. 나야 말로 제대로 비전문가여서 여이연 출판도 마치 처음 시작되는 것처럼 나와 함께 낑낑거려야 했다. 자본도 인력도 바닥이어서 지금보다 더 추락하지만 않으면 된다는 생각으로 오직 할 수 있는 것은 '버티기'였다. 다락방 안팎의 많은 사람들이 함께 버텨주었다. 당시 출판기획을 맡았던 분들은 출판기획서 하나하나를 꼼꼼히 살펴 의견을 보내주셨다. 여이연 출판의 방향과 가치를 그때 많이 배웠다. 말이 아닌 그분들의 태도에서. 모임에 늦은 날 멀리서 지켜본 그분들의 모습은 뭐랄까 흐르는 강물위에 한 발로 유유히 서있는 목과 다리가 긴 흰 새들의 무리를 보는 듯 했다. 15년 전 내가 미운오리새끼처럼 잔뜩 웅크리고 다락방을 찾았을 때, 부리로 쓰다듬고 날개 안쪽 품을 내어주던 그 모습 그대로.

비전문가로서 '맨땅에 헤딩'을 함께 해준 회원도 있었다. 당시 그녀는 그림을 그리는 청년 작가였는데, 그림에서 뿜어져 나오는 에너지에 홀딱 반해서 책 표지를 해보겠냐고 제안했다. 연구소의 강좌 포스터도 자신의 그림으로 멋지게 만들어주고는 해서 책표지디자인도 그녀만의 색깔로 멋지게 나올 것이라는 기대와 더불어 빠듯한 예산 또한 '식구 마인드'로 수용해 줄 것이라는 계산도 있었다. 연구소에 대한 애정이 깊었던 그녀는 흔쾌히 수락을 해주었고 곧 작업에 들어갔는데, 우리 둘은 동시에 멘붕에 빠졌다. 출력소(당시는 필름 출력 후 인쇄하던 시기였음)에 가기 전 책표지가 되기 위해 데이터로서 갖추어야 할 기술적인 사항들을 전혀 몰랐던 것이다. 아는 디자이너의 도움과 출력소 직원의 인내심으로 그렇게 그녀와의 첫 작업을 마칠 수 있었다. 회화 작품일 때와 책표지 이미지일 때 얼마나 다르게 보이는지 그때 처음 알았다. 이후에도 그녀의 그림들이 표지에 담겨 나왔다. 기존의 표지와 다른 독특한 분위기를 낯설어하는 사람들도 있었지만, 나는 전문분야에 도전한 비전문가로서 그녀와 동지의식을 느끼며 우리의 '아마추어리즘'을 대견해했다. 하지만 지금은 안다. 아마추어리즘도 트랜디하게 포장해야 멋있다는 것을. 작업실에서 둘이 끙끙대던 그때를 그녀도 웃으며 떠올려주었으면 좋겠다.

그 외에도 많은 비전문가들, 혹은 전문가이지만 '촌스러운' 사람들이 여이연 책 만들기 영세수공업에 함께 했다. 글을 읽고 쓰는 거라면 대한민국에서 뒤지지 않을 분들이지만, 축구 잘한다고 축구공 잘 만드는 건 아니기에, 낯설기만 했을 출판이라는 길을 개척한 초창기 연구소 회원님들이 그 첫째다. 출판주간으로 출판기획위원으로 또 편집위원으로, 교정교열자로, 편집자로, 포장 발송 인력까지 맡아 해냈던 분들께 존경의 박수를 보낸다. 그리고 여이연 회원의 지인이라는 이유로, 여이연의 '사정'을 너무 잘 안다는 이유로 협상 카드 한 번 꺼내 보지 못하고 함께 애태우며 책을 만들어준 많은 출판전문가분들, 복 받으실 거다. "수익성만 고려하기 보다는 의미가 있는 출판, 세상 어디에서도 못 내는 책이 출판되는 곳이었으면 좋겠다", "삶속에서 주제를 찾아 대중들이 환영하는 책을 기획하길 바란다"는 흰새님들이 물어다주신 염원은 다락방의 책, 춤, 창을 통해 지속될 것이다.

"책이 팔릴 리 없어." 『중쇄미정』[2] 이라는 책 표지에 있는 말이다. 경쟁이 치열한 출판시장에서 소규모 출판사의 실정이 어떤지 보여주는 절절한 한마디이다. 앞에서도 말했듯 여이연의 책들은 팔린다. 천천히 느리게. 페미니즘이라는 좁은 시장에서 허리띠를 졸라매고, 버티다가 더 어려워지면 졸라 졸라매면 된다. "허리가 잘릴 리 없어."

---

[2] 가와사키 쇼헤이 글/그림. 김연한 옮김. GRUOA, 2016.

여성문화이론연구소 20주년 기념 좌담

박이은실(사회)

고정갑희

나영

나임윤경

문은미

임옥희

박이은실(이하 박이): 『여/성이론』현 편집주간으로서 제가 선생님들을 이 자리에 모시게 됐다. 질문 몇 가지를 미리 준비해 왔다. 고정갑희, 임옥희, 여이연을 만들 때 같이 계신 두 분, 함께 시작했지만 젊은 층에 속한 문은미, 발을 반은 들이시고 또 밖에도 두고 계신 여이연 이사이신 나임윤경, 여이연의 공식적인 구성원은 아니지만 가까이 지내온 나영 이렇게 다섯 분을 모시게 되었다. 몇 가지 질문을 제가 드려보겠다. 물론 다른 이야기를 해주셔도 좋다.
그럼, 하나씩 질문을 드려보겠다.

첫 번째, 10주년과 20주년이 다른 것 같다. 고정갑희, 임옥희 두 분은 여이연과 20년을 살아오신 거다. 여이연은 페미니즘을 전면에 내세운 재야연구소다. 그런 위치에서 20년을 이어왔다는 것이 갖는 의미는 무엇이라고 보는가? 한국 사회에서 1997년부터 2017년까지의 이 20년이란 시간이 갖는 의미가 무엇이라고 생각하는지와 함께 생각을 들려 달라.

고정갑희(이하 고정): 벌써 20년, 매 순간으로 보면 긴 시간이고, 전체로 보면 덩어리다. 10주년이 엊그제 같다. 페미니즘을 표방하고 움직인 것이 20년, 이제 여성문화이론연구소뿐만 아니라 한국의 페미니즘도 역사화가 필요하다는 의미이기도 하겠다.

나임윤경(이하 나임): 이렇게 여쭤보겠다. 아까 발을 좀 들여놨다고 했는데 발은 사실 안 들여놓고 그냥 애정은 굉장히 많은 (사람이다). 지난번에 〈또 하나의 문화〉 30주년이었나 그 행사에 가서 제가 여이연 얘기를 했었다. 〈여이연〉 이름은 말 안 했지만 사람들이 다 〈여이연〉이라고 알아들을 만하게 말을 했는데, 그 이유는 (〈여이연〉이) 〈또 하나의 문화〉와 대척점은 아니지만 굉장히 빛깔은 다른, 굉장히 선명한, 〈또 하나의 문화〉에 주눅 들지 않는, 그리고 색깔이 독특한 진영인데. 실제로

저는 처음에 봤을 때 몇 년 가겠냐 (했다). 일단 돈은 너무 없는 조직이다. 근데 임옥희 선생님도 그러시지만 고정갑희 선생님이 계심으로써 그 뚝심에 대한 신뢰가 있었다. 몇 년 가겠냐 싶지만, 그녀가 자리 잡은 한 쉽게 무너지진 않을 것 같단 생각을 했는데. 특히 제가 입사했었을 때 대학은 완전히 논문을 기계처럼 찍어내야 되는 (상황이었다). 실제 저는 여이연 저널에 한 번도 글을 못 썼다. 몇 번의 청탁이 있었음에도 불구하고 늘. 처음에는 재임용을, 그다음엔 승진해야 됐고 그래서 계속 제도권 안에 글을 써야 된다는 강박에 사로잡혔고. 나중엔 제가 벌인 다른 다양한 일들을 하느라고 글을 못 쓰면서 미안한 마음, 굉장히 복잡한 심경이었다. 그런데 늘 놀라운 것은 야, 정말 오래 버틴다. 정말 오래 간다. 제도권이 아닌데도 굉장히 오래 간다. 그러니까 마지널(marginal)에 있다는 거는, 물론 여성주의자들은 마지널에서 꽃이 핀다, 뭐 이런 얘길 하지만 솔직히 꽃이 피는 걸 잘 못 봤다. 우리의 관념 안에서만 있는 것인데. 어떤 면에서 그런 지형을 만들어 냈다고는 본다. 여전히 굉장히 매니아들이 있는 건 사실이고. 그 매니아적 성향은 대부분 아마 존경. 여기 계신 두 분을 비롯한 여기 관여한 선생님들이 학생들과 주니어들한테 굉장한 존경과 애정을 받고 있는 거를 부러운 눈으로 봤고. 그런데 이떤 부분에서 정말 '여성주의가 굳이 대중성을 확보할 필요가 있냐'라고 물으면 할 말이 없겠지만 매니아를 제외한 다른 사람들에게는 여성학이 너무나 어렵고 난해하고 굉장히 추상적인 학문이라고 생각하게 하는 그 부분을 깨지는 못했다는 아쉬움은 있다. 너는 그런 일에 기여했느냐고 제 역할을 물으면 할 말은 없지만 그래도 여이연의 제3자로서 그런 이야기는 드릴 수 있을 것 같다. 이런 제3자의 얘기에 두 분이 하실 말씀이 있을 것 같아 이런 말씀을 드린다. 20년, 굉장히 오래되었다고 생각한다. 버틴 거다.

임옥희(이하 임): 제 스스로도 그렇게 생각한다. 우리 게으르게 버틴 거였다. 안간힘을 다해서 버틴다라기 보다 그냥 아무 일도 그다지 특별하게 하는 일이 없기 때문에, (나임)선생님 얘기하신 대중화라던지 그런 식으로 적극적으로 참여하는 페미니즘 운동, 현장성 이런 게, 오히려 과도하게 개입했더라면 오히려 급속하게 망했을 거라는 생각이 든다. 어느 쪽이든, 그게 정부여성단체에서 시행한 시책이든 아니면 정말 대중 노동운동이든 거기에 딱 입장을 가지고 끊임없이 개입을 했더라면 이나마도 유지하지 못했을 것이다. 어떤 부분에서는 너무나 주변화돼 있었기 때문에 건드리는 사람도 없고, 이 단체가 뭔가에 대해서 문제를 그다지 제기하는 것도 없고 그래서 시간이 가는데도 그냥 그럭저럭 정말 버틴 거다. 어떤 부분에서는 제가 맨날 얘기하지만 이거 산소호흡기 떼면 쓰러질 것 같은데 산소호흡기를 떼야 되나 말아야 되나 라는 게 우리가 가지고 있는 고민이었다. 그래서 이런 말 하긴 뭐하지만 바로 그랬기 때문에 '세대교체라는 게 가능할까'가 굉장히 고민이었다. 우린 어쨌든 버텼는데 그다음 세대들이 여기에 정말 헌신을 하면서 페미니즘이라고 하는 운동과 대의에 지속적인 관심을 갖고 이걸 가지고 갈 수 있을까 회의적이었다. 그나마 굉장히 다행으로 생각하는 것은 그게 희한하게 가능하긴 했다라는 생각이 좀 들어서 그 부분에서는 좀 안심하고 퇴장할 수 있겠다는 생각은 한다. 그게 여이연이 했던, 이 안에서 자체 평가하는 성과라고 하면 성과인 것 같다.

고정: 버텼다는 거하고 임옥희 선생님이 말한 세대교체가 되었다는 것하고 연결되는 것 같다. 시작하면서 소장을 맡았었는데 그때는 누가 다음을 맡을 것인지 걱정했다면 이제는 대표가 2년을 주기로 바뀐다는 것만 해도 뭔가 달라졌다는 의미다. 그러니까 임옥희 선생이나 나나 여이연 출발에서 같이 한 사람들이 1세대라고 치면 달라진 것은 분명히 있을 거다. 버티었다는 말은 그사이 무엇인가를 했다는 말일 거다. 언젠가 성미라 간사가 "선생님한테 여이연은 뭐예요?"라고 물었을 때, "여이연은 내 삶 자체"라고 잘난 척하고 그렇게 얘기하기도 했다. (문: 삶을 버렸나?) 삶을 버렸다기보다 (박이: 딴살림을 꾸려 나간 거.) 딴살림을 차린거다. 그러니까 페미니즘 운동의 측면에서 그 딴살림 차린 것하고 연결고리를 확실히 더 만들면 좋겠다는 생각을 지금 한다.

연구소가 출범한 1997년은 어쨌든 그렇게 쉬운 해는 아니었던 것 같다. IMF가 시작된 때고. 그해 11월 29일에 개소식을 했는데 그때 초대받아서 축하 말을 해 주신 선생님 중 한 분이 하신 말씀이 인상적이었다. '아니 다들 IMF라고 그러는데 새로운 단체를 시작하다니, 무슨 깡으로?'

이런 표현이었다. 깡이란 표현은 내 표현이고. 당시 대학 내 연구소들은 있었고, 바깥에는 '여성사연구회'가 있었다. 우리는 '연구소'라는 이름을 쓰겠다, 왜냐하면 이 운동은 꾸준히 해야 하는 것이고, 제도권 안의 '연구소'들과는 다르게 바깥에서 대중과 현장과 만나는 이론을 생산하기 위해서라고 개소식에서 밝혔다. 한 대학 안에 있어 그 대학에 묶이는 그런 연구소가 아니라 다양한 학문의 여성 연구자들을 아우를 수있고 가방끈이 그래도 좀 긴 여자들이 이제는 많이 나오게 됐으니까 여성 사상가들이 나오는 걸 꿈꿀 수 있지 않을까 그런 생각을 했고. 그래서 이론가이면서 사상가들이 이 연구소를 통해 출현하면 좋겠다라는 생각을 했다. 전공연구자를 넘어서는 세상의 방향과 대안을 제시하는 사상가들이 많이 나오면 좋겠다는 바람 같은 게 있었다.

그리고 20년을 버틸 수 있었던 배경으로 출발부터 설정한 세미나-저널-강좌-출판이라는 네 축의 시너지 효과를 들 수 있겠다. 먼저 세미나가 시작되었고, 페미니즘 이론을 쭉 훑어가는 전체 회원 세미나를 1년반을 하였다. 공동의 언어를 만들어내는 과정이라 생각했다. 그리고 페미니스트 저널인 『여/성이론』도 중요했다. 서로 잘 알거나 한 대학으로 묶이지 않는 다양한 여성 연구자들이 서로 소통하는 방안으로 정기적인 저널을 생각했다. 저널을 정기적으로 기획하고, 사회에 목소리를 내는 일은 책임과 의무, 그리고 서로를 알아가는 과정이었다. 그리고 출판(사)도 한몫을 하였다. 연구소가 버티는데, 한국 사회에서 페미니즘 이론을 소개하고 생산하는데, 또 금전적으로는 손해만 보는 저널을 정기적으로 낼 수 있게 하는데 출판사는 중요한 역할을 하였다. 마지막으로 대중강좌는 사회와 대중과 소통하는 장이 되었다. 20년을 버틸 수 있는 힘이었으며 동시에 계속 할 일을 찾는데 이 네 축은 중요한 역할을 한 것으로 보인다. 처음에는 좀 지나면 돈이 좀 생기겠지, 그리고 연구자들을 받쳐줄 수 있는 자원이 좀 마련되겠지 했는데 지금도 그건 못하고 있다. 새로운 연구를 하거나 아니면 이론가, 사상가가 나오려면 경제적으로 받혀줄 수 있어야 되는 건데, 먹고 살 수 있도록 해야 되는데 도저히 안 되고 그러니까 한 발은 여기, 다른 발은 다른 쪽에 있을 수밖에 없는 상황들로 버텨온 셈이다. 임옥희 선생이 얘기한 대로 그만큼 그래도 양쪽 발을 디디고 있어서 오히려 그냥 현상유지 내지는 20년을 버티는 것이 가능하지 않았을까 그런 생각도 든다.

문은미(이하 문): 제가 간사일 때, 거의 초창기에 그때도 회비가 150만 원을 왔다 갔다 했다. 그때 목표가 한 달 200만 원이었다. 20년인 지금도 한 달 200만 원이 안 된다. 그러면서도 어쨌든 버티고 있는 것도 신기하기도 하다. 제가 간사로 일을 하면서 느낀 것 중 하나는 10년까지는 굉장히 힘들었던 것 같다. 뭐든 힘들었던 것 같다. 회의하는 것도 힘들고. 어떨 땐 (고정갑희) 선생님이랑 저랑 한두 명 와 있고. 그리고 다들 매달하는 회의조차 부담스러워했다. 일을 하는 사람은 너무 소수였다. 그 당시엔 고정갑희 선생님, 임옥희 선생님, 한두 사람이 해야 할 일이 너무 많은데, 『여/성이론』에 원고 청탁을 수십 번을 해도 외부 선생님들은 거의 『여/성이론』에 글 쓸 여력이 없고, 어떤 잡지인 줄도 아무도 모르고. 그런 고난의, 험난한 시기를 한 10년을 보내고 나서부터는, 뭔가 10

년 이후부터는 인지도부터 시작해서 돌아가는게 조금 더 편했다는 생각이 든다. 어쨌든 『여/성이론』 청탁을 하면 가능하면 해주시려고 하시고. 운영위도 자리 잡혀서 그 시간은 당연히 연구소에 오는 시간이라고 생각하는 선생님들이 한두 분씩 더 늘어나고. 그리고 강좌를 기획을 할 때도 점점 할 수 있는 인력의 풀(pool)이 늘어나면서 강좌를 기획하거나 강좌를 진행하는 데에도 어려움이 없어진 게 10년쯤 걸린 것 같다. 그런 과정들을 실제로 지켜보면 10년이라고 하는 것이 중요한 시기이다. 그즈음, 간사 한 분이 그만두시는데 퇴직금 지급을 한 번에 하는 게 어려워 퇴직금 어떻게 나눠 드려야 되나, 한꺼번에 못 드리니까 한 달씩 나눠서 조금씩 몇 달을 드리자 이런 얘기를 할 때 한 친구가 '원래 단체라는 게 10년 되면 망하지' 예를 들면 그런 식의 얘길 하는 거다. 이게 너무 당연하다는 식으로. 그때 너무 충격을 받았다. 이게 어떤 사람한테는 아무 의미 없는 조직일 수 있구나, 10년 동안 자연스럽게 연구소 오는 게 당연한 일이었는데 이 친구는 연구소가 없어져도 아무 문제가 없는 거구나 이런 생각이 그때 확 들었다. 그런데 20년이 지나니까 그런 얘길 하는 사람은 없더라. (웃음) 그런 식으로 10년과 20년의 의미가 굉장히 다르기도 하고. 10년 동안은 외부활동, 외부와 연결해서 끊임없이 뭔가 하진 않았어도 대중화가 화두였던 것 같다. 10년 내내. 어떻게 대중화를 할 것인가. 그런데 10년 이후부터는 자연스럽게 그런 얘기를 스스로 안 하게 되었다. 우리가 내실을 가지고 사람들이 와서 여기서 공부를 하도록 만드는 게 바로 대중화라는 것이 10년 동안의 경험이기도 한 것 같다. 1997년부터 시작해서 모든 조직이 2000년을 넘어가면서는 생존 자체가 진보인 시기를 겪는데, 유지 자체가 진보인 시기를 우리가 20년을 버틴 거 아닌가. 예전에 임옥희 선생님 서울대 특강에서, 여이연을 독보적인 연구소라고 소개를 하는 거다. 페미니즘 관련해서 굉장히 암흑기 시절에 거의 유일하게 살아남은 연구소라는. 그래서 사실 그때 그런 느낌이었다. 물론, 어떤 조직이든 10년 후, 20년의 고민을 체계적으로 못하는 좀 안타까운 지점이 있는 것 같다. 연구소가 내놓는 이야기, 이론, 책, 글 이런 것들이 20년의 연구소가 가질 수 있는 수준에 못 미치는 거는 저희가 종종 얘기하잖나.

나임: 그런데 그런 고민의 깊이와 혹은 독보적인 연구소라는 호명에 놀라고 그런 것에 비해서 실제로 저는 세 분 선생님 말씀을 들으면서 정말 버지니아 울프가 얘기했던 일 년에 오백 파운드는 정말 중요한 거구나. 정말 자기만의 방을 꾸린 거 아닌가. 그런 면에서 그녀에게 오백 파운드는 그냥 주어진 오백 파운드였다면 그것의 현재적 의미는 뭘까, 돈에 대한 한 시니컬, 불안 이런 거에 비해서 그 오백 파운드를 마련하기 위한 현재적 활동, 버지니아에게처럼 주어지지 않는데 우리는 현재적 활동으로 너무 점잖음, 혹은 고고함을 유지하려 했던 건 아닌가. 대학 안에서 벌어진 몇 번의 투쟁을 하고, 예를 들어 총장이 길 만드는 것에 반대해서 투쟁을 하고나면 '점잖으면 진다'는 것이 완전히 저에게는 체화된 지식이다. 더더구나 만인에 대한 경쟁이 벌어지는 이 신자유주의적 맥락에서 점잖음이란 과연 뭘까. 점잖음에 대한 여성주의적 해석이 필요한 시점은 아닌가? 그게 어쩌면 지금 여이연에게 덧씌워진, 저

를 포함해서, 저도 점잖았던 것을 지지했던 사람이니까, 굉장히 여성적인 모습인 거다. 자본주의 사회에서 굉장히 페미닌(feminine)한 모습, 페미닌함과 고등교육이 합쳐지면 점잖음이 되는 거잖나. 그것을 아주 내면화했기 때문에 버지니아 울프가 얘기했던 오백 파운드를 우리는 손에 쥘 수 없었다. 그녀의 그 레슨(lesson)을 너무 우리가 현재적 의미에서 끌어당겨서 해석해 내지 않았다, 적극적으로. 그런 생각들이 좀 든다.

고정: (나임윤경) 선생님이 얘기하신 대중성, 그 부분도 같이 한 번 생각해 보면. 문은미 선생이 얘기한 대로 여이연의 대중성은 조금 다른 거 아니었을까 하는 생각이 든다. 1997년에 시작이 될 때 여성학이, 1975년 정도부터 대학에 여성학 과목이 들어갔고 그러면서 여성학과도 생기고. 바깥에는 민우회라든지 여성운동 판들이 조금 있는 상황에서 가방끈 좀 긴 여자들도 출현한 거다. 제도 안에서 정규직으로 받아주지도 않고 그렇지만 제도가 필요로 한 여성들이 등장한 거다. 등록금 내고 공부하게 하고 또 공부하고자 하는 욕망 같은 것들을 부추기기도 하고 스스로 여자들이 갖고 있기도 했고. 그래도 여성운동이 20년, 25년 진행된 이 판에서 뭘 할 건가라는 부분에서 여성학하고는 좀 다른 페미니즘이란, 그걸 여성주의로 번역하긴 했는데, 페미니즘이라는 걸 가지고 사상을 전달하되 그걸 (가지고) 대중이라고 표현할 수 있는 사람들과 만나는 것이 필요했던 것 같다. 일차는 여성들이었을 거 같긴 하지만. 여이연으로서는 그 만남이 지속적으로는 『여/성이론』이라는 저널을 통해, 강좌를 통해, 세미나를 통해, 출판을 통해 이어졌다고 할 수 있다. 또한

흔히 우리가 현장이라고 하는 쪽과도 한 20년 되어서 이제 조금 더 만나고 있는 것 같다. 2015년, 16년, 17년에 새로운 흐름으로 등장하는 뉴페미들과도 연구소와 저널인 『여/성이론』이, 그리고 출판과 강좌가 조금 더 만나기 시작하고 있는 거 아닌가. 한 20년 걸린 거 아닌가, 라는 생각도 든다. 물론 여이연이 어떤 방향을 갖고 있다, 이런 거는 아니라고 여전히 저도 반성 내지는 생각을 하고 있긴 하다.

오백 파운드 같은 경우는 지금도 고민이 된다. 이 돈이 있어서 움직여야 여자들이 뭘 바꿀 수도 있는 거 같은데. 페미니스트라는 사람들이 돈도 없으면서 뭘 하려고 하고. 지구지역적 운동을 하겠다고 하는데도 사실은 규모는 요만하고 내용상으로는 이만하고. 이 갭(gap)을 어떻게 할 건가가 늘 고민인 거 같다. 문은미 선생이 얘기한 2000년대 이후부터는 생존 자체가 진보다, 그냥 사는 거 자체, 살아남는 거 자체가 어려운 상황이라는 말도 맞다. 여이연 멤버들이 MT를 가거나 하면 차가 필요한 경우들이 있다. 임옥희 선생하고 나하고 운전하면서, 어쨌든 차가 있는 사람이 임옥희 선생하고 나일 때가 많으니까. (전체: 웃음, 박이: 맞다. 맨날 두 분이 운전하시고 우리는 뒤에 타고.) 그래서 한 십 년 후에는 이 사람들이 운전해가지고 우리는 뒤에 타고 놀러 갈 수 있겠구나 싶었는데 지금도 차를 가지고 있는, 또는 차를 가질 수 있는 여건에 있는 사람들이 거의 없는 거다. 재야연구소일 뿐만 아니라 제도권 안이 바뀐 거다. 한국 사회 전체가 바뀐 거고. 오백 파운드와 관련해서. 이 여건이 이렇게 바뀌었는데 그러면 그래도 유지되는 힘은 무엇일까, 라고 생각했을 때 자기착취인 것 같다. 말하자면 자기착취가 일어나는 건데. 그렇게라도 해야만 되는 어떤 당위 내지는 필요성 같은 것들을 각자가 느끼고 있었기 때문에 이십 년을 온 게 아닌가 하는 생각이 든다. 그러니까 조건은 바뀐 거다. 십 년, 이십 년 전, 1997년에서부터 서서히 어쨌든 신자유주의 바람이라는 게 확실하게, 제도권 안에도 불었지만 이 바깥은 더 했던 거고. 그런 가운데에서 다음 세대라고 하는 세대들, 그리고 90년대(학번) 세대들이 살아남는 거가 정말 어려운 상황이다. 그리고 이제는 대학이라는 제도를 탈하거나 거치지 않은 멤버들까지 포함하여 여이연의 멤버들은 버티기를 하고 있는 셈이다.

임: 이번에 네팔을 갔다 오면서 포카라에 앉아서, 요즘 친구들이 많이 하는 타로점을 봤다. 그런데 제일 먼저 나오는 게 여사제 패였다. 여사제가 뭐냐니까 이상주의자라고 해석을 하더라. '선생님은 이상주의자니까 그 가난한 페미니즘 집단에서 있었던 것 아니냐' 하더라. 아니라고, 나는 이상주의자가 아니라 지극히 현실주의자라서, 그런 이상을 채울 수가 없는 사람이고, 어찌 보면 이상주의자는 고갑희 선생님이라고 했다(전체: 웃음, 고정: 나는 현실주의자다). 난 굉장히 현실주의자이고 세속주의자인데 그런 현실을 현실로 만들 능력은 없다. 그래서 남들이 보기에 그러고 있으니까 이상이 있어서 저러고 있는 게 아닌가 하지만 실제로는 전혀 그렇지 않다. 나임윤경 선생님 말씀하시는 게 무언지 나는 너무 이해가 된다. (고정: 맞다) 그런데 여기 모였던 사람들이, 실지로, 속으로는 야심이 어떨지 모르겠지만, 겉으로 드러내는 거에 있어서는 굉장히 점잖고 예의 바르고 타인에게 상처 주지 말아야 하고 정치적으로

올바르게 처신해야 한다고 생각한다. 그런 면에서 그다지 과격하지 않고 어떤 부분에서는 순치된 페미니스트라고 생각한다. 그게 뭐하고 또 결합을 하냐면 우리는 반-자본주의를 해야 한다는 주의까지로 결합하게 되는 거다. 그렇게 되면 진짜 내부 착취, 내부 식민화가 더 심각하게 일어날 수밖에 없는 지경이 된다. 예를 들면 적극적인 운동 마인드를 동원하여 여이연을 공격적으로 마케팅하고 대중화하는 여성운동을 확산시켜야되지 않냐라는 이야기를 할 때 제일 먼저 나온 게 '이 연구소에서 이사 가자'였다. 그런데 20년 동안 이 다락에서 웅크리고 앉아서 이사 못 갔다. 이런 단체는 아마 아무 데도 없을 거다. (전체: 웃음) 이 다락방에서. 그때 조금의 머리가 돌아가는 사람들이라고 한다면 일단 은행융자를 내서라도 일단 공간을 마련하자 (했을 거다). 마련하고 나면 그다음에 은행이자를 뭐로 줄 수 있냐면 회비로 주면 된다. 그리고 그걸 가지고 건물을 마련하고 나면 대한민국 사회에서 집값은 뭔다. 이십년 동안 했었으면 우리는 공간을 마련하고도 남고 후 세대에게 버팀목을 제공했을 수도 있었다. 절대로 그걸 못하는 게 여기 사람들이다. 그런 의미에서 다른 데 가서, 서울국제여성영화제처럼 기업을 찾아다니면서 후원을 받지도 못하고, 안 한다. 정부 단체든 삼성이든 가서 우리한테 돈 좀 투자하시오, 우리가 이런 프로젝트를 가지고 있다, 가서 얘기해봤자 주지도 않을 거지만 일단 시도도 안 한다. 그리고 굉장히 우아하게 거기에 핑계를 댄다. 삼성 같은 재벌에 고개 숙이는 것은 자본과 공모하는 것이므로 여성운동의 자존심 문제라고 여긴다. 실천운동에 적극적으로 뛰어드는 것에도 일단 망설인다. 이런 주장이 전적으로 맞는 것은 아니다. 항상 유보조항이 붙는다. 항상 자기합리화와 정당화. 굉장히 자기 정당화를 하는 데는 능숙한 사람들이다. 그걸 평생 배워 온 사람들이고. 그런 부분에 있어서 규모가 쪼그라들면서, 우리한테는 오백 파운드도 없는데 들어오는 오백 파운드마저 맨날 발로 걷어찬다. 그래서 어디 가서 무슨 소리를 하더라도 꿀릴 건 없다. 왜냐하면 돈이 어디에서 들어오는지에 따라서 이야기해야 할 어떤 채무도 없기 때문이다. 정부지원금을 받아오면 정부 시책에 맞추는 소리를 해야 한다. 정부여성단체가 뭐라고 하든 그것에 반대하는 목소리에 있어서 주저할 필요는 못 느낀다. 그 돈에 맞춰서 이야기를 해줘야 되는 게 하나도 없지만, 그런 이야기를 해달라고 요구하는 곳도 없다. 그게 우리가 여태까지 대중화하지도 못하고 그냥 가난하게 숨만 쉬고 살아왔던 모양새다. 가난이 익숙해서 탈출하려고 하는 의지도 별로 없었고 그게 편안했고. 그게 현상유지를 해온 정당화 논리였지 않나 하는 생각이 든다. 그런 부분에서 좀 야심 있고 공격적인 운동 자체를 굉장히 남성주의적이고 자본주의적인 것으로 해석해 왔다는 생각이 든다.

문: 그런 면에서 연구소에 모여있는 사람들이 되게 무능력하다는 생각을 많이 하긴 한다. 연구소가 이사 갔으면 좋겠고 좀 더 나은 환경이면 좋겠고 상근인력이 좀 많았으면 좋겠고 이런 이야기를 꺼내면 그게 모두 돈과 연결되어 있는 건데, 돈을 벌어올 수 있는 능력과 재력은 없는 거고. 아는 방법도 없는 거다. (임: 너무 두려워한 거다)

임: 계산을 두드려봐도 은행이자를 주는 게 집세를 주는 거 보다 더 싸다. 아무리 (그렇다고) 설득을 해도 안 된다는 거다. 그런 부분에서 여긴 한 사람이 하는 것이 아니기 때문에 누군가 한 사람이 적극적으로 반대하면 못한다. 그런 식으로 20년이라는 거다.

박이: 10주년 행사를 하면서 이사 가자는 얘기가 굉장히 심각하게 나왔었다. 그때 반대가 있어서 못 갔다. 세대교체와 돈 이야기가 나와서 질문을 드린다. 내부의 혹자는 우리가 돈이 많았으면 어쩌면 더 큰 문제가 있었을 수도 있다고 한다. (나임: 많다는 전제는 좀 맞지 않지 않나? 전체: 웃음) 그럼 많다는 빼고, '자원이 있었다면'으로.

임: 누군가가 여이연이 뭘 하든지 간에 내가 돈을 좀 내놓을게, 하면 그 돈을 받는 걸 두려워했다.

문: 설마.

고정: 저는 그거는 아니라고 생각한다. 예를 들면, 어떤 사람이 돈을 내려고 했는지조차 지금 봐야 되기는 할 건데.

임: 그 사람이 페미니스트냐 아니냐에 따라 그럴 거고. 그럼 내가 생각하기에 그 사람이 페미니스트고 그렇기 때문에 낼 수도 있다고 얘길 한다면 그 돈을 가지고 와서 그 사람이 여기에 말발을 세우면서 뭐라도 권력을 행사하지 않을까를 두려워했다.

문: 그건 초반이고 지금은 전혀 그렇지 않을 거 같다.

나임: 그러면 ○○재단 이사장과 여기 '짱들'이랑 '다이다이'로 만나서. ○○재단이 실제로 이런 데에 실제로 돈을 주고 싶어 하고. 주로 NGO 한테 돈을 주는데 ○○재단 같은 데는 굉장히 유연해서 명분만 있으면 얼마든지 써포트(support)를 할 의향이 있는데. 그런 활동 같은 것도 누군가가 했었으면 (했다).

문: 선생님들이 그런 시도를 생각도 안 한 거다.

임: 아니다. 서울시에도 신청을 하기도 하고. 프로젝트를 받아서 하긴 했다.

나임: 프로젝트 말고 아마 이런 연구소에게 지원하는 카테고리(category)를 만들 수도 있었을 거다. 왜냐하면 거기는 늘 어떤 아이디어가 굉장히 필요한 곳이고, 말이 안 통하는 곳이 아니고. 거기 운영위원들만 동의하면 되는 거니까. 동의하지 않을 이유가 없고. 그런 식의 어떤 우리의 품위를 잃지도 않으면서도, 그러나 품위 잃지 않음이 꼭 어그레시브(aggressive)하지 않음이랑 동의어도 아니고. 어그레시브하면서도 디쎈시(decency)를 유지할 수 있었는데 그거에 대한 굉장한 순결주의가 사실 있고. (문: 방법을 진짜 몰랐던 거 아닌가.) 아니다. 방법은 알았지만 어떤 방식의, 순결해야 된다는 그거 때문에 상상력이 안 나가는 거다. 그렇게 딱 생각하고 있으면, 저 역시도 그러는데. 어떤 면에서 여성주의자들이 어떤 사고의 틀에 갇혀 있는 건 사실이다. 그 사고의 틀이란 게 아까 말씀하셨지만, 자본주의. 우리가 지금 자본주의 안에서 살고 있으면서도,

자본주의 바깥이 어디 있겠는가, 그러면서도. 어떤 면에서 자기모순인 거다. 그 안에 살고 있으면서도 자본주의적으로 하지 않으려는. 자본주의는 항상 비윤리적인가. 그렇지는 또 않을 테고, 않다고 생각하면 좋은 자본주의에 대한 상상력을 발휘해야 되는 거고. 그런데 그 부분에 있어서 여이연에 관여하는 여성주의자들은 너나 할 것 없이 모두 다 굉장히 취약하다. 자본주의에 대한 이런 알러지(allergy)는 도대체. 제가 관여하고 있는 조직 역시도 정말 무슨 돈이 없어 난리다. 이게 도대체 뭔가. 이걸 정말 뛰어넘지 않으면 다 이렇게 그냥 자잘하게 계속 가는 거다. 그렇게 자잘하게 계속 가면, 지금 다행히 2세대는 만들었지만 3세대, 4세대는 개런티(guarantee) 할 수 없는 거다.

박이: 이 점에서 그러면 아까 세대교체 얘기가 나왔는데 여이연에서 세대교체란 무슨 의미이며 세대교체가 되었다고 보는 이유는 무엇인가?

나임: 여기서 세대란 진짜 무슨 뜻인가?

고정: 문자 그대로 나이. (전체: 웃음, 나임: 민중!) 문자적으로 몸이 나이가 들어간다. 그리고 사회에서의 나이가 들어간다. 그런데 뭔가 다른 인물들, 생각들, 태도들이 등장한다는 의미일 것이다.

임: 그런데 내가 지금 잘못 생각하고 있는 건지 정확하게 잘 모르겠는데. 내가 생각하는, '세대교체가 됐다'라고 하는 건 고갑희 선생님이나 문은미 선생님까지 합쳐서 처음 시작했던 사람들이 페미니즘을 생각하는 거하고 방향성이나 이런 것들이 달라진 지점이 있다는 뜻이다. 어떤

부분에서는 그레이트 턴(great turn)은 아니지만 터닝 포인트가 있었다는 생각이 좀 든다. 대중화가 안 됐던 것은 어떤 부분에 있어서는 이게 연구소라는 이름을 가지고 있으면서 이론 연구소라는, 그것에 걸맞은 그런 작업만 앉아서 했다. 남들이 듣든 말든 상관하지 않고 했다. 시작 무렵에는 일종의 대안적이고 주변부 아카데미 같은 그런 방식이었다. 그런데 지금은 그런 페미니즘이 돌아가는 시대가 아니게 됐다는 거다. 학교 중심의, 아카데미에서 했던 이론을 가져와서 그것을 풀어서 페미니즘 운동을 하던 시대는 끝난 것 같다. 그 시대가 끝났다는 의미에서 페미니즘 안에서 연구소뿐만 아니라 페미니즘 자체가 세대교체를 강제로 당하지 않으면 안 될 지점에 이르렀다. 그 부분에 있어서 새로운 세대가 나타난 거 같은데 그 페미니즘을 무슨 페미니즘으로 이야기해야 할지 나는 잘 모르겠다. 아직은 그런 느낌이 든다. '새로운' 페미니즘을 두고 교차페미니즘이라든지 온갖 소리를 다 하는데, 앞선 세대 혹은 문자적으로 나이가 든 올드 페미니즘 세대는 좌파여야 한다는 당위가 있었다. 농담이 아니라 정말 자본주의를 적대해야만 페미니즘이 가능한 것처럼 우리가 스스로를 설득했던 부분이 있다. 그런데 지금은 그것으로부터 자유로운 세대가 만들어진 건 아닌가 생각한다. 그러면 당연히 페미니즘에 대한 방향성도 달라질 거고 페미니즘이 무엇을 성취해야 하고 무엇과 싸워야 할지 등 모든 것들이 달라질 거라는 생각이 든다. 그 세대에 접근할 수 있는 세대들이 연구소에서 그 일을 해나갈 것이라 본다. 연구소가 가지고 있는 물질적인 자산 이런 거하고는 상관없이 그런 아이디어를 가진 사람들이 들어오게 된 것이 세대교체라고 이야기하고 싶었다. 굉장히 대중화된 페미니스트들이고 이 사람들은 이론으로 무장할 필요 없이 '나는 그냥 여자야, 그러므로 여자의 문제는 우리가 더 잘 알아' 이런 식으로 이야기할 수 있는 사람들이다. 감히 우리 때는 그렇게 얘기 못 했다. 올드 페미니스트들은 좌파운동의 시선을 내재화하고 있었던 세대다. 자칭 영-영페미니스트들은 여자만 안고 간다는 소리를 서슴없이 한다. 그런데 저렇게 무책임하고 무모한 소리를 할 수 있는 용기가 어디서 나오나, 시원하게 저런 식의 말을 얼마든지 내뱉을 수 있는 친구들이 하는 운동이라는 것은 그 이전 세대, 뭐든 굉장히 조심스럽고 순치되고 끊임없이 남성의 시선을 내 안에 내재화하고 있는 페미니스트들하고는 다르다는 생각이 들었다. 내가 요즘 느끼는 부분이다.

박이: (임옥희 선생님과 고정갑희 선생님) 두 분 약간 다른 생각을 가지고 계실 것 같은데 어떤가.

고정: 저는 계속 세대교체로 이야기하는 것보다 과거와 현재 여이연은 페미니스트들과 어떻게 만났고 어떻게 만나야 하는가라는 질문이 필요하다 생각한다. 2015년 이후 새로운 현상이 일어난 것은 사실이다. 뉴페미들의 대중적 등장 속에서 페미니즘이란 게, 어쨌든 여이연이 무엇을 해야 할 것인지 다시 한 번 잘 생각해야 한다. 페미니즘 운동이 어디를 향할 것인지의 문제는 '디슨트(decent)'하냐 '폴라잇(polite)'하냐의 문제가 아니라 방향의 문제라 생각한다. 한 20년 소개도 하고 생산도 하고 글도 쓰면서 만들어 온 어떤 부분들이라는 것을 토대로 무엇을 해야

할 것인지 생각할 시점이다. 대중성이라는 말, 누구를 대중으로 볼 것이냐 하는 것, 그것을 고민해야 되는 것 같다. 페미니즘의 대중은 다양하다. 성폭력 부분은 운동에서 출발하면서 계속 디지털 성폭력까지 얘기가 되는 거고, 여전히 그 문제는 핵심적이다. 그리고 낙태 이슈 또한 그렇다. 하지만 페미니즘 운동이 해야 할 일은 엄청나다. 페미니즘이라는 역사가 어느 정도 축적된 현재 무엇을 대중적이라 하고, 현장이라하고, 어떻게 운동을 만들어야 하는지, 운동의 언어는 어떻게 해야 하는지 이 부분은 여이연이 화두로 삼아야 할 부분이라 생각한다. 그동안 축적된 페미니스트들의 고민들을 어떻게 전달하고 대중적인 만남으로 바꿀 수 있는지, 이것이 여이연의 화두가 될 수 있는 것 같다. 페미니스트들이 세상도 바꿀 수 있는 정도까지 갈 수 있는 자신감 같은 것들도 이제 서서히 생길 수 있는 배경이 만들어지고 있는 것 아닌가.

나임: 아니 그런데 실제로 선생님들 말씀 듣다 보니 이런 생각이 든다. 여이연에서 대중과 만난, 제 기억으로, 이슈는 성노동이었던 것 같다. 그게 꽤 됐다. 2006년? (고정: 2004년에 성특법이고, 2005년부터 여이연이 움직임이 시작했다.) 그러니까 그때 당시 운동성의 구성 방식, 요소는 무엇이었을까. 많은 논문들을 보면 여이연에서 나온 『성노동』이라는 책이 꽤 많이 인용이 되고 그때 우리 여성주의가 실제로 대중과 만나지 못했다고는 하지만 실제 분명히 그때 파급력은 굉장히 컸었다. 그때 당시 그건 왜 그랬나, 어떤 방식의 운동이었나.

임: 제도권 페미니즘이 굉장한 운동의 성과로서 내세울 수 있었던 게 성매매 여성들을 해방시켰다는 거였다. 소위 말하는 거래되는 여성들, 인신매매되는 여성들을 해방시키는 것이 페미니즘이 해야 되는 역할이고 그것이 너무나 잘 드러난 게 군산 화재사건이었는데, 그 사건으로 열일곱 명이라는 여자들이 죽게 되면서 제도권 페미니스트들이 정책적으로 성특법을 통과시킨 것이 성과라고들 했다. 그런데 성특법 통과 뒤 여이연에서는 성노동자의 목소리를 들고 나왔다. 제도권 페미니스트 모두를 분개하게 만들었던 거였다. 힘들게 일군 여성주의의 성과를 그야말로 작살을 내려고 한다는 것에 대한 분노라고 생각을 한다. 한쪽에서는 이렇게 선한 의도를 가지고 또 다른 기층의 여성들을 해방시키려고 노력했는데, 왜 이거에 대해서 똑같은 페미니스트라고 하는 다른 여자들이 이렇게 반발을 하는가라는 것에 대한 참을 수 없는 분노를 터뜨리는 것 같았다. 그런데 성노동자들이 정말 하고 싶은 말은 페미니스트 너희들에게 우리의 구원을 맡긴 건 아니다, 구원해달라는 것이 아니라 자신들의 목소리를 들어달라는 것이었다. 진짜 성매매여성들이 무엇을 원하는지 듣지도 않고 왜 너네들은 성노예 상태이니 우리가 너희를 해방시켜줄게라고 하는가. 그 자체가 문제적이라는 점에서는 그다지 반성을 안 하는 것 같았다. 그게 시간이 지나서 지금은 그 정도까지는 아니라고 생각은 하지만.

문: 제가 처음 연구소 들어왔을 때, 선생님들이 『젠더 트러블(Gender Trouble)』을 읽고 있었다. 그런데 『젠더 트러블』이 거의 십 년인가 이십

년이 지난 후에 일종의 대중서처럼 읽힌다. 그 책을 그때는 읽을 때 무슨 말인지 하나도 모르겠다고. (임: 근데 거의 아는 것처럼 하잖나.) 그렇다. 그런데 지금은 사람들이 그렇게 안 읽어도 읽은 거 같이 느낄 정도로 그 경험과 인식의 수준이 달라진 지점이 있는 거다. (임: 축적된 게 있는 거다.) 연구소가 앞서 나가고 이런 게 중요한 게 아니고 지금 필요한 어떤 이론과 개념과 현실과의 접점을 찾는 데 소홀히 한 측면도 있는 거다. 저희가 『젠더 트러블』을 읽었으면, 그게 필요하다면 그 접점을 열심히 찾았어야 됐지만 그렇지 않았고 번역할 생각도 안 했다. 아무도. 그냥 우리만 읽고 마는 거지 이거를 번역을 하거나 할 생각을 아무도 안 했다. 성노동이라고 하는 것도 어떤 필요에 의해서 만들어지긴 했지만 그게 그 당시 운동과 이론 여러 모든 공간에서 기존의 페미니즘이 성매매나 섹슈얼리티를 대해왔던 문제의식이 팽배해 있던 때 던져진 개념이라는 거다. 섹슈얼리티와 여성주체나 행위성에 대한 고민을 우리뿐만 아니라 주변에서도 열심히 하고 있었지만, 성매매 여성들의 어떤 행위, 행동들을 어떤 이론과 개념으로 들여다 볼 것인가 하는 것이 운동이나 이론에 긍정적으로 영향을 미칠 것인가에 대해서 고민했고, 그것이 맞아 떨어진 측면이 있었다. 그리고 최근 연구소는 그런 고민을 많이 하고 있고. 얘기하신 것처럼, 최근에는 혐오문제를 가지고 고민을 하면서 회의 때마다 논쟁을 해왔다. 어떤 선생님들은 직접적으로 그 친구들을 만나고 현장에서 활동을 해야 되는데 우리는 왜 계속 다락방에만 있는가, 이걸 너무 답답해하는 선생님들이 계시는가 하면 또 한 부류는 그냥 우리 하던 대로 하자, 우리가 지금 거기 가서 뭘 하겠느냐고 하시고. 예를 들면. (임: 페미광장으로 나가자는 사람과 여기 다락방에 그냥.) 이게 지금 충돌되는 측면이 있다. 지금 일종의 그런 면에서, 선생님 얘기하신 내용적인 측면에서 세대교체라고 하는 건 굉장히 연구소에서 고민 중인, 좀 지체된 측면이 있다. 제가 생각하기에 어쨌든, 세대교체라는 게 어떤 의미인지 모르겠는데, 재생산 구조를 어떻게 만들 것인가와 연결되는 고민인데. 제가 많은 여성단체들이 서울의 몇몇 큰 조직을 제외하고는, 다음 대표를 찾는 게 너무 힘들어서 한 대표가 십 년씩 하는 데가 되게 많고. 근데 연구소는 그나마 강제로라도. (임: 그냥 2년씩 돌리니까.) 다음 대표 찾을 때 저희도 서로 싸우고 이런 적도 있고. 지금은 어쨌든 연구소가 대표 이임과 취임을 즐겁게 하지 못하고 있는 것 같긴 한데. 재생산을 좀 더 가능한 구조를 어떻게 만들 것인가에 대한 고민이 있다.

나임: 근데 그 재생산 가능한 구조를 만들어가는 데 있어서 아까 운동성에 대해서 부담을 가지고 있는 어떤 그룹이 있다라고 한다면 계속 약간 진화하는 듯하다가 다시 돌아오고 가다가 다시 돌아오고 이런 구조라는 거다. 이 부분을 정리해야 되는 거다. 어디 정말 강령에 넣던지. 실제로 우리가 아카데미에 있다는 거, 공부를 한다는 거, 가방끈이 길다는 것에 대해서 계속적으로 실재를 하지 않는 어떤 의미를, 이미지를 재생산하면서 거기에 갇힌다는 생각이 든다. 물론 항상 초심을 생각한다는 면에서 우리가 정말 너무 물질화되어 있지 않은가. 성찰한다는 면에서는 의미가 있지만 여전히 지금 우리가 하고 있는 현장성에 기반한

운동에 대해서 이게 아닌데, 하고 다시 돌아가는, 같이 계속적으로 무게가 따져지고 있는 그 부분이라면 이건 정말 이 조직에 대해서 정말 누군가가 세게 진짜 벼락을 한 번 콱 때리던지. 이건 말이 안 된다. 어떻게, 여성학이라는 정체성 자체가 정말 현장에 토대하지 않고는, 그러니까 그런 이야기를 들으면 그러므로 여이연 난해하다, 왠지 자초한 고립을 즐기는 집단 같다, 이런 이야기가 나오는 근거가 바로 이 부분이지 않나라는, 제가 확증을 잡은 거 같다. (웃음)

고정: 아니 잠깐만. 성노동으로 다시 돌아가서 얘기를 하고 확증을. (나임: 그때 너무 좋았는데.) 어쨌든 지금도 지속된다고 생각한다. 그게 2004년 9.23 성특법 나오고 2005년에 국제포럼을 같이 했고. (나임: 그때 당시 너무 좋았다.) 그러면서 2005년에 성노동자의 날이 선포되었다. 여이연의 성노동연구팀은 그 한가운데 있었다 할 수 있다. 민성노련과 다른 운동단체들과 함께 〈성노동운동네트워크〉를 만들었다. 이제 성노동 연구팀이 10년이 넘었다. (나임: 맞다. 그녀들에게 언어를 막 줬다.) 막 준 것은 아니고 같이 했다. 그 10년, 그리고 거기에 어쨌든 현장이라고 할 수 있는, 특히 평택이긴 하지만 성노동자들이 같이 연구소에 와서 강의도 하고 하는 그런 현장성이 만들어졌다. 여이연 성노동연구팀은 2009년까지 〈성노동운동네트워크〉에 함께 했고, 집창촌 성노동자 운동의 상황이 바뀌면서 2009년에 다시 〈지지〉가 만들어졌다. 성노동 운동이라고 했을 때 여이연 전체를 대표하는 건 아니기에 여이연 성노동연구팀으로 활동했다. 그래도 여이연의 자유로운 부분은 단체 차원에서 허용했다는

것이다. 성노동운동에 대해서 반대할 수도 있지만, 연구팀 구성하는 거에 대해서는 반대하지 않는 정도까지는 열려 있었다. 당시 운영위 회의에서 안건으로 얘기를 했고. 여이연이라는 이름이 아니라 여이연 성노동연구팀으로 활동하는 것과 〈성노동운동네트워크〉와 함께 하는 데까지 동의를 해주었다.

저는 현장성이 꼭 그것만은 아니라고 생각한다. 현장성이라고 할 때는 『여/성이론』을 읽는 사람들도 현장이고, 여성, 성노동자, 성소수자들도 또 그들의 운동의 장도 현장이다. 여성노동자들의 다양한 공간과 운동 현장도 현장이다. 그리고 2015년 이후 뉴페미들과의 만남의 자리도 현장이다. 최근 SNS의 장이 부상했다면 그 또한 현장이다. 여성혐오, 동성애혐오, 성폭력, 디지털 성폭력을 이야기하되 운동의 주체 설정을 어떻게 할 것인지가 여전히 중요하다고 생각한다. 여성에 대한 성폭력만이 아니라 다양한 성적 폭력을 이야기할 수 있어야 하고, 성매매산업의 문제를 이야기하더라도 그 장의 변혁의 주체로서 성노동자들을 생각할 수 있어야 한다고 생각한다. 성노동론이 비난과 비판의 화살을 맞기도 하는데 그만큼 맞는다는 것은 또 한편에서는 십 년이 흘러가면서 뭔가 얘기가 됐기 때문이라는 것으로 생각할 수도 있다. 그런데 지금도 이 부분은 여이연에서 확실하게 갖고 가야 할 부분 중 하나 아닌가 저는 생각한다. 뉴페미들과의 만남이 필요하지만, 지금 이 뉴페미니즘에서 아예 성노동이 말이 안 되는 거야, 탈성매매 해야 되는 거고 성판매 여성들이 지금 문제고, '남자새끼'들의 다 문제고, 이런 식으로 얘기하는 그 부분에서 어떻게 자리를 잡을 지는 여이연의 과제라고 생각한다.

임: (고정갑희) 선생님 얘기 들으면서 나임 선생님 이야기와 함께 생각을 해본다고 한다면 사실은 연구소 자체가 언제나 현장이라고 하는 것을, 무엇을 현장이라고 할 것인가 그 부분부터 논쟁을 시작했다고 생각한다. 그럴 때 그 현장이라는 것이 운동의 현장 한가운데인지, 아니면 현장에 있는 사람들이 스스로 말할 수 있고 자기를 설명할 수 있는 언어를 고민하는 것도 똑같은 실천인지에 대한 논쟁이 그것이다. 현장에 있는 당사자만이 운동을 하고 운동을 주도할 수 있다고는 보지 않는다. 그렇기 때문에 성노동 운동을 하려면 적어도 성노동자로서 1, 2년 경험을 가지고 그런 운동에 뛰어들어야 한다고 보지 않는다. 모든 운동에 당사자들이 우선이지만 당사자들만 운동을 할 수 있는 것만은 아니지 않나. 그런 의미에서 운동의 모든 현장마다 다 발을 담글 수가 없다면 어떤 방식으로 현장과 관계 맺을지는 끊임없이 고민해야 한다. 그걸 안 하겠다는 것이 아니라. 그럴 경우에 어떤 부분에 있어서는 현장이라고 하는 것은 굉장한 순발력을 요구한다. 우리가 가지고 있는 자원을 가지고 순발력 있게 뛰어들어서 운동할 수 있는 역량이 부족하지 않았나라는 생각을 한다. 고민을 안 하는 것이 아니라. 금방 에너지도 소진되고 고갈될 것이니까.

문: 현장에 바로 들어가기보다는 지금 방식을 유지하려는 사람들은 현장에 대한 두려움이라기보다는 선생님처럼 여기가 현장이라고 생각하는 사람들이다. 그런 고민을 지금도 하고 있고. 어쨌든 긍정적으로 생각하면 그때 그 논쟁이 너무 힘들고 피곤하고 이런 연구소 더 이상 못

있겠다고 나가는 사람도 있었고. 사실 어떻게 보면 그렇게 싸우면서 연구소가 지금의 모습을 갖춰온 측면도 있는 것 같다. 성노동 그때도 진짜 전쟁처럼 싸웠다, 안에서는. (임: 나가고 이랬잖나. 이 안에서도 얼마나, 여이연이 갑자기 성노동. 고정: 싸우진 않았잖나. 임: 아니다. 고정: 역사인식이 다르다. 임: 그렇다. 왜냐면 자기가 그 와중에 있는 사람과 주변에서 보는 사람은 다르다.) 그리고 저희가 조직 만들 때도 〈지지〉단체를 만드는 문제로 싸우기도 하고. (박이: 지금도 사실 기회 닿을 때마다 불거진다. 나는 사실 동의하지 않았었다, 나는 아직 반신반의다, 계속 그런 얘기들이 나온다.) 거기다 위안부 문제까지 겹쳐지면서 훨씬 더 선명하게 갈라지는 측면이 생기는 거다.

박이: 여이연 외부에서는 나 여이연 너무 좋아하는데 성노동 때문에 못 들어간다 이런 얘기를 하는 사람도 있고 그랬다.

나임: 잠깐만, 그러면은 (고정: 어떻게 그게 가능했냐는 질문에는 아직 답이 안 나왔다.) 그런 식의 논쟁점을 만들었다는 게 어쨌든 대중과 만난 거다. 우리가 '여이연은 이 입장이다'라고 굳이 말할 것도 없고. 당연히 이 안에서 다양한, 그런 주장을 만들었다는 자체가 굉장히 중요한 건데. 그랬다면 그것을 가능하게 한 동력은 뭐였나, 뭐 이런 거다.

고정: 돌이켜보면 어쨌든 저로서도 생각했을 때 저의 세 축을 생각해보면 여이연이 있고 성노동 운동이 있다고 생각을 한다. 전에 강릉에서 여성회의가 열렸을 때 자신의 운동을 이야기하라는 요청을 받았다. 나는 여이연을 시작한 것과 2005년 성노동 운동에 함께한 것, 그리고 지구지역행동네트워크를 시작한 것, 세 가지를 이야기했다. 성노동 운동

은 나한테는 그 정도의 중요한 의미를 지닌다. 페미니즘 내지 여성운동을 하는 사람들 안에서 이게 뜨거운 감자였다. (나임: 지금도 뜨거운 감자다.) 지금도 뜨거운 감자긴 하다. 매춘이 노동이라고 선언하게 된 것은 서구의 페미니즘의 영향이나 이런 것이 아니라 곰곰이 생각하는 데서 나온 것이다. 군산 화재사건이 발생하고 거기에다 글을 쓰면서 매춘노동자들의 조직, 조합이 필요하다고 쓰면서 사실 두려웠다. 왜냐하면 영향을 미치는 일이니까. 그리고 2004년 성노동자들이 국회 앞에서 소복, 삭발 시위들을 한 거다. 2001년 매춘이 노동이라고 부르긴 했지만 나중에 더 생각하겠다, 하고 물러나 있었다. 여성운동에 미칠 영향이 두려웠기 때문이다. (임: 테러 당해.) 테러는 늘 당했다. (임: 진짜 물리적인 테러). 그 테러가 두려운 것이 아니라 여성들을 비롯하여 많은 사람들의 삶이 달려 있는 현장이기 때문에 두려웠다. 어쨌든 생각이라는 것을 할 때, 서구의 이론, 한국의 이론 이런 식의 구분이 중요한 게 아니다. 적어도 여성문제든 아니든 세계의 문제들을 생각할 때 어떻게 생각을 할 건가, 그 생각을 파고 들어가는 힘, 그것이 여이연을 통해서 갖게 된 것이다. 1997년 여이연이 시작되고 처음엔 세미나가 일곱 팀 정도 진행되고, 주말에만 진행되었다. 그 팀들에 다 들어가서 나도 같이 공부를 한 그런 부분들이 만들어 낸 힘이 아닌가 하는 생각이다. 이게 딱 어디선가 이건 성노동이야라고 얘기했기 때문에 우리가 받아가지고 이게 성노동이야 이렇게 한 게 아니라 정말 생각을 해보니까 성노동자에 대해 많은 페미니스트들, 여성운동가들이 생각을 안 하는구나라는 생각이 들었다. 그 생각을 하게 해준 힘은 『여/성이론』에 글을 쓰면서, 서구의 페미니스트 이론가들을 읽으면서, 그리고 여이연 안과 밖의 페미니스트들과 같이 얘기하면서 온 거라 할 수 있다.

임: 근데 페미니즘이 테크놀로지 발전하고 별개로 가는 게 아니다. 선생님이나 여이연에서 성노동 얘기를 할 때하고 지금의 테크놀로지나 이런 건 너무나 상황이 달라진 거 같다. 따라가기가 힘들 정도로 빠르게. 군산과 같은 그런 집창촌의 방식이 아니라 정말 SNS에서 실시간으로 올라오는 글을 보면 성노동자 자신이 '야, 페미니스트들이 우리를 성노동이라고 엄청 띄어주더라', 라면서 일종의 조롱 섞인 이야기를 올린다. '난 성을 노동으로 간주하지 않았는데'라면서. '그런데 페미니스트들이 엄청 우리 편 들어주잖아. 그리고 우리가 스스로를 변호할 수 있는 언어도 만들어주고'라면서 항의 겸 조롱한다. 그런 방식으로 엄청나게 달라져 있었다. 어떤 일이든 소급적으로 재해석을 하는 것인데, 다시 거슬러 올라가 그 상황을 생각해 본다면, 시간이 지나고 나면 그 사이에 과거에 있었던 일을 지금의 시점에서 다시 재해석하게 된다. 그럴 때 보면 여이연이 가지고 있는 힘이라고 할 수 있는 것은 싸우고 있는 사람들에게 혼자가 아니라 누군가가 함께 해주고 있다, 지지해준다는 느낌을 공유하는 것이라고 할 수 있다. 그것은 정말 중요하다. 외로운 독백이 아니라 누군가가 거기에 대해서 반응을 보이고 지지를 해주고 연대한다는 것. 함께 목소리를 실어주는 것. 함께 연대를 해줄 수 있는 것이 여이연이 20년 동안 이렇게 다락방에 머물러 있으면서도 가지고 있었던 힘이라는 생각이 든다. 어떤 한 사람이 아니라, 그 한 사람이 목

소리를 낼 수 있게끔 소위 말하는 어떤 단체에서 힘을 실어주는 것, 그래서 쉽게 실망하고 좌절하지 않게, 어떤 부분에서는 용기를 낼 수 있게 만들어 준 것이 여자들이 함께 모여서 뭔가를 끊임없이 이야기를 한 것의 힘은 아닐까 생각한다.

문: 최근 몇 년 동안 혐오문제 때문에 여이연도 논쟁의 중심으로 들어갔고, 그러면서도 내부적으로는 정리된 목소리도 없고 계속 서로 갈등하고 있는 상황이다. 그래서 이번에 20주년 준비하면서 나왔던 주제가 '페미니즘 트러블(Feminism Trouble)'이다. 부제를 주체, 매체, 논쟁이라고 했다. 주체와 관련된 건 어쨌든 끊임없이 고민이 되는 측면이고 연구소의 주제이기도 하고, 매체가 달라진 거지 않나. 어쨌든 페미니즘의 주류를 바꾸는 역할을 한 거다. 학계에서 트위터나 이런 다른 매체로. 학교에서 배우지 않아도 되는 어떤 매체이고. 어쨌든 논쟁점을 찾아야 되는 게 저희의 역할이라고 생각을 하는 거다. 뭔가 정리되고 저희가 해답을 주진 못하는 거 같다. 확실히 연구소가 늘 그런 과정에서. (고정: 해답을 정리해서 주는 거는 아닌 거 같다.) 하지도 않는다. 어쨌든 그래서 그런 공간을 여는.

나임: 그런 건 있다. 포지셔닝(positioning), 어떻게 포지셔닝을 할 거냐, 내부에서 막 갈등이 있는 거하고는 별개로. 그런 건 또 있다. 정체성과 관련된 문제이기 때문에.

박이: 그런 맥락에서 선생님께서 대중화를 외연확장이라는 말과 나란히 놓을 때 그

외연이 달라진 거다. 97년도의 외연과 2007년도의 외연과 지금의 외연이 달라졌는데, 이 상황에서 선생님 아까 말씀하셨던 뉴페미들의 등장, 새로운 여성주체들의 등장 이런 것과 함께 다시 여이연의 세대교체 문제를 같이 나란히 놓을 때 어떻게 될 것 같은가? (전체: 웃음)

나임: 타로를 해야지, 타로를.

고정: 타로. 잘 될 거다.

임: 아니면 제가 생각할 때 페미니스트들이 SF를 읽으면 될 것 같다.

박이: 세대교체 문제가 여이연의 핵심 활동가들의 재생산 문제와도 가장 맞닿아있는 문제 아닌가. 그런데 첫 번째는 지금 아카데미아 자체가 당면하고 있는, 우리 세대가 당면하고 있는 아카데미아 영역이 굉장히 초토화되어 있기 때문에, 자원의 문제에 있어서나 지적 영토의 문제에 있어서나 여러 가지 지점에 있어서 그런 상황이 하나 있고. 선생님들이 아까 말씀하셨듯이 다 선생님들의 세대보다 오히려 더 가난해진 것도 사실이다. 더 부유해질 가능성이 없다 (고정: 그때도 가난했지만.) 그때도 가난했지만 조금 더 하면 뭔가 달라질 거라는. (나임: 그때의 가난은 약간의 프라이드(pride)라던지 그랬지만 지금 가난은 그냥) 찌듦 자체. 나아질 상황이 아닌 그런 상황이 있고. 또 아까 말씀하셨던 그런 대중화의 대중들이 많이 달라졌다. 이 시점에서 향후에 여이연의 행로와도 관계가 있을 텐데. 세대교체가 지금 되고 있는 건 맞는 건가? 도대체 어떻게 되고 있는 건가? 지금 현 대표는 이현재 선생님이고 이현재 선생님은 87학번이다. (나임: 일단 어떤 면에서 대표의 정동문제에서는 세대교체가 됐다. 굉장히 명랑하다. 그런 면에서는. 대표가 가지고 있는 에너지도 있다.) 에너지뿐만이 아니라 가지고 있는 생각들도 선생님들과 생각이 다른 측면이 있고. 선생님들이 아까 문제제기하셨던 대중화 이런 것들과 굉장히 결이 맞는 이야기를 할 때가 많다. 그런 지점이 하나 있는데. 어쨌든 이현재 선생님이 가지고 있는 그 세대의 위치성, 어쨌든 제도에 진입을 해서 제도권에 발을 디디고 있는 위치성이 있는데

그 다음에 이현재 선생님과 함께 혹은 이현재 선생님 이후에 여이연을 움직여 갈 이 동력들은 어떤 사람들인가, 이 사람들은 그러면 아까 말씀하셨던 그 외연과, 혹은 달라진 대중들과 어떻게 만날 것인가, 만날 수 있는 능력은 있으며, 자원은 있는지 이런 고민들이 되는 것 같다.

고정: 분명히 전 아까는 세대교체가 그냥 나이로서의 세대교체 정도일 거라고. 이현재 선생님이 저랑도 차이가 있기도 하다. 현장이랑 만나는 데, 대중이랑 만나는데 그 대중의 설정이 조금씩 다른 거긴 하다. (임: 우리가 얼마나 우울하면 이현재 선생님이 명랑한 걸로. 전체: 웃음) 이현재 선생님 명랑하다. (임: 명랑 안 하다는 게 아니라) 〈까칠남녀〉도 하지, 〈더 한소리〉하면서 막 노래도 하지, 성노동연구팀 할 때 〈히스테리아〉 공연하며 노래와 춤도 췄지. 성노동팀이 A팀과 B팀으로 나뉘었을 때 이들 세 사람, 네 사람이 엄청 발랄했다. A팀은 노동을 가지고 가되 B팀은 섹스를 가지고 현장으로 들어갔다. 완전 현장으로 들어갔다, 진짜. 자기 몸들을 실험으로 던졌다. 그것도 얘기가 되어야 한다. 하여튼 그런 의미에서 좀 달라진 측면은 있다. 그런데 지금 저는 제도하고, 그러니까 1997년하고 2017년하고 다른 거는 아까 얘기한 대로 넷페미라고 하는, 뉴페미라고 하는 사람들의 등장이 있다는 말이다. 그런데 현장과의 만남을 생각할 때, 여이연에서 뭔가 발굴을 해내면 좋겠다. 발굴이든 발견이든 지금 등장한 사람들하고 같이 해야 되는 몫이 있지만, 이 또한 일부다. 지금 뉴페미들을 일부로 놓고 다른 쪽의 움직임들을 만들어내는 것이 필요하다. 대중들과 성노동 현장으로 만났고, 혐오이슈로 만나고 있다면 앞으로 성노동과 혐오를 넘어서서 여이연에서는 그 현장을

만들고 발견하고 발굴해야 하는 거고 그게 대중하고 만나는 거라고 생각된다. 지금까지의 저력으로 이 발견, 발굴, 만남은 가능하다.

나임: 실제로 선생님 말씀하신 방식대로 언어화할 수도 있고. 또 하나 성노동과 관련해서 충격적이었던 것은 우리가 지속적으로 사회과학 안에서는 스터디 다운(study down)하잖나, 로우(low) 계층 사람들을. 스터디 업(study up)을 하진 않지 않나. 그랬음에도 불구하고 이 스터디 다운은 정말 충격적이다. 성노동 연구자들을 보니까 여지껏 스터디 다운은 정말 어떤 의미에서는 전혀 하지 않았다는 게 있기 때문이다. 실제로 이현재 선생님을 비롯한 다음 세대가 현장성과 만난다고 할 때 그 부분, 계급성의 이 부분을 어떻게 가져갈 거냐, 여전히 가방끈 긴 대학생들, 물론 지금의 20대는 대부분이 대학생이지만, 그럼에도 불구하고 그것을 어떻게 가져갈 거냐에 대한 고민은 필요하다. 여이연에서 말했던 대중성은 까고 보니 계급성이었던 거다. 그 부분에 대한 고민을 어떻게 할 거냐를, 어떻게 하느냐에 따라서 지금까지 여이연이 만들었던 굉장히 선명한 빛깔이 유지되느냐 안 되느냐, 아니면 굳이 유지할 필요가 있느냐는 얘기까지가 될 수 있을 것 같다.

고정: 아까 그 부분에서 이게 외연이라고 하든 사회의 변화라고 하든 변화가 된 이 시점에서 제도권하고는 거의 관계를 끊어야 되는 상황인 거 아닌가. (박이은실) 선생님도 이미 거의 끊었다고 봐야 되나 아직은 안 끊었다고 봐야 되나. 타의 반 자의 반으로 끊는다 할 때 이게 생존 얘기와 변화와 더 가난해진 세대와 연결된다. 근데 그건 한국 사회의 거

품이 빠진 거라고 생각한다. 거품으로 올라갔던 거가 거품이 빠진 거고. 그 거품이 빠진 상황에서 다시 살아가야 하는 몫이 우리한테 떨어진 건데. 세대로 얘기하면 지금 세대가 그걸 살아가고 있는 거고. 그럴 때 여이연의 현장인 대중이라는 것은 지금 새롭게 부상하고 있는 뉴페미와 함께, 또는 그 너머의 여성/페미들과 만나야 한다고 생각한다. 더 넓혀서 페미를 생각해보면 거기가 힘이기도 해야 되는 거다. 제도권에서 월급 받아가지고 천만 원, 이천만 원 내는 방식만이 아니라 지금 호흡을 같이하는 사람들을 넓히면서 그 호흡들이 만들어내는 힘을 운동과 변화의 힘으로 만들어내야 한다. 오백 파운드만이 아닌 다른 동력을 생각해야 한다.

고정: 그러니까 계급성도 다시 그 계급성을 갖고 가야되는 부분. 옛날 계급 얘기가 아니라 여자들이 계급인 측면과 가난해진 세대와 살아가야 하는 몫과 이런 것들이 사실 저만해도 제도권 안에서 돈 받고 있었던 사람이니까 좀 다르긴 하지만. 지금 이 시점에서는 그렇게 함께 호흡하는 것, 그게 괴리가 아니고. 그게 여이연이 십 년, 이십 년 해 온 것이기도 하다면 앞으로 그 호흡을 확장하기 위해 발상의 전환이 필요할 거다.

문: 10년 학술대회 제목이 이거였다. 생존의 사막에서 공부하는 거지 않나 지금. (박이: 이론의 오아시스.)[1]

---

[1] 편집자주: 10주년 학술대회 1부 제목이 "생존의 사막, 이론의 오아시스"였다.

고정: 그러니까 지금은 이론이 오아시스가 아닌 거다. 그게 아니고.

나임: 그 당시에는 굉장히 좋았겠지만 지금 보니까 굉장히 올드한 얘기고. (문: 10년 전이니까.)

고정: 그러니까 이론의 오아시스는 아니고 이 오아시스는 좀 다르게 대중과 만나는 장.

문: 어쨌든 20년에는 페미니즘 자체가 트러블인 거잖나.

임: 트러블 메이커(trouble maker)가 되는 거 자체가 페미니즘이 해왔던 것이기도 하고. 끊임없이 불편하게 만들기도 했고. 그런데 1997년도에 시작할 때 보면 제도권 바깥이라 하더라도 교육이 여자들의 생존에 도움이 될 것이라 생각했다. 그런데 먹물들의 긴 가방끈이 생존에 도움이 되지 않는다라는 것을 너무 잘 아는 시대로 온 거다. 가방끈 긴 연구소 다음 세대들은 제도권에서의 서바이벌에 그다지 성공한 것 같지 않다. 박사가 된다고 하더라도 심지어 제도 안에서 시간강의를 얻기도 힘들어지는 상황이다. 아카데미에 계속 남아 있다라고 하는 거 자체가 여자들한테 무엇을 의미하는지 생각하게 만드는 부분이잖나. 과거엔 교육이 젠더불평등을 줄일 수 있을 것이라고 생각했지만, 현재는 전혀 아니다라는 이야기가 된다. 이제 교육받는다는 것은 한국 사회에서 디폴트(default)다. 오랜 교육을 받느라고 가난해진 여자들이 뭘 할 것인가? 제도에서 맴돌고 있는 여자들이 넘쳐나는 잉여사회다. 여이연한테는 함께 할 수 있는, 연대할 수 있는, 힘이 될 수 있는 세력들일 수도 있다. 우

157

리가 사는 세계의 패러다임을 달리 한다면. 왜냐하면 많은 경우에 다른 연구소들이 망한 이유가 뭐냐면, 그 여자들이 다 제도권 안으로 들어간 다음에는 제도권 바깥을 거들떠보지 않았다는 거다. 대부분의 경우에. (고정: 그리고 거기를 제도화했다. 논문 쓰는 장으로 만들고.) 등재지를 만들고 그런 식으로 다 없어져 버렸다고 한다면, 여이연이 가난하면서도 살아남아 있는 건 제도화된 목소리가 아닌 다른 목소리들을 그나마 낼 수 있었기 때문이다. 그런데 그 부분은 앞으로도 여전히 남아 있는 문제다. 가난한 여자들을 부유하게 만들진 못하겠지만, 절대로 못 만들겠지만, 가난하지만 자기 목소리와 자기 삶을 어떻게 살아낼 것인지를 끊임없이 고민하게 만들 수 있지는 않을까 한다. 그 정도까지가 간신히 생각해 볼 수 있는 게 아닌가. 그런데 우리가 어떻게 계급적으로 연대해서 페미니즘의 해방구 역할을 취득할 수 있을지 모르겠다.

고정: 저는 지금 해야 되는 게 그거라고 생각한다. 지금까지 주류 여성운동이 뭘 했냐. 성주류화했다. 그리고 제도화하려고 했다. 이 두 마디라고 생각을 한다. 그래도 여이연이 그 성주류화의 어떤 젠더 메인스트리밍(gender main-streaming)이란 걸 따라가지 않으려고 노력한 게 있지 않나. (임: 못 따라간 거다.) 그렇다. 못 따라간 게 아니라 따라가지 않으려고 했다는 거가 중요하다. 그렇다고 지금 여성운동 내지는 페미니즘이 여성들의 운동을 만들어냈는가. 뉴페미의 등장은 굉장히 반가운 현상이긴 하지만 제가 일부라고 이야기하는 이유가 , 아이 낳는 여자들, 전업주부, 가사노동하는 사람들, 성노동자들, 비정규직 여성노동자들, 이

주체들하고 흐름을 만들지 못한 거다. 전 이 흐름을 이제 만들어내야 한다고 생각한다. 그것에 대해서 노력을 할 거다. 나는 여이연이 어쨌든 이론을 바탕으로 하면서 같이 만날 대상들을 넓혀 나가야 한다고 생각한다. 대리모든, 가사노동자들이든, 섹스노동자들이든. 임노동의 비정규직 여성들도 조직화되지 않은 많은 사람들이 있는 거고. 그리고 애 낳는 데 가족 봉사했던, 헌신했던 사람들이 했던 노동 등을 재가치화하는 거다. 사실은 이 운동을 만들어낼 이론이 생산되고 사상이 생산되어야 한다는 것이 저의 생각이다. 그러니까 래디컬(radical)하다는 것이 무엇인지 여이연에서 치열하게 논의되면서 여이연의 페미니즘은 어떤 방향을 잡고 갈 건지 합의에 도달하면 좋겠다.

문: 왜냐면 현장으로 가자는 거는 세상이 어떻게 돌아가는지 감을 못 잡고, 예를 들면 이렇게 동떨어져서 공부만 하는 게 무슨 의미냐, 라고 과격하게 말하는 측면이 있긴 한데. 사실 그게 좀 위험하다는 생각이 있긴 하다. 온라인상에서 일어나는 혐오와 관련한 논쟁에 서로가 피로감을 느끼고 있고. 어쨌든 온라인상에서 활동에 되게 피로감을 느끼기도 하고. 오프라인으로 나왔을 때 이 사람들이 이야기하거나 공유할 수 있는 공간이 없어서 이리저리 떠돌고 있는 친구들도 굉장히 많다는 거다. 예전에는 한참 여이연이 온라인상의 논쟁을 못 따라갈 때는 물리적인 공간이 의미 없는 시대에 연구소라는 이 다락방이 어떤 의미가 있을까, 이 조직이 10년 전의 위기와는 다르게 지금 정말로 사라져야 하는 상황은 아닌가, 물리적인 공간 자체가 사라질 수밖에 없는 거 아닌가는

생각이 들긴 했다. 최근에는 어쨌든, 그게 조금 정리는 안 됐지만, 물리적인 공간의 의미가 있을 거라는 생각이 든다. 그 친구들이 연구소 강좌를 찾아오고 자기 혼자 했던 고민, 자기를 지지해주던 사람들이 순식간에 사라지면서 자기를 비판하는 사람이 되는 경험들을 계속하면서 연대할 수 있는 사람을 찾는 거, 함께 할 수 있는 사람을 찾기 위해서 연구소로 다시 모이는, 강좌나 세미나를 찾아서 모이는 사람들을 보면서 정리는 안 됐지만 연구소에서 이론적인 거를 떠나서 물리적인 공간이 가진 의미가 있진 않은가 하는 생각이 다시 들긴 한다. 예전하고는 좀 다르게.

박이: 다시 세대교체 상황으로 돌아와서, 이 이야기가 되다가 더 안 되고 해서 다시 질문하면. 여이연이 당장 없어져야 될 공간이 아니다라는 생각이 중론인 것 같다. (전체: 웃음)

나임: 당연하다. 그건 웃어넘길 일이 아니라 너무나 당연한 거다. 엄숙한 선언이다. 제가 또하나의문화에 가서도 그렇게 얘길 했던 것 같다. 그건 엄숙한 선언이고 웃으면서 할 얘기는 아니다.

박이: 여이연이 10주년 때 『여/성이론』을 폐간하자, e저널로 만들자는 얘기들도 나왔었다. 겨우 종이 매체로 남아 있는데, 20주년 때는 또 어떤 이야기들이 나올지는 모르겠지만 상황상 뭘 없애자는 얘기는 안 나올 것 같기는 하다. 그럼에도 불구하고 우리가 계속할 수 있을 것인가라는 질문은 아마 나름대로 하고 있을 것 같다.

나임: 자본의 문제 때문에 그런 건가?

박이: 자본의 문제도 있겠고 아까 나왔던 재생산의 문제도 있는 것 같다.

나임: 재생산 문제는 자본과 연결되는 것 아닌가?

박이: 문은미 선생님 같은 경우에는 초창기 멤버라고 할 수 있지만 연령적으로나 여러 가지 당면한 어떤 체험의 문제로 봤을 때는 최근에 부상하는 세대라고 볼 수가 있는데 이런 문제에 대해서 (고정갑희, 임옥희) 두 분 선생님과 나임윤경 선생님과 다른 생각을 가지고 있지는 않은가.

문: 저는 생각을 별로 해본 적은 없는데 그래도 조금 더 보수적인, 연구소에 대해 조금 보수적인 입장을 가지기도 하고, 전 아니라고 생각하는데, 전 꾸준히 아니라고 생각을 한다, 그럼에도 불구하고 사람들이 저를 그렇게 보는 측면이 있다, 연구소에서. (임: 고정갑희, 임옥희 이렇게 묶여 가지고) 억울한 측면이 좀 있다. 그런 측면에서 세대교체, 아까 재생산하고 연결돼서, 저는 어느 순간에 연구소의 안정적인 재정구조를 만들어내는 것에 관심이 있다가, 개인적으로 그게 불가능하다고 느낀 측면이 좀 있다. 내가 그렇게 할 수도 없고. 그러면서 저뿐만 아니라 연구소도 적응해서 사는 방법을 배우는 것 같다. 돈이 조금 있는 시기에는 간사가 상근을 했다가 돈이 조금 없는 시기에는 반상근으로 줄이고 나머지 일들을 연구소 사람들이 조금씩 가져가서 한다거나. 책을 낼 때도 조금 여유가 있으면 디자인에 훨씬 더 신경을 써서 예쁜 책을 내려고 노력을 했다가 그렇지 않은 경우는 그냥 내부에서 소화를 하고 서로 교정교열 다 보거나 이런 방식으로 적응하는 삶을 선택했다. 사실 개인적으로는 지난번에 고정갑희 선생님과 그런 얘길 하면서도 적어도 연구소와 함께 생존할 수 있는, 경제적인 측면에서 생존을 꿈꿀 수 있는 상황을 좀 만들어야 되는 거 아닌가 하고. 다시 생각하고 있다. 경제적인

측면에서. 여기서 공부를 하거나 글을 쓰거나 강의를 하더라도, 풍족하게 살지는 않더라도 생존만 수 있게끔만 하고 하는 사람들을 만드는 게 필요하지 않을까 하는 생각이. 이론적인 업적이나 이런 것보다 그게 더 강한 것 같다. (임: 10년이나 이야기해 왔다. 박이: 그 얘기는 너무나 오랫동안 반복적으로 되어 왔다.) 그런데도 안됐으니까 해야 된다. 한 10년 그 이야기는 안 했다. 적응하는 방법을 택했다. 초기에는 고민을 하고 상근 연구원을 두거나 여러가지 고민을 하다가 그 다음 10년은 적응하는 방법을 찾았다. 있는 돈에서 쓰는 거였고 향후 10년은 그걸 좀 더 고민을 어떻게 할까. 월급 이런 게 아니더라도. 어쨌든 이 공간 자체가 연구소 사람들이 생존할 수 있는 뭔가를 만들 수 있어야 하지 않을까 하는 생각을 구체적으로 하게 되었다. 제 문제이기도 하고.

박이: 이쯤에서 처음으로 돌아가는 질문을 좀 드리겠다. 최초에 이 연구소를 만들 때, 왜 만들었고, 왜 1997년이었나? 경제위기, 금융위기, IMF 등이 있었던 하수상한 시기였다. 어떻게 서로를 알게 되었고 어떻게 시작되었고 무엇을 하고 싶어 했던 것인가? 초창기에 여러 선생님들이 만났지 않은가. 당시에 지금 전남대 계신 노승희 선생님, 또 대구 가톨릭대 계신태혜숙 선생님, (나임: 이제 관여 안 하시나, 그분들은.) 못 뵙고 있다 거의. 그 과정들. 어떻게 이분들이 규합되셨으며 그래서 왜 규합하셨나. 그래서 그 과정 중에 왜 지금 여기 안 계신가.

문: 다른 일 때문에 고정갑희 선생님을 인터뷰한 적이 있다. 연구소 백서를 내려고 했었는데 회의에서 저항이 좀 많았다. 그런 책을 왜 내냐부터 시작해서 누가 보냐 이런. 처음 이런 책이 필요하다고 한 이유는 우리 연구소도 그렇고 페미니즘도 그렇고 기록에 굉장히 무심하다. 역

사를 만드는 것에 대해서. 그래서 늘 선후배 페미니즘과 관련해서 영페미니즘 논쟁이 있거나 지금 뉴페미 논쟁이 있거나 이럴 때도 선배들은, 일종의 선배라고 해야 되나, 선배들은 너네가 그냥 이런 상황에 있는 줄 아나, 우리가 다 피땀 흘려 만든 결과 뒤에 있다, 이런 생각을 한편에 가지고 있고, 당사자들은 너네가 한 게 뭐 있어, 한다. 예를 들면, 그 때도 영페미 논쟁이었고. 저는 영페미의 문제가 아니라 선배들이 적극적으로 자기를 역사화하지 않은 것에 대한 일차적인 책임이 있다는 생각이 들었다. 그래서 연구소의 백서를 만들어서 일차적인 독자는 연구소 회원들이고, 그 다음으로는 많은 사람들이 읽었으면 좋겠다고 생각했다. 페미니스트, 많은 사람들이. 그래서 연구소가 자기 역사를 만들고 역사화하고 그것이 지금과 연결고리를 어떻게 만들어내는지 백서를 통해 드러내면 비판받을 부분과 이어져야 할 부분이 충분히 있다고 생각했다.

고정: 떨어져 나간 게 아니다. 열심히 몫들을 하셨다고 생각한다. 저 같은 경우는 지구지역행동네트워크와 글로컬활동가들과 페미니즘학교를 시작하면서 다른 국면으로 넘어가긴 했다. 그렇다고 여이연 활동을 안한 것은 아니다. 그 전과는 다르게 한 것이다.

1997년 8월 19일에 페미니즘을 중심으로 하는 연구소가 필요하다고 생각했다. 다양한 전공의 페미니즘연구자들 21명을 처음 한자리에 모았다. 물론 개소식을 하는 그해 11월에는 구성원들이 달라졌다. 첫날 사전모임에서 만났던 21명 중 같이 하지 않은 분들이 있고, 또 이에 같이

하게 된 분들이 있다. 연구소가 필요하다는 거는 저의 제안이었다. 그래서 여성학을 한 사람과 각 페미니즘 이론을 연구한 분들, 철학, 사회학, 영화학, 영문학, 여성사, 여성학 등의 전공자들이 모이면 한국에서 페미니즘의 언어, 이론, 사상을 만들 수 있을 거라 생각했다. 제도 안에서 만드는 게 아니라 제도 바깥에서 시작해야 말하자면 대중이라고 할 수 있는 현장과 만날 수 있다는 생각을 했던 거다. 그래서 대중강좌라는 것을 얘기한 거고. 출판사를 시작한 것도 페미니즘을 표방한 출판사를 생각한 거다. 〈또 하나의 문화〉가 1990년대에 새로 쓰는 사랑 이야기, 결혼 이야기, 성 이야기 등을 책으로 냈다. 굉장히 반응이 좋았다. 그런데 그런 거하고는 좀 다른 축으로 페미니즘 이론과 목소리들이 한국사회에 전달되는 거, 그래서 출판사를 생각했던 거고. 그리고 저널인 『여/성이론』은 서로와 친분이 없는 사람들끼리 같이 목소리를 모아낼 수 있는 어떤 매체가 필요하다는 생각이 현실화된 것이다. 내부적으로는 그런 의미고 바깥으로는 페미니스트들의 목소리를 모아내는, 그래서 바깥에 들리게 하는, 사람들이 여기에 자신의 목소리를 내는 장을 만드는 것. 그래서 사실은 여성주의 장을 만들려고 했다고 보면 될 것 같다. 여성주의. 그때만 해도 여성주의라는 말이 통용이 안 되던 때다. 페미니즘이란 말은 서구에서 이미 있긴 있지만 사회에서 페미니즘은 공부한 몇 사람들이 하는 것, 이런 정도였다면 여이연은 페미니즘이 대중화되어야 할 필요성을 불러일으켰다. 출판, 강좌, 세미나 그리고 저널이라는 이 네 가지 축은 페미니스트들의 목소리를 낼 수 있는 장을 만들기를 위한 형식들이었다.

여이연이 시작되던 1997년은 1980년대의 한국사회와 다른 1990년대가 진행된 시점이었다. 1990년대는 문화/운동과 성정치가 주된 흐름을 만들던 때라 생각된다. 계급이나 계급성을 말해 본다면 1980년대의 한국은 계급성과 본격적으로 만났다기보다 반독재 민주화투쟁이 중심이었다고 생각된다. 1970년대 박정희 정권하에서 노동운동이 아주 힘겹게 운동을 했고 우리 1990년대는 민주화 운동이었는데 한국사회가 난 착각하고 있다고 본다. 맑스의 책이 금서였었는데 88 올림픽 이후에 풀렸다. 1987년 이후 달라진 상황에서 성정치 움직임이라든지 제2 대학국 같은 학생들의 움직임이 있었다. 하여튼 1990년대는 아마도 많은 사람들이 숨을 쉴 수 있는 시기라 생각하고, 문화적인 시도들이 다양하게 진행되었던 것 같다. 1997년에 〈이프〉, 〈여성문화예술기획〉의 여성영화제 기획 등이 진행되었다. 이런 태동을 보는 것은 행운이었다. 하지만 여이연은 또 다른 일을 해야 한다고 생각했다.

임: 내 말이. 그 당시에 너무나 억눌려 있다가 1987년이 지나고 난 다음에 갑자기 우리는 군사독재정권을 타도하고 독재로부터 해방된 거라는 느낌이 들었다. 그러면서 자, 이제 계급 이야기는, 계급과 독재타도 이야기는 그만하자. 민중들이 끝장냈잖아. 이제 우리의 욕망을 이야기하고 문화를 이야기하자. 그러면서 『문화과학』의 욕망이 최전선으로 나왔다. 그 담에 또하나의문화 같은 경우에 완전 문화정치로 나갔다. 거긴 계급을 하나도 언급하지 않았기 때문에 오히려 굉장히 대중적으로 잘 먹혀들었다. 그때 계급을 얘기했더라면 사람들이 너무 질려서 정말 지긋

지긋해라고 할 그 시점에 너무나 신선하게 문화, 여성, 이미지, 그다음에 패션과 같은 이야기들을, 사랑, 이런 이야기들을 했다. 그 당시 '이제 계급 소리는 그만'하고 질려 했다. '계급, 민족, 젠더, 통일, 해방, 투쟁과 같은 소리들 더 이상 듣고 싶지 않아'라는 정서가 갑자기 지배적이었다는 생각이 든다. 소급적으로 생각해보면. 그런 사회적 피로가 누적되었을 때, 문화, 욕망과 같은 인정투쟁으로의 전환은 신선하게 다가왔다.

고정: 우리가 1997년부터 준비하고 1999년 4월에 나온 『여/성이론』 1호에 내가 성계급을 이야기했을 때 반응이 생각난다. 지금 왜 계급 얘기냐, 말도 안 된다, 이 숨 막히는 계급을 또 들고 오냐 이런 거지. (나임: 1997년인데 다 지나갔다고 그랬나.) 그렇게 다 생각했다. 1980년대가 암울했다. 그러니까 이 싸움이 민주화의, 반독재 싸움이었는데 마치 이게 반계급 싸움이었던 것처럼 착각했다고 나는 보는 거다.

임: 그리고 신자유주의가 퍼지고 있는 상황에 우리는 신난다, 이러면서 문화 이야기를.

문: 그래서 성찰하지 않았나. 페미니즘을 어떻게 공부해야 하는가.

고정: 페미니스트들의 자아 찾기와 권리 찾기가 신자유주의에 편승하지 않았나 하는 반성도 2000년도 후반에 나오긴 했다. 내가 1997년에 성계급을 이야기할 때 나는 마르크스주의의 '계급'을 이야기한 것이 아니었는데, 우리 내부에서도 오해가 있었던 것 같다. 이것은 연구소 이름을 지을 때도 나타났다. 첫 모임 이후 양재교육문화센터에서 MT하

면서 이름을 짓기도 했다. 여성문화연구소와 여성이론연구소가 나왔다. 거의 다수가 '문화'가 들어가야 한다는 거였고 나는 '이론'연구소여야 한다, 였다. 문화와 이론을 붙이니 문화이론이 되어서 마치 '문화연구(cultural studies)'같은 느낌이 들었다. 그만큼 '문화'는 숨을 쉴 수 있는 그 무엇이었던 것 같다. 그래서 여성문화이론연구소가 되었다. 처음 한두 번 모임에서 '여문연'이라는 약자가 나왔다. 나는 '여이연'이어야 한다는 걸 주장했고. (박이: 치열한 싸움이었네.) 그게 1990년대 문화. 1980년대를 지난 1990년대가 생각해보면 어쨌든 숨통이 트이기 시작하는 시대라 문화가 갖는 역할이 있었다 생각한 거다. 하지만 저는 여성운동과 축적된 페미니즘사상과 만나야 한다는 생각에서 페미니즘 이론이 중요하다 생각했다.

임: 그런데 요즘 1920년대를 보고 있는데 어쩌면 1990년대는 1920년대의 반복이었다는 생각이 들었다. (고정: 왜 그럴까. 전쟁이 있었고.) 1920년대는 전쟁과 전쟁 사이였다. 전쟁을 경험한 세대들은 기성세대의 말을 듣고 싶어 하지 않았다. 자신들을 전쟁터로 몰아넣은 자들이니까. 그런 시대에 여자들은 자기 욕망을 스스로 이야기했다. 한쪽에서는 물론 빨갱이들이 계급을 이야기하고 해방을 이야기하고 있었다. 그처럼 열심히 투쟁한 여자들의 역사는 너무 쉽게 망각된다. 지난번 여성영화제에서 보았던 도너 헤러웨이의 다큐에서 그녀가 했던 말이 기억난다. 헤러웨이 왈, 여자의 이야기는 남자의 이야기에 비해서 너무 신속하게 잊혀진다. 그래서 여성의 역사와 전통이 없는 것처럼 간주된다. 그래서 모

든 여자들은 자신이 언제나 최초의 출발점에 서 있다고 불평한다. 여성의 전통이 없었던 것이 아니라 망각된다. 그러므로 언제나 출발선에서 다시 출발하게 된다, 여자들은. (고정: 지금도 그런 것 같다.) 지금도 그런 거다. 그 당시 이야기들을 보면 우리가 1990년대 했던 이야기보다 훨씬 더 진보적이고. (나임: 실제로 여성혐오도 정말로 반복적으로 계속 어떤 시기에. 한국은 기반이 안 잡혀서 항상 왜곡되고 잘 안 풀리고 하니까 그때마다 여성혐오가 나오는 거다. 주기가 있다.) 놀랐던 게 우린 그때 두려움으로 인해서 너무 과격한 이야기는 안 하지 않을까 했는데. (박이: 오히려 훨씬 과격하고. 치열하고. 나임: 생각해보면 나혜석 선생님도.)

임: 빨갱이들은 나혜석하고 비교되지 않는다. 우린 신여성하면 나혜석만 고작 기억한다. 빨갱이 여자들은 역사에서 강제로 망각되었으니까. 나혜석에겐 철학이 없다고 말한 정칠성, 항일투쟁하다 감방에 간 남편 임원근에게 사랑 없는 결혼은 무의미하다며 이혼장을 내민 허정숙, 모스크바로 공산대학으로 간 주세죽 등등. 그 여자들의 스케일은 오늘의 여자들과는 비교가 되지 않을 정도였다.

고정: 그래서 여이연이 할 몫이 있다고 생각한다. 선생님이 말한 계급성을 생각한다면 페미니즘은 성(섹스나 젠더, 섹슈얼리티)을 축으로 하면서 이야기해야 한다. 『여/성이론』 창간호의 특집 제목을 젠더, 섹슈얼리티, 주체로 놓은 이유도 그것이었다 생각한다. 지금이라면 섹스도 들어가야겠지만. 그리고 주체인가 비체인가 논쟁도 하게 되겠지만. 2017년 현재 계속 성폭력이 중심에 있다는 것을 어떻게 볼 것인지, 여이연

은 이 시점을 어떻게 볼 것인지 논의가 있어야 할 것으로 보인다.

임: 88년 올림픽 했을 때 한국사회는 정말 흥청거렸다. 민중의 힘으로 독재타도를 했다는 자부심과 경제호황이 겹쳤다. 그 이후 1997년 이전까지 한국사회의 85%가 자기가 중산층이라고 생각했다. 그때 계급을 꺼내면 '저 또라이들 지겹지도 않나'라고 간주되었다. 1989년 베를린 장벽, 구소련의 몰락 이후 계급 운운은 꼴통들이나 하고 있는, 빨갱이들이나 하는 거지 이제는 우리는 선진국으로 도약을 했다고 여겼다. 공산주의의 몰락은 좌파의 몰락이었고, 역사의 종언이었다. 적어도 1997년 IMF 이전까지는 그랬다. 1987년에서부터 1997년까지 한국인들에게는 한 십 년 동안 좋았던 시절로 기억한다. 그러면서 교양있는 문화시민이 되어야 되고 독재에서 벗어나서 자유로운 개인이라는 것을 내세우는 그 시절이 되었다. 페미니즘도 여성의 욕망, 여성은 무엇을 원하는가에 집중하는 문화주의 시대였다. 여자가 한 개인 여성으로 태어났던 시기라고 해야 하나. 문화 페미니즘이 굉장히 잘 먹혀든 부분이 있다.

고정: 그래서 저는 문화만 강조되는 것에 대해 다른 생각을 하는 편이다. 그런데 돌아보면 여성이론연구소가 이젠 낯선 것 같긴 하다. 문화가 들어가서 풍성해지는 부분도 있었을 테니까. 대신 방향성에 대한 치열한 논쟁이 부족했던 것에도 '문화'가 영향을 끼쳤을 수도 있을 것 같다.

임: 당시 그래서 견제하는 방식으로 여이연이라는 걸 만들자라는 분위기도 있었다. (박이: 또하나의문화를 견제하는 방식으로?) 또하나의문화가 아

니라 문화에만 집중하는 방식은 아니지 않냐라는 목소리가. 그렇잖나, 1997년을 경험하면서 어떤 생각을 하게 됐을까 다시.

나임: 실제로 이런 거다. 1968년 이후에 마치 베티 프리단을 중심으로 모든 이슈가 사라진 것처럼 우리에게 1987년이 그랬던 거다. (고정: 이 정도 하면 끝났고.) 그러니까 남녀 문제로 하면서 나머지 문제는 다. 어떤 면에서 베티 프리단, 제2의 어떤 그런 것처럼 한국사회가 바로 젠더로 수렴하면서 대중성을, 베티 프리단이 얻었던 대중성을 생각해 보라. 유사한 길이 노정된 거다.

고정: 1990년대 초반부터 해서 (임: 한 20년 뒤에 한국에서도 그렇게 된 거다.) 그렇게 됐고. 여성이론이 그래도 2호, 3호를 생각해보면 특히 여성주의 경제 얘기할 때는 자본 얘기를 확실하게 끌어와서 얘기를 한 측면이 있다.

박이: 그럼 문화를 누가 넣자고 한 건가? 여성문화이론연구소에?

고정: 모두. (박이: 고정갑희 선생님 빼고 다인가?) 초기에 있었던. (박이: 선생님들도? 문: 너무 오래돼서 기억이 안 난다.) 그런 걸 굳이 물을 필요 없이 저만 이론을 얘기한 거고. 시대가 그랬다. 문화. 1호에 성계급 얘기 나온 거에서 나는 그 계급이 그 계급도 아니지만 그런데도 불구하고 엄청난 질타와 비판을 받았다. 아니 선생님 1호 창간호 나오는데.

임: 아, 그때 기억난다. 갑자기 선생님이 성계급 이론을 말했을 때, 김선아, 주유신 선생들 그게 무슨 구닥다리냐고 했던 것. 뭐 나도 그랬다. 그

랬을 때 (고정: 다 그랬다.) 성계급이라니 슐라미스 파이어스톤으로 되돌아갈 거냐고 반문했다. (고정: 당시 파이어스톤은 섹스 클래스(sex class)를 이야기한 한계가 있다고 이야기했었다.)

문: 그럼에도 불구하고 어쨌든 연구소를 구성하는 사람들이 문학전공자, 영화전공자가 주류 아니었나. (임: 거의 대부분이었다.)

고정: 아니다. 영문학을 전공한, 사실은 페미니즘 이론을 연구한 사람들과, 영화 전공을 한, 섹슈얼리티 이론을 연구한 사람들, 그리고 여성학, 동양철학 전공자들이 있었다. 그거를 문학 전공이라고 얘기하면 안 된다고 보는 게 (임: 인문학자, 인문전공자들이었다.) 문학은 오리엔테이션으로 한 거지만 여긴 페미니즘 이론을 가지고 얘기하기 시작한 거기 때문에 그걸 계속해서 문학전공자? 영화전공이라고 하는 것도 그 영화전공자들이 사실은 아주 일찍이 페미니즘, 섹슈얼리티 이론 이런 것들을 읽고 소개하고 글 쓴 사람들이다. 나는 섹슈얼리티와 관련하여 이분들에게 많이 배웠다.

임: 그때 한예종도 만들어지고 하면서 진짜 문화 쪽으로 정부 쪽에서도 적극적으로 밀었던 거다.

문: 그러니까 그런 문화에 어쨌든 연결되어 있어 다르게 공부하거나 다른 이야길 해보고자 하는 거와 상관없다는 건가, 그 문학 하는 사람들이?

고정: 영문학은 이론들을 얘기하는 사람들이 같이 모인 거다. 태혜숙

선생님도 페미니즘으로 논문을 쓴 사람이고. 처음 시작할 때도. 영미 페미니즘하고 프랑스 페미니즘 비교한 논문으로 지금 기억하고 있는데. 태혜숙 선생님이 저한테 논문을 보내서 그래서 알고 시작한 거다. 그런데 끊임없이 여기는, 한국은 뭔가 대학을 다녔으면 전공이 엄청 따라 붙는다 어딜 가나. 그리고 또 교수면 교수자 빼주세요, 해도 교수 이런 식으로 가는 게 한국사회다. 태혜숙, 임옥희, 노승희 이분들이 영문학에 관한 글들을 썼는가?

문: 지금은 좀 덜한데 꽤 오랫동안 연구소에 대한 비난이라고 해야 되나 비판 중에 하나가 거기는 리서치(research)를 하지 않는 곳 아니냐라는, 현장 연구할 생각 없이 너네들 그냥 책만 본다, 이런 얘길 굉장히 많이 들었다. 대학원 들어가서도 연구소에 대해 얘기할 때 리서치도 안 하는 곳 이런 식으로 계속.

고정: 오리엔테이션이 다르긴 한 거다.

박이: 초창기에, 1997년도에 왜 그분들을 만났는지, (고정갑희) 선생님은 그런 뜻이 있으셨는데 (다른 분들은) 어떻게 만나셨으며 그런 식으로 인연이 된 분들이 어떻게 그렇게 규합을 하셨으며 뜻을 맞추셨는지 그 과정이 조금밖에 안 남아 있다. 우리가 아는 한에서는, 기록으로. 그 얘기를 좀 더 듣고 싶다.

고정: 앞에서 말한 대로 페미니즘 이론을 한국사회에서 생산하고 소개해야 하고, 페미니즘의 방향을 잡는 것이 중요한데, 연구도 필요하고, 각기 다른 분야의 언어들을 갖고 있는데 여기서 만들어진 언어들이 기존의 학문분과도 바꿀 수 있어야 한다는 생각을 했다. 그리고 페미니즘

이론을 바탕으로 여성운동, 페미니즘 운동의 방향도 만들어 보고, 이론이 현장으로 이어지는 그런 공간이 되기를 바랐다.

임: 처음엔 여성근우회라도 만드는 것처럼 생각했다.

박이: 스물한 명은 지금 다 어디 가 계신가.

고정: 앞에서 말한 대로 스물한 명은 사전모임을 위해 모인 분들이고 첫날 몇 분이 빠지고 이후 다른 분들이 더 합류했다. 1997년 11월 29일 개소식을 할 때 함께 이름을 넣었던 분들은 개소식 초대장을 보아야 다시 기억이 날 것이다.

임: 그런데 그렇게 많은 사람들을 이해관계로 묶어낼 만한 게 별로 없었다.

고정: 그래서 『여/성이론』이 저는 중요하다고 생각했다. (임: 그게 창간호에 난리를 친 거잖나. 낸다 만다 하면서.) 『여/성이론』을 내냐 안 내냐를 가지고 얘기를 할 때 임옥희 선생이 캐스팅 보트를 던진 것을 지금도 기억한다. (문: 되게 좋은 기억으로. 임: 굉장히 냉소적으로.) 몇 대 몇으로 하는데 한 표가 더 (박이: 임옥희 선생님이 캐스팅보트(casting vote)였던건가.) 캐스팅 보트였다. (임: 내가?) 왜냐. 처음에 딱 만나 가지고. (나임: 내지 말자는 입장은 왜 그랬던 건가.) 언어화를 하기 전에 좀 이렇게 같이 얘기도 하고 이런저런, 꼭 그 저널이라는 딱딱한 형식으로 해야 되냐는 의견도 나오고 저널은 힘들다는 의견도 나왔다. 그런데 각자 서로 친하거나 이런

사람들이 아니고 각자 공부를 해오거나 생각을 해온 사람들이니까 모입시다 한 거잖나. 그럼 뭘로 중심축을 잡나, 여성이론이라는 것을 중심축으로 잡고 가봅시다, 그러면서 글 쓰기 시작하고 생각하고 편집회의하고. 편집회의가 결국 운영위원회 역할까지 같이 했다. 운영위는 처음부터 있지 않았다. 굳이 따로 만날 필요가 없으니까. 2주에 한 번씩 만나는 거가 편집회의 겸 운영위 겸 이렇게 된 거였고. 언어를 만들기 위해서 일 년 반을 같이 세미나를, 전체가 한 거, 페미니즘을, 이론을 공부한 것이 중요했다고 생각한다.

임: 그때 그야말로 신기원을 경험하고 갔었다. 여자들을 모아놓으면 아무것도, 너무 말이 많아서 (고정: 맞다.) 아무것도 안 되는구나. (고정: 아니 아무것도 안 되는 거 같은데 되는 거다.)

박이: 소위 학내에서는 그런 이야기가 있었다는 것인데. 나영 선생님은 일 때문에 좀 늦게 오셨는데. 세대로 봤을 때도 여기 모인 사람들 중에서 가장 젊은 세대이기도 하시고 가장 대중의 움직임에 기민하게 촉각을 갖고 있고 대응을 하고 있는 분이기도 하신데 여이연이 그동안 스무 살이 되었는데 선생님이 개인적으로 보시기에 혹은 (학계) 바깥에서 여이연을 보는 입장을 들을 때가 있다면 어떤 이야기들을 하고 있는지 궁금하다.

나영: 글쎄 제가 어디서부터 그 얘기를 해야 될지. 제가 사실은 잘 모른다 여이연을. 정말 구체적으로 아는 건 없고. 그냥 느낌으로 이야기하면 저에게 여이연은 정말 단편적으로 얘기하면 성노동을 얘기하는 곳이고 학계 밖에서 활동해 온 제가 퀴어이론 같은 것들을 접하고 볼 수 있었던, 무언가 다른 입장을 볼 수 있었던 곳이었다. 그리고 그런 이야

기를 강좌든 『여/성이론』을 통해서든 계속해서 해 온 곳. 저에게 여이연의 이미지는 그렇다.

제가 97학번인데 저희 때는 아까 얘기하셨던 그런 것들이 한편으로는 여전히 조직이나 대의 중심적이고 통일, 계급 등의 거대담론 중심이었던 분위기에서 한편으로는 여성, 교육, 환경운동 등이 '영역운동' 취급을 받으면서도 꾸준히 자리를 잡던 때였고, 여이연은 1990년대 말에서 2000년대 초반 또하나의문화나 이프와는 또 다르게 좀 더 급진적인 이야기를 하는 곳으로 보였다.

그런데 저희 세대한테는 한편으로는 무언가 다른 이야기를 하는 곳이었는데 지금 세대가 보기에는 어떻게 보면 너무 구조적이고 옛날 얘기하는 곳으로 보이는 것 같기도 하고 (전체: 웃음) 그런데 한편으로 보면은 이 당시의 이야기들이 너무 중요한 시기이기도 한 거다. 왜냐면 한쪽에서 페미니즘 리부트라고 부르는 그 시기에 나왔던 그 주체들이 또다시 창세기를 쓰고 있는 상황이기 때문에. (임: 언제나 창세기다.)

고정: 1990년대하고 좀 비슷한 것도 있을 수 있다는 말씀인가.

나영: 비슷하지만 또 되게 다르다. 그 시대의 그 세대는 이전의 어떤 대의가 중요하고 조직적 운동이 중요하던 상황에서 페미니즘을 접했던 세대이고 그 운동의 조직 안에서, 파장 안에서 새로운 거를 모색하는 느낌이었다면, 지금은 그게 단절되었던 상태에서 완전히 새롭게 무언가를 막 깨달은 듯한 느낌으로 뛰쳐나오는데. 이제 와서 옛날에 나왔던 얘기들을 막 찾아내고 있는 거다. 그런데 그중에서 와 닿는 이야기들을

기존 운동권과는 다른 나만의 이야기로 만들어 보고자 할 때 불러오는 이야기들이 한편으로는 편향되거나 제대로 된 이해 없이 중구난방으로 튀고 있는 상황이라서. 만약에 지금 여이연이 20주년을 맞아서 어떤 방향으로 갈 건가 고민을 한다면 한편으로는 2015년 이후의 상황에 대해 단지 새로운 주체들이 등장했다, 이러고만 있을 게 아니라 여기서 다시 중심을 잡고 논쟁과 담론을 정리해가며 방향을 잡는 역할을 했으면 좋겠다. 그 과정에서 논쟁에 부딪히고 욕을 먹더라도 할 수 있는 단체나 연구자들이 누가 될 것인가, 할 때 여이연이 저는 그런 역할을 해줬으면 좋겠다는 바람을 가지고 있다.

박이: 나영 선생님은 여이연을 처음 어떻게 아시게 되었나. 97학번이면 1997년도 여이연이 생겼을 때 학번, 여이연과 같은 학번인데. (전체: 웃음)

나영: 어…… 정확하게 언제 처음 알았는지는 잘 기억이 안 난다.

문: 초기에 연구소 존재감이 진짜 없었다. 시민단체, 여성단체가 한 번씩 테러당해서 모두가 게시판을 없애던 시기가 있었다. 게시판에 들어와서 온갖 음란물 같은 걸 올려서. 성폭력상담소 이런 데도 게시판이 없어지던 흐름이 있었다. 그때도 연구소는 건재했다. (전체: 웃음)

고정: 그리고 연구소는 여성운동하는 사람들이 아닌 걸로 지금도 내가 보기엔 자리매김되고 있는 것 같다. 그렇지 않은가. 다 그런 건 아니지만 한국사회에서 운동이라고 했을 때 이론이나 그런 부분들은 탁상공론으로 여기는 움직임들은 여전히 남아 있지 않나 이런 생각이 든다.

페미니즘 운동, 여성운동이 무엇인지도 이야기해 보아야 할 것이다.

박이: 여이연에 대해 하시고 싶은 남은 이야기들을 한마디씩 해주시면 좋겠다.

나임: 계속 존재해야 하고 그 존재 방식을 생존으로 의미화하지 않게 하기 위해서는, 저는 언어가 이것밖에 생각이 안 나서 그렇지만, 마케팅(marketing)을 좀 하자 이제. 예를 들어서 지금 저는 내가 여기다 회비를 내는 사람인가 아닌가 모른다. 리마인드(remind) 좀 시키고. 제가 안식년 가기 전에는, 안식년을 하와이로 가는 바람에 월급 가지고 안 돼서 여기다 말씀드렸던 것 같다, 나 좀 회비 끊어라, 갔다 와서 연락이 돼면 계속하자 이렇게. 뭔가 환기가 되잖나. 그런데 여이연은 모르겠는 거다. 내가 처음에는 돈을 냈다가 안 낸 건가 전혀 모른다. 그런 노력은 할 수 있는데 왜. 그런 노력은 좀 하자. 우리가 존재해야 되나, 말아야되나 그건 질문이 굉장히 우문이라고 생각한다. 어떻게 존재하느냐의 문제인 거다. 존재하느냐 마느냐 그건 있을 수 없다.

나영:[2] 저는 사실 지금 여이연 멤버(member)라고 생각하시는 분들이 여이연의 정체성을 어떻게 생각하고 계신지 궁금하다.

고정: 그런 것들도 한 번 『여/성이론』에서 (다루어주면 좋겠다).

나영: 제가 사실은 잘 모른다 여이연을. 정말 구체적으로 아는 건 없고

---

2 편집자주: 나영 선생님은 팟캐스트 녹음 때문에 좌담회 장소에 늦게 도착하였다. 나영 선생님의 생각은 1차 좌담회가 끝나고 추가로 이어진 자리에서 더 들었고 그 내용이 여기에 반영되었다.

그냥 느낌으로 이야기하면 저에게 여이연은 정말 단편적으로 얘기하면 성노동을 얘기하는 곳이고 학계 밖에서 활동해 온 제가 퀴어이론 같은 것들을 접하고 볼 수 있었던, 무언가 다른 입장을 볼 수 있었던 곳이었다. 그리고 그런 이야기를 강좌나 『여/성이론』을 통해서든 계속해서 해 온 곳. 저에게 여이연의 이미지는 그렇다. 사실 저한테는 여이연에 대한 첫 이미지가 딱 그 두 가지 키워드에 있다. 정확하게 처음이 뭐다라는 건 정확하게 기억이 안 나고. 우리 세대라고 얘기해도 되나, 좌파의 한 줌 언저리에 있었던 사람들은 문화과학과 여이연의 영향을 이래저래 많이 받았다.

고정: 97학번으로서 『여/성이론』이 나온 게 1999년이니까 여이연이 있는지 잘 몰랐을 거고 1999년 이후에 그래도 여이연, 강좌도 1998년부터 했고.

나영: 그랬고, 결정적으로 제가 여이연을 제대로 인식했던 거는 성노동 때문인 거 같다. (고정: 2005년이다.) 그때 저도 당시 여이연의 입장에 충격을 받고 혼란스러워하기도 했고. 그리고 퀴어이론은 여성운동 쪽에서는 정말 압도적으로 여이연을 통해 많이 알게 되었다.

고정: 2005년 이전에도 『여/성이론』으로 치면 퀴어는 계속 갔다.

나영: 왜냐면 당시 제가 알기로 다른 데서는 다루는 데가 별로 없었다. (여이연이) 제일 적극적으로 퀴어 얘기를 다루는.

고정: 운조, 저는 그 글이 참 좋았는데. 사전이었는데도. 그 글이 좋았

다. 루인도 『여/성이론』에 썼고.

나영: 그래서 모두가 다 대부분 페미니즘을 얘기하면 사실 결혼 얘기하고 이성애 여성을 전제로 한 얘기들이 많이 오갈 때 그나마 그게 틈새였다. 여이연에서 그런 얘기들을 계속해주는 게. 저는 강좌를 여기 와서 들은 적이 없지만 『여/성이론』에 나오는 글들을 가지고 세미나를 하고 이런 게 도움이 많이 됐었다.

박이: 항간에 여이연 세력 또는 여이연 키즈 이런 말들이 트위터 등에 나돌면서 여이연에 대한 비판이 있다고 하던데 이런 이야기를 들어본 적이 있는가.

나영: 여이연 키즈 이런 말은 못 들어봤고, 워마드를 중심으로 그들이 반대하는 입장에 연결되고 이래저래 여이연과 인연이 있는 몇몇의 사람들을 여이연을 갈래로 하여 연결하는 것 같기는 하다. 워마드의 경우 자궁과 보지를 지닌 여성들을 가장 우선순위에 두는 것이 페미니즘이라는 입장을 가지고 조직을 형성해가고 있는데, 그러다 보니 게이나 MTF트랜스젠더와는 적대 혹은 경계하는 입장을 취하게 되고, 심지어 이들은 여성을 억압하는 남성성을 공유하면서도 여성성을 전유하며, 권력 관계에서 문제가 발생할 때 성소수자 방패를 내밀 수도 있는 사람들로 전제된다. 그리고 이들을 페미니즘의 담론장에서 함께 이야기하는 것이 여성들의 피해를 드러내고 사회적으로 이야기하게 만드는 데 방해가 된다고 생각한다. 또 이렇게 다른 구조적인 문제들이나 복합적인 맥락을 '여성중심 입장'의 하위에 두고 성별 모순을 근간으로 피해를 강조하고자 하는 입장은 결국 성노동론에 대한 비판으로도 연결된다.

그리고 이런 입장들을 총체적으로 지닌 대표주자가 여이연인 거다.

그래서 저는 요새 우리가 너무 한동안은 구조 얘길 하는 것을 되게 고리타분한 얘기로 피해왔는데 한편으로는 지금이야말로 다시 구조 얘기가 필요한 때가 아닌가 (싶다). 너무 구조 안으로 들어갈 필요는 없지만 이 시스템이 어떻게 왔고 1997년 이후의 상황에서 신자유주의화 됐던 것이 그냥 경제 영역에서의 각자도생뿐만이 아니라 제도 영역 안에서의 권리를 서로 경합하는 방식으로 어떻게 사람들한테 인지되어왔던가 하는 부분들을 좀 다시 봐야 되는 시기인 거 같다. 거기에 여이연의 역할이 있다고 생각한다.

그런데 저는 좀 아쉽기도 하다. 사실은 여이연이 제가 지금 그냥 곁에서 보기에는 방향을 못 잡고 있는 것 같다. 한편으로는 페미니즘 리부트가 생겨서 새로운 주체들이 등장하고 이래서 뭔가 여기에 막 부응해야 될 것 같은 그런 조급함도 보이는 것 같고. 그럼에도 불구하고 여이연은 어쨌든 여이연 색깔의 강의나 이런 것들을 계속하기는 하는데 그래서 지금 여이연이 했었으면 하는 얘기들, 아니면 연구소로서의 정체성을 계속 가지고 있다면 지금 현장에서 막 뛰어다니는 것과 좀 다르게 연구소로서 지금의 모습을 보면서 방향을 잡아주는 역할을 했으면 좋겠다. 우리 때는 사실 여이연이 그런 퀴어이론이나 이런 것들을 얘기해 줌으로써 사실 주류에서 얘기되지 않았던 것들에 대해서 영감을 주고 배울 수 있는 장이 됐다면 지금은 이 논의가 다시 예전에 되게 분리주의적인 논의들로 막 갈 때 여이연이 했던 퀴어이론 바탕들이나 성노동 통해서 얘기했던 의미들 이런 거를 지금 옛날얘기로 그냥 접어둘 게 아니라 다시 현재의 논쟁에 구체적으로 붙을 수 있는 얘기로 만들어 줬으면 좋겠는 거다.

문: 지금 연구소 내에서 그게 어떤 식으로 이야기될지는 모르겠지만 그런 고민이 좀 된다. 현재의 논쟁에 바로 개입하기가 애매한 부분이 있다. 지금 이런 논의가 퇴행하지 않도록, 이론적 퇴행이 일어나지 않도록 하는 것에 대한 고민을 각자의 방식으로 하고 있는 것 같긴 한데.

나영: 트위터나 페이스북에서 오가는 온라인 기반의 논쟁들이 어떻게 보면 온라인만 벗어나면 진짜 아무것도 아니다. 그렇다고 그냥 무시할 수 있는 게 아닌 게 그래도 그나마 페미니즘에 관심을 가지고 무언가를 하려고 하는 사람들이 그 안에 있고 이 트위터와 페이스북을 둘러싼 주변에 있고. 그 사람들이 계속해서 사실은 이 논쟁의 과정을 통해서 자기 논리를 만들고 학습을 한다. 근데 거기에 어떤 식으로든 영향을 미치는 얘기들인 거다. (문: 그리고 오프라인에 나와서도 어떤 식으로든 발언하는 사람들이 있다.) 있고. 계속해서 그 사람들은 어떤 경계를 만들기 위해서 자꾸만 어떤 논의들을 전유하거나 왜곡하거나 이런 얘기들이 굉장히 많은데, 거기에 그냥 막 새로 등장한 주체들만 있는 게 아니라 예전부터 활동해 온 사람들도 함께 하고 있는 부분들이 있다.
지금 이 논쟁이 진행되고 있는 와중에 분명히 이게 아주 새로운 얘기가 아니기 때문에 이전에 진행됐던 논쟁들을 지금 벌어지고 있는 논쟁에서 의미 있게 정리하고 다시 방향을 만들어갈 필요가 있다. 그런데 과거부터 여이연이 해왔던 이야기들을 그냥 흩어져 있다는 느낌이 든다.

이런저런 이야기들을 쭉 했었고 지금도 여러 가지 이슈에 대해서 이런 저런 얘기를 하지만 그게 어떤 방향으로 같이 사회적인 분위기를 만들거나 이 논쟁의 줄기를 같이 만들어간다는 느낌보다는 그냥 그때그때의 얘기들로 흩어져 있다는 생각이 든다.

문: 성노동 같은 경우는 입장이 조금씩 다르긴 했어도 세미나를 하니까 글을 쓰거나 수위를 조절하거나 영역을 맡거나 이런 식으로 책을 기획하고 어쨌든 세미나 하다 보면 이 사람이 뭐에 강점이 있는지 알게 되니까 각자의 글들이 서로 무관하지 않은데. 최근에는 연구소에서 그 주제에 대한 세미나를 하는 게 아니고 대화도, 주로 포럼 같은 걸 많이 하는데, 포럼은 세미나, 토론보다는 각자가 가지고 있는 생각, 개인이 공부한 내용으로 개인 글쓰기, 개인 발언을 하고 있는 거라 약간 그런 느낌이 있을 수 있다. 최근에는 어쨌든 연구소 학술대회도 그렇고 논쟁점을 만들어보자는 이야기를 하고 있다. 일단 학술대회를 기점으로 그런 계기를 만들 것 같다.

고정: 그러면 생각이 나는 게 학술대회 한 번이 아니라 예를 들면 『여/성이론』이 사실은 많은 얘기들을 했는데 흩어져 있는 거 같은 느낌이 드는 이유는 너무 많은 얘기들을 했기 때문일수도 있고. 그런데 그때 얘기했지만 그때 건드려지지 않은 부분들이 있는 거다, 미리 얘기를 해버렸거나. 이론이든 생각이든 이런 것들이. 그러면 현재적 맥락은 뭔가를 잡으려면 『여/성이론』에서 20년 동안 얘기한 부분을 논쟁점과 쟁점, 맥락을 잡아내면서 진행해야 한다. 그것도 역사화이긴 한 것 같다. 예

를 들면 정신분석세미나가 지금까지 계속 이어져 오고 있다. 책들도 몇 권 나오고 그러면서 지금 혐오와 관련해서도 말할 게 있었을 것이다. 그냥 아, 혐오, 혐오의 시대야 이런 게 아니라 그 혐오의 시대라고 표현할 때 이 정신분석을 가지고 지금까지 해온 얘기를 하면 어떻게 되는가라는 것을 기획할 수도 있고. 성노동도 지금 계속 뜨거운 감자인 게 십 년을 뜨거운 감자인 셈인데 지금 다시 또 메갈이든 워마드든 이쪽에서 얘기하면서 비판의 대상이 되기도 하고. 그 얘기했던 것들을 정리하면서 다시 이 시점에서는 어떤 얘기를 해야 될까를 던지는 것, 퀴어이론도 마찬가질 수 있고. 쓰까페미니즘을 이야기할 때, TERF를 이야기할 때 이 논의들이 지금 운동, 여성운동과 페미니즘 운동에서 어떤 이야기를 할 것인지 더 이야기하였으면 좋겠다. 왜 여성운동이 지금 이 퀴어와 성소수자 운동과 같이 가야 하는가라는, 퀴어이론이나 이 얘기들을 해야 여성운동도 한 발 나갈 수 있다는 거다.

문: 학술대회를 기획하면서 지금 페미니즘의 현장과 관련된 내용들의 계보를 정리하자는 의견도 있었다. 매체에 대한 논의든 주체에 대한 논의든 정리할 사람이 아무도 없는 거다. 그래서 토론으로 보충할 수 있도록 기획을 수정했다.

고정: 양성애 얘기는 했나? 예를 들면, 그 안에서도 (박이은실) 선생님도 그런 걸 계보화하고 맥락화할 수 있는 거 아닌가. 왜 양성애까지 가고 있는가라는 것도 있고. 이 현재 맥락에서 양성애가 어떤 의미가 있는지, 퀴어이론 맥락 속에서 양성애까지.

문: 그런 계보는 필요한 것 같다. 양성애도 페미니즘과 만나고 헤어지고. 접점 같은 것들, 논쟁거리를 주는 것도 있지 않나.

고정: 그러니까 퀴어이론이라고 해온, 아까 나영 선생이 (말하듯) 여이연이 그런 역할을 했다면, 그 퀴어이론을 어떻게 전달했는지 거기에 트랜스젠더에 대한 부분이라든지 이론으로 가지고 온, 레즈비어니즘에 대한, 그게 사실 이미 1997년쯤에 레즈비어니즘으로 팍 가기보다는 그때가 벌써 트랜스젠더 뭐 이런 얘기들이 나오기 시작하고 같이 얘길 했다, 내 기억으로는. 1995년, 1993년 이때 지혜 선생의 논문이 나오기 전에 지혜 선생은 페미니스트하고 레즈비언 페미니스트 내지는 레즈비언들과 페미니스트는 어떻게 만날 건가를 타진했다. 그때 이미 페미니스트라는 건 이성애적, 결혼한 이런 사람들이 페미니스트다라는 전제가 있었고 레즈비언 따로, 이렇게 되면서 우리 어떻게 만날래 하는 거를, 그때 1995년이었다, 만나야 돼라는 얘기로 가는 거였다면. 그 이후로, 지혜 이후의 레즈비언 이론화나 이런 부분들이 사실 많이 빠졌던 것 같다 내가 보기엔. 그게 운동으로는, 뭐 운동으로 쳐도 사실은 퀴어로 넘어가버린 부분과, (나영: 맞다.) 여성운동과 만나야 되는 어떤 지점의 부분도 생략되었고. 그것이 지금 생각해보면, 한편에서는 『여/성이론』이나 여이연도 책임이 있나 트랜스젠더로 얘기를 틀기도 했고 그런 부분이 있는 거다. 그것을 양성애까지 포괄해서 한국 사회 내에서의 어떤 담론운동 이런 것들을 계보화하는 것도 필요하다. 축이 나올 수 있을 것 같다. 섹슈얼리티 얘기했는데 몸이나 섹슈얼리티에 대해 홍승희 선

생님이나 이쪽에서 『붉은 선』이나 이거 읽으면서 (했던) 그 얘기들도 사실은 여성이 어떤 경로들을 겪는지, 낙태와 성노동이라든지 그럼 그 얘기가 지금 나오는 것들을 맥락화를 해준다든지, 여이연이 할 일은.

나영: 그래서 그게 아쉬움이기도 하고 바람이기도 한데 연구소는 단체랑 또 다르지 않나. 활동단체로서 이런저런 이슈들을 계속 만들고 현장에서 움직이고 이런 것들을 하지만 연구소는 그런 흐름들을 잘 읽어내면서 어떤 방향을 같이 만들어가는 역할을 할 수 있는 곳이라고 생각을 하는데. 이게 그냥 이론적인 논의들만 오가는 것이 아니라 지금 벌어지고 있는 일들 사이에서 그 내용을 같이 적극적으로 분석하면서 방향을 만들어 갈 수 있는 역할을 해줬으면 좋겠는데 (문: 쉽지 않다.) 사실 그래야지 여기서 했던 얘기들도 살아나는 거지 않나.

문: 그렇기도 하고. 아무래도 고정갑희 선생님 얘기하신 것처럼 너무 앞서서 얘기하는 측면도 있다. 나중에 필요해서 찾아봤을 때 적용이 되는 것들도 있고. 분석하는 글들은 현장에 대한 관심으로부터 시작해야 한다고 생각한다. 딱 그 당시에 적절하게 필요한 얘기를 해줄 수 없더라. (나영: 그 관심을 바라는 거다.) 관심을 계속 가지고 있어야지 그런 게 가능한 것 같다. 성노동도 사실 즉각적으로 나왔다기보다 어쨌든 연구소에서 굉장히 오랫동안 그런 얘기를 한 거다. 성적 주체에서부터 시작해서 이런 얘기를 한 거고. 아까 얘기하는 것처럼 계속 생각해 왔으니까 그런 현장이 눈에 보였을 거다.

고정: 이번에 혐오도 어쨌든 관심의 지속성을 어떻게 가지고 갈 건지, 어떻게 이 방향을 잡을 건지는 아직 열려있는 부분이지만 살짝 만난 거 같다고 생각하는 거는, 그러니까 성노동으로 만났던 거와 다르게 만난 부분이 있고, 만나야 될 장이 저는 있다는 생각이 든다. 여이연이 만날 장이. 여이연 안에서 한번 계보화를 하면서 바깥은 어땠는지에 대한 평가와 스스로의 돌아봄, 반성 이것도 필요한 것 같다. 20년을.

나영: 사실 지금 막 진행되고 있는 현장들과 만나려는 움직임에서는 여이연이 상당히 적극적으로 활동했다고 생각한다. 그런데 사실 그 만남은 여이연으로서 역할을 한 만남은 아니었다고 전 생각한다. 그냥 이 장에서 무언가 같이 함께 해야지, 그런 정도였고. 저는 그게 지금 여이연이 할 역할은 아닌 것 같다.

박이: 오랜 시간 동안 좋은 말씀들 나눠주셔서 감사하다. 여이연의 역사에 대해서 궁금해 하는 사람들에게 모처럼 좋은 읽을거리가 되어 줄 것이라고 생각한다. 오늘 못다 한 이야기는 오는 12월 9일 20주년 기념행사에서 더 나눌 수 있기를 바란다. 그리고 말씀하신 바람들과 제안들은 향후 여이연 운영위와 『여/성이론』 편집위에서 참고를 해줄 것이라 믿는다. 끝.

정리 | 박이은실

*나임윤경은 연세대 문화인류학과 교수이고, 나영은 지구지역행동네트워크 활동가이다.

페미니즘 문화/이론 강좌

■ 1998년 가을강좌

1. 페미니즘 이론-페미니즘과 현대이론의 역학관계

1강 유혹인가 전복인가?-정신분석과 페미니즘

2강 정체성의 정치와 젠더-퀴어이론과 페미니즘

3강 하위주체와 재현-탈식민주의와 페미니즘

4강 지속가능한 개발인가 (악성)발전인가

5강 생산과 재생산의 은폐구조-마르크스주의와 페미니즘

강사: 이수자(성신여대 강사), 노승희(전남대 교수), 태혜숙(대구효성가톨릭대 교수), 고갑희(한신대 교수), 오수환(여성문화이론연구소 이론연구팀원)

2. 페미니즘 문화론-페미니즘 문화연구의 지형과 방법

1강 문화연구와 페미니즘-젠더와 섹슈얼리티의 경계선과 문화

2강 이데올로기(들)과 성적 주체 형성

3강 육체/욕망/권력

4강 시각과 이미지-인식과 지각의 문화적 변동

5강 페미니즘 미학의 새로운 구성

강사: 고갑희(한신대 교수), 임정희(미학, 미술평론가), 손자희(문화비평가), 지혜(레즈비언 액티비스트)

3. 영화-여성/역사/영화

1강 여성의 표상: 마리아에서 탱크걸까지

2강 육체: 나의 몸은 전쟁터!

3강 가부장제와 여성: 결혼/모성/낙태

4강 성 정체성: 성별과 섹슈얼리티의 절합을 찾아서

5강 페미니즘: 동일성에서 차이로 혹은 인간에서 여성으로

강사: 주유신(중앙대 강사), 김선아(중앙대 강사), 손소영(여성문화이론연구소 영화연구팀원), 구정아(여성문화이론연구소 영화연구팀원)

4. 90년대 한국문학-여성주의 시학을 찾아서

1강 자본주의 아래서 욕망하기- 신경숙, 은희경, 차현숙

2강 가부장제 역사 뒤틀기- 이경자, 이혜경, 김인숙

3강 (탈)식민주의에 대응하기- 윤정모, 차학경

4강 탈근대적 서사 - 이미지/기호/텍스트- 배수아, 송경아, 신현림

5강 여성의 역사, 여성의 이야기 다시쓰기- 윤영수, 이남희

강사: 임옥희(경희대 교수), 한금윤(연세대 강사), 고갑희(한신대 교수)

■ 1999년 가을강좌 ···

1. 페미니즘 이론-페미니즘과 현대이론의 역학관계

1강 생산과 재생산의 은폐구조-마르크스주의와 페미니즘

2강 제국과 재현-탈식민주의와 페미니즘

3강 거세와 거부의 메카니즘-정신분석과 페미니즘

4강 정체성의 정치와 젠더-레즈비어니즘과 페미니즘

5강 권력과 성-섹슈얼리티와 페미니즘

6강 오래된 미래, 에코토피아를 향하여-생태주의와 페미니즘

7강 테크노피아/테크노포비아-과학 기술과 페미니즘

8강 젠더, 섹슈얼리티, 문화-문화연구와 페미니즘

강사: 고갑희(한신대 교수), 태혜숙(효성가톨릭대 교수), 이수자(성신여대 강사),
노승희(전남대 교수), 주유신(중앙대 강사), 문순홍(가톨릭대), 임옥희(경희대 교수)

2. 페미니즘의 이론가들 I

1강 줄리아 크리스테바-모성의 기호학과 사랑의 정신분석

2강 이리가라이- 여성적인 정성체성의 메트릭스 찾기

3강 주디스 버틀러-전복적인 수행성과 퀴어/페미니즘

4강 드 로렛티스-아르키메데스의 지렛대 찾기

5강 엘리자벳 그로츠-뫼비우스띠로서의 육체의 지도 그리기

6강 마리아 미즈-식민화 기획속의 자연/문화 이분법을 넘어서

7강 스피박-탈식민의 가능성으로서의 하위 주체

8강 미셸 바렛-차이의 정치학의 유물론적 재구성

강사: 고갑희(한신대 교수), 태혜숙(효성가톨릭대 교수), 노승희(전남대 교수), 김선아(중앙대 강사), 임옥희(경희대 교수), 이수자(성신여대 강사)

3. 여성주의 문화비평-90년대 한국의 문화지형

1강 여성적 글쓰기 가능한가?-90년대 여성문학의 힘

2강 마돈나에서 여성전사까지-대중 영화속의 여성 이미지 읽기

3강 소녀들의 문화, 아줌마들의 문화-여성들의 하위 문화

4강 나르시시즘인가, 가면극인가?-소비주의와 여성 육체

5강 포르노적 상상력에 볼모 잡힌 여성들-성 현상 읽기 I

6강 성 역할 바꾸기에서 파트너 바꾸기까지-성 현상 읽기 II

7강 아버지의 불온한 아들들-남성 지식게릴라들의 꿈 뒤집어 보기

8강 어머니의 딸들아 일어나라-여성주의적 예술과 문화 실천을 향하여

강사: 한금윤(연세대 강사), 주유신(중앙대 강사), 노승희(전남대 교수), 지혜(레즈비언 액티비스트)

■ 2000년 봄강좌

1. 페미니즘 이론 1-페미니즘과 현대이론의 역학관계

1강 생산과 재생산의 은폐구조 마르크스주의 페미니즘

2강 제국과 재현-탈식민주의 페미니즘

3강 거부의 매카니즘-정신분석과 페미니즘

4강 정체성의 정치와 젠더-레즈비어니즘과 페미니즘

5강 자연과 여성의 식민화-생태주의와 페미니즘

6강 권력과 성-섹슈얼리티와 페미니즘

강사: 고정갑희(한신대 교수), 노승희(전남대 교수), 이수자(이화여대 전임연구원), 주유신(중앙대 강사), 태혜숙(효성가톨릭대 교수)

2. 페미니즘 이론가들 1

1강 줄리아 크리스테바–모성의 기호학과 사랑의 정신분석

2강 뤼스 이리가라이–여성적 성정체성의 메트릭스 찾기

3강 주디스 버틀러–전복적인 수행성과 퀴어/페미니즘

4강 테레사 드 로렛티스–아르키메데스의 지렛대 찾기

5강 엘리자베스 그로츠–뫼비우스띠로서의 육체의 지도 그리기

6강 미셸 바렛– 차이의 정치학의 유물론적 재구성

강사: 고정갑희(한신대 교수), 김선아(중앙대 강사), 노승희(전남대 교수), 이수자 (이화여대 전임연구원), 태혜숙(효성가톨릭대 교수)

3. 여성주의 문화비평 1–이데올로기적 지배장치 뒤집어 보기

1강 성차별주의의 기수, 국가 장치–군복무가산점제와 호주제

2강 이중의 소외지대–여성 복지 정책의 문제점

3강 나의 몸은 나의 것?–성폭력과 가정 폭력, 그 실태와 관련 법률

4강 가장 오래된 성전쟁–매매춘과 성적 권력

5강 여성이여, 정치적 주체가 되자!–여성의 정치세력화, 방법과 전망들

강사: 정진성(서울대 교수), 오유석(여성정치세력화 운영위원), 이미경(전 한국성 폭력상담소 소장), 한혜경(호남대 교수)

■ 2000년 가을강좌

1. 페미니즘 이론2: 페미니즘과 현대이론의 역학관계

1강 생산과 재생산의 은폐구조: 마르크스주의 페미니즘

2강 제국과 재현: 탈식민주의 페미니즘

3강 정체성의 정치와 젠더: 레즈비언 페미니즘

4강 욕망의 메카니즘: 정신분석학적 페미니즘

5강 권력과 섹슈얼리티: 급진주의 페미니즘

강사: 고정갑희, 태혜숙, 노승희, 이수자, 허라금

2. 페미니즘 이론가들2

1강 마리아 미즈: 식민화 기획 속의 자연/문화 이분법을 넘어서

2강 반다나 쉬바: 전지구적 자본주의와 살아남기

3강 우에노 치즈코: 가부장제, 국민국가, 젠더

4강 벨 훅스: 인종, 섹스, 위반의 시학

5강 가야트리 스피박: 탈식민의 가능성으로서의 하위주체

강사: 태혜숙, 이수자, 이숙인, 강희, 박미선

3. 여성주의 문화비평 2: 미래의 기상도

1강 모성신화 다시 쓰기: 재생산의 정치와 여성의 몸

2강 생산과 연대로서의 자아: 레즈비언 페미니즘의 역사와 전망

3강 여성의 얼굴을 한 테크놀로지: 테크노페미니즘과 기술/정보 권력

4강 새로운 성정치학: 여성주의 성애학을 향하여

5강 대안적인 공간 만들기: 여성주의 문화운동의 현주소와 전략들

강사: 고정갑희, 노승희, 허라금, 권명아, 지혜

■ 2001년 여름강좌

1. 탈식민의 가능성과 페미니즘

1강 정신분열과 인종/민족해방 : 분열과 저항의 주체는 누구인가?

2강 문화의 제국과 혼종성 : 사이드와 바바 텍스트에 젠더로 개입하기

3강 세계화 과정 중의 하위주체와 지식인 : 스피박을 통해본 탈식민주의

4강 오리엔탈리즘/옥시덴탈리즘 : 동/서의 구분과 젠더는 어떤 관계인가?

5강 후/신식민주의와 한국여성으로 탈식민의 지도 그리기

강사: 강희(대구대 교수), 고정갑희(한신대 교수), 임우경(연세대 강사), 문현아(여성문화이론연구소 연구원), 한금윤(연세대 강사)

2. 페미니즘 시각으로 다시 읽는 프로이트

1강 마녀/히스테리 날개를 달다

2강 여성적인 섹슈얼리티와 쥬이쌍스

3강 패티쉬/부인/매저키즘

4강 여자는 무엇을 원하는가?

5강 전이와 역전이의 패러독스

강사: 이수자(성신여대 교수), 임우경(연세대 강사), 임현주(고려대 강사), 주유신 (중앙대 강사), 임옥희(여/성이론 편집장)

3. 여성으로 철학하기

1강 여성의 눈으로 보는 서양철학

2강 동양적 여성철학의 계보학적 이해: 유교경전 5경(五經)을 중심으로

3강 섹슈얼리티 문제로 보는 동양철학

4강 음양이론 과연 여성억압적인가? 조화이론 과연 양성평등적인가?

5강 전통담론, 여성의 관점에서 다시 읽기

강사: 이숙인(성균관대 강사), 허라금(이화여대 교수)

4. 몸의 페미니즘: 페미니즘의 새로운 지평?

1강 육체자본으로서의 몸의 사회학

2강 눈물흘리는 모성과 비체의 힘 : 크리스테바

3강 여성으로 되기/성차의 공간: 다나 헤러웨이와 로지 브라이도티

4강 문제는 몸 : 주디스 버틀러의 젠더 트러블

5강 뫼비우스 띠로서의 몸 : 엘리자베스 그로츠

강사: 이수자(성신여대 교수), 임인숙(고려대 강사), 임현주(고려대 강사), 임옥희 (여/성이론 편집장)

■ 2002년 겨울강좌 ···

1. 페미니즘의 현주소: 이론적인 문제들

1강 페미니즘의 어제와 오늘: 다양한 목소리'들'

2강 남성지배의 역사: 섹스/젠더 시스템

3강 자본주의하 노동자로서의 여성: 여성과 생산양식

4강 성의 戰場에서 환희찾기: 섹슈얼리티의 다중성

5강 남성의 얼굴을 한 국가와 민족

강사: 권희정(정신문화연구원 박사과정), 문은미(성공회대 인권평화센터 연구원), 문현아(여성문화이론연구소 연구원), 서지영(서강대 박사), 이정순(이화여대 강사)

2. 오리엔탈리즘'들'을 넘어서

1강 제국의 시선 넘어 자기 응시의 길찾기

2강 검은 피부 하얀 가면, 그 균열 속으로

3강 脫亞入歐와 脫歐入亞: 동아시아, 그 경계와 여성

4강 아프간 전쟁과 이슬람 여성: 침략인가 해방인가

강사: 문현아(여성문화이론연구소 연구원), 오은경(성균관대 강사), 임우경(연세대 강사), 한금윤(연세대 강사)

3. 몸의 유물론과 성차의 지평: 엘리자베스 그로츠를 중심으로

1강 공간적인 지도로서의 몸 이미지

2강 기억과 반기억의 틈새에서 몸으로 생각하기

3강 링기스와 카니발 공간으로서 몸

4강 꽃잎의 성차와 여성으로 되기

5강 시간과 공간과 도착의 몸 언어

강사: 임옥희(여/성이론 편집장)

4. 고전의 숲을 헤쳐 여성을 만나다

1강 여성 수난의 기원을 찾아서, 〈바리데기〉·〈단군신화〉·〈주몽신화〉·〈서동요〉

2강 가부장제가 연출하는 여성들, {사씨남정기}

3강 관리된 여성 섹슈얼리티, {열녀전}

4강 전쟁·여성·증언, {강도몽유록}

5강 역할에서 존재로, {옥루몽}·{포의교집}

강사: 김경미(이화여대 강사), 조혜란(이화여대 강사), 홍인숙(이화여대 박사과정)

5. 이론가를 중심으로 본 페미니즘의 최근 동향

1강 페미니스트 법체계로서 성의 정치학: 캐서린 맥키논

2강 교육과 시민권에 대한 여성주의적 시각: 마드렌느 아놋

3강 모더니티와 지식의 여성화: 로지 브라이도티

4강 사이버페미니즘으로 본 성정체성과 육체: 다나 해러웨이, 쉐리 터클

5강 세계화와 제3세계 생태학적 비전: 반다나 쉬바

강사: 김미숙(한국교육개발원 부연구위원), 노승희(전남대 교수), 박미선(광운대 강사), 이수자(성신여대 여성학 교수), 허라금(이화여대 여성학 교수)

■ 2002년 봄강좌

1. 화요 실험실

1강 엘리자베스 그로츠1– 몸이 뭘 어쨌다고?

2강 그로츠2– 무의식, 나한테 무슨 말이라도 좀 해봐

3강 그로츠 3– 니체와 춤추는 지식, 춤추는 몸

4강 그로츠4– 권력의 포위망을 비껴가는 몸

5강 그로츠 5– 잘 잡아 봐라!?

6강 그로츠 6– 영원한 이방인들의 낭만적 사랑, 가능할까?

7강 로지 브라이도티 1– 페미니즘 이론과 입장성의 문제

8강 브라이도티 2– 성차에 대한 급진철학과 유목주의

9강 브라이도티 3– 성차라는 문제 설정

10강 브라이도티 4– 주체의 문제와 페미니즘적 주체

11강 브라이도티 5– 유목적 페미니즘과 페미니즘의 들뢰즈적인 접속

12강 브라이도티 6— 페미니즘 이론과 실천의 아방가르드한 절합의 문제들

2. 금요특강

1강 성적인 계약?

2강 재현의 미학과의 협상— 가야트리 스피박

3강 사이버 공간의 유토피아

4강 세계화와 제3세계 생태학적인 비전— 반다나 쉬바

5강 국가/전쟁/민족/여성

6강 대지의 저주받은 자들

7강 가부장적 생산 양식 속에서 여성노동자 1

8강 가부장적 생산 양식 속에서 여성노동자 2

9강 페미니스트 페다고지

10강 가부장제의 역사

11강 섹스/젠더, 그리고 성차를 넘어서

12강 주이상스/ 욕망의 주체로서 여성은 가능한가?

■ 2002년 여름강좌

1. 페미니즘 고전 읽기

1강 〈여성 권리의 옹호〉, 메리 울스톤크래프트.

2강 〈3기니〉, 〈자기만의 방〉, 버지니아 울프.

3강 〈제2의 성〉, 시몬 드 보부아르.

4강 〈다락방의 미친 여자〉, 샌드라 길버, 수잔 구바.

5강 〈성의 정치학〉, 케이트 밀레트.

강사: 서지문(고려대 교수), 임현주(고려대 강사), 이정순(이화여대 강사), 임옥희
(여/성이론 편집장), 이용은(부산 성심외국어대 교수)

2. 페미니즘 기초이론

1강 페미니즘의 다양한 흐름'들'

2강 가족/사유재산/국가의 기원

3강 가부장제의 신화와 생산양식

4강 성/사랑의 변증법

5강 섹스/젠더/섹슈얼리티

강사: 한금윤(숙명여대 교수), 문은미(성공회대 인권평화센터), 임우경(연세대 강사), 서지영(한신대 강사)

3. 여성주의로 읽는 동양철학

1강 남성 지배이데올로기와 문학적 재현의 간극: 『서경』과 『시경』을 중심으로

2강 역사적 현실과 사상적 통합 사이: 『춘추좌전』과 『예기』를 중심으로

3강 음양이론의 양가적인 맥락: 질곡인가, 희망인가?

4강 '생'의 개념과 생산/생존의 논리: 『주역』의 생명이론을 중심으로

5강 여성적인 시공간과 가족이론: 『예기』와 『주역』을 중심으로

강사: 이숙인(성균관대 동아시아학술원 책임연구원)

4. 섹슈얼리티

1강 섹슈얼리티와 정신분석 이론: 예비적 코멘트

2강 섹스의 역사: 섹슈얼리티의 이미지들

3강 여성, 괴물, 재생산 기계: 하이테크 생체과학과 여성의 몸, 섹슈얼리티

4강 여성 섹슈얼리티를 둘러싼 정체성의 문제: 주디스 버틀러, 다나 해러웨이

5강 사랑의 정치학과 성적 급진주의의 가능성

강사: 오은경(동덕여대 교수), 김순진(한신대 강사), 김일란(중앙대 강사), 임옥희(여/성이론 편집장)

다락방 이야기

4강 스피박 3: 스피박 되짚어 읽기

5강 바바 1: 콜로니얼리즘 담론과 시늉 떨기

6강 바바 2: 포스트-이즘들과 탈식민의 쟁점들

7강 트린 민하: 제 3 세계 여성들의 문제

8강 정치적 협상능력을 위한 페미니스트 레토릭 세련화의 문제들

강사: 박미선 (Texas A & M University 영문과 박사과정)

2. 깊은 우울증에 시달리는 가벼운 몸들

1강 섹스는 이미 언제나 젠더였던가?: 섹스/젠더/욕망의 주체

2강 언어, 권력, 치환의 전략

3강 금지/정신분석학/이성애 매트릭스의 생산

4강 몸의 물질성과 젠더 수행성

5강 양심이 우리 모두를 주체로 만든다

6강 나쁜 양심의 회로

7강 깊은 우울증에 시달리는 비/(주)체들

8강 Antigone's Claim

강사: 임옥희(여성문화이론연구소 편집위원)

■ 2003년 여름강좌

1. 페미니즘 이론- "끝나지 않은 논쟁"

1강 성과 계급 논쟁: 성없는 계급, 계급없는 성을 넘어

2강 민족주의와 여성주의: 민족없는 여성, 여성없는 민족

3강 육체유물론과 사이버페미니즘: 육체의 물질성은 극복되어야 하는가?

4강 이데올로기와 욕망

5강 노동과 섹슈얼리티

강사: 고정갑희(한신대 교수), 문은미(성공회대 인권평화센터 연구원), 이수자(성
신여대 교수), 임옥희(여성문화이론연구소 공동대표), 한금윤(숙명여대 교수)

2. 흑인 페미니즘의 의제들

1강 페미니즘 수사의 정치학: 벨 훅스 1

2강 소수집단의 문화 정치학: 벨 훅스 2

3강 다시 본 모성애 논쟁: 패트리샤 힐 콜린스

4강 힘과 권력으로서의 에로스: 오드리 로드

5강 경계선에서 협상하기: 글로리아 안잘두아

강사: 박미선(텍사스 A&M대 영문과 박사과정)

3. 페미니즘과 정신분석– 우리 시대 사랑은 가능한가?

1강 매저키즘: 이 사랑은 나쁘다?

2강 페티시: 여성적 팔루스 가능한가?

3강 애도와 우울증: 동성애의 이중거부

4강 주이상스: 남성의 쾌락을 넘어서

5강 여성적 섹슈얼리티: 사랑과 지식의 한계

강사: 김미연(경희대 강사), 배수경(여성문화이론연구소 연구원), 성미라(여성문
화이론연구소 연구원), 조현순(광운대 강사)

**4. 스피박의 〈다른 세상에서〉 읽기– 맑스주의, 해체론, 페미니즘으로 탈식민화
하기**

1강 맑스, 프로이트, 데리다 읽기

2강 서구학계, 페미니즘, 주변성

3강 하위주체연구, 페미니즘, 역사기술

4강 젠더화된 하위주체와 재현

5강 〈다른 세상에서〉와 탈식민 이론

강사: 박혜영(대구효성카톨릭대 강사)

5. 여성주의 문화의 난장과 파격

1강 '문화주의'의 권력과 환상깨기

2강 '감정의 구조', 신화, 그리고 여성

3강 변수와 상수의 동학– 구조냐 사건이냐

4강 문화의 장 속에서, 여성적 아비투스를 상상하며

5강 여성주의적 대항 시선의 계발이라는 문제틀

강사: 권희정(여성문화이론연구소 연구원), 문현아(여성문화이론연구소 연구원), 박미선(텍사스 A&M대 영문과 박사과정), 서지영(한신대 강사), 심혜경(여성문화이론연구소 연구원)

■ 2004년 겨울강좌 ··

1. 페미니즘 이론과 정치적 실천

1강 가족: "보는 사람만 없으면 버리고 싶은?"

2강 섹슈얼리티: 열정과 쾌락에 거는 급진적 희망

3강 여성과 생산양식: 자본주의하 노동자로서의 여성

4강 국가/민족/여성: 경계를 넘어서

5강 페미니즘 이론과 정치적 실천

강사: 고갑희(한신대 교수), 권희정(한국정신문화연구원 박사과정), 메이(여성문화이론연구소 연구원), 문현아(여성문화이론연구소 연구원)

2. 페미니즘 이론가: 주디스 버틀러

1강 구성된 성, 수행성으로서의 젠더

2강 모방과 패러디, 정신분석과 페미니즘

3강 젠더와 우울증, 우울증으로서의 젠더

4강 물질화된 몸, 중요한 몸

5강 난잡한 욕망의 안티고네

강사: 조현순(경희대 강사)

3. 떠도는 몸들의 이야기

1강 알기/앓기 – 조각난 몸들

2강 다른 몸/다른 언어의 형상화

3강 로고스/리비도/거짓말: 여성적인 글쓰기

4강 사이보그/몬스터/여신

5강 카니발 공간으로서 몸 : 무당의 이야기

강사: 문영희(경희대 겸임교수), 박소영(여성문화이론연구소 연구원), 심혜경(여성문화이론연구소 연구원)

4. 타자의 정치학

1강 전지구화, 이산, 민족에 대하여

2강 접경지대 여성의 몸

3강 여성, 몸, 공동체 : 여성의 집은 어디에?

4강 최종심급화된 여성의 몸과 노동: 밥, 꽃, 양

5강 이야기는 사회적 약자의 힘: 실코, 멘추

강사: 김미연(경희대 강사), 노승희(전남대 교수), 임옥희(여이연 공동대표), 임인애(밥꽃양 감독), 태혜숙(대구가톨릭대 교수)

5. 조선 여성 읽기, 그 첫번째

1강 조선 여성의 여러 얼굴들– 조선왕조실록을 중심으로

2강 난설헌을 냉장고에 넣는 몇 가지 방법

3강 틈새를 비집고 나와 '선' 여성들– 호연재와 윤지당

4강 존재의 아스라한 줄타기– 제도사 속의 기녀들

5강 문학이라는 거울에 비친 기녀들

강사: 이숙인(정신문화연구원 연구교수), 홍인숙(여성문화이론연구소 연구원), 김경미(이화여대 강사), 박애경(동국대 연구교수), 서지영(한신대 강사)

·····································

1. 여성의 정치 세력화를 향해서: 탈식민의 쟁점들 2

1강 문제제기: 페미니즘의 탈식민화와 페미니즘 담론의 정치화

2강 서구인의 눈치나 보며?: 인식론적 신식민화와 냉소하는 이성에 맞서

3강 우리 시대 페미니즘의 제국주의적 무의식

4강 포스트모던 "제국"의 우울증: 동양이 여자라면 서구 "제국"의 남성은 동양 여인을 사모한 "레즈비언"이었다?

5강 민족주의 페미니즘의 가능성!?: 탈식민 논의 속 여성과 민족의 길항

6강 전지구적 자본에 맞서는 전지구적 페미니즘 연대와 페미니즘의 탈식민화

7강 한국 내 여성의 정치 세력화: 생산적 난상 토론과 대담

강사: 박미선 (여성문화이론연구소 연구원, Texas A & M 대학 영문과 박사과정)

초청 강연: 문현아 (경주대 강사), 바람 (여성해방연대), 김숙이 (여성해방연대), 조이여울 (여성주의 저널 〈일다〉 편집장)

2. 기본 개념어로 익히는 페미니즘의 새 지평들

1강 젠더: 왜 어떤 몸은 중요한 물질이며 다른 몸은 사소한가?

2강 섹슈얼리티: 섹스도 젠더도 아닌 섹슈얼리티인 까닭!

3강 재현: 나는 나인가, 나의 재현인가?

4강 타자: 배제될 수 없는 주체의 이웃

5강 모더니티: 모더니티의 동력은 여성운동, 여성들, 페미니즘이었다.

6강 테크놀로지: 하늘 아래 정치적이지 않은 단어는 없다.

7강 남성성: 그 문제스런 인성에 대하여

강사: 김미연 (경희대 강사), 박미선 (Texas A & M 대학 영문학 박사과정), 성미라 (여성문화이론연구소 연구원), 심혜경 (중앙대 강사), 조현순(경희대 강사), 오은경(동덕여대 교수)

■ 2004년 여름강좌

1. 포스트모던 시대의 몸

1강 사이보그화되는 여성의 몸

2강 중독된 영혼: 거식증과 도서관

3강 애도/멜랑콜리: 분열된 주체의 애도와 무대화

4강 매저키즘: 고통속의 몸, 몸속의 고통

5강 제 3세계 여성의 몸: 여성할례, 이슬람 여성의 베일

강사: 수인(여성문화이론연구소 연구원), 조현순(성신여대 강사), 배수경(여성문화이론연구소 연구원), 오은경(동덕여대 교수)

2. 페미니즘의 현주소: 이론적인 문제들

1강 페미니즘의 어제와 오늘: 다양한 목소리'들'

2강 남성지배의 역사: 섹스/젠더 시스템

3강 여성과 생산양식: 생산과 재생산의 은폐구조

4강 섹슈얼리티의 다중성: 열정과 쾌락에 거는 급진적 희망

5강 남성의 얼굴을 한 국가와 민족

강사: 고갑희(한신대 교수), 성미라(여성문화이론연구소 연구원), 문은미(여성문화이론 연구소 연구원), 김순진(한신대 연구교수), 문현아(경주대 강사)

3. 페미니즘 내공 쌓기

1강 여성들의 도발적 인식론: 히스테리와 혁명

2강 후기 근대의 페미니즘 담론: 디지털 사회의 젠더 정체성과 유목적 주체

3강 페미니즘과 정신분석: 펠러스, 환타지, 주이쌍스

4강 뫼비우스 띠로서 몸: 이상하게 꼬였네, 몸과 페미니즘

5강 여성성, 식민성, 그리고 (탈)근대: 여성 공간의 문제틀

강사: 김영옥(이화여대 연구교수), 이수자(성신여대 대학원 교수), 김미연(경희대 강사), 임옥희(여성문화이론연구소 연구원), 문영희(경희대 강사)

4. 페미니즘 지식의 대중화와 사회변혁

1강 여성노동과 여성노조

2강 여성주의 성정치: 성매매 근절 운동을 넘어서

3강 여성주의 문화운동

4강 여성주의와 저널리즘

5강 여성주의 상담 테크놀로지

강사: 문은미(여성문화이론연구소 연구원), 원미혜(이화여대 박사과정), 정박미경
(이프 편집장), 조이여울(일다 편집장), 성미라(여성문화이론연구소 연구원)

5. 여성주의로 푸는 가부장제와 자본주의의 직조

1강 "다른 세상은 가능하다" 여성의 목소리로

2강 자본이 여성을 다루는 방식에서 여성이 자본을 다루는 방식으로

3강 "전쟁과 신자유주의에 저항하는 페미니스트 대화": 아시아 민중회의 참가기

4강 내 먹을 것은 내가 결정한다!

5강 여성주의: 보고, 듣고, 말하기

강사: 미물, 휴지, 오정, 다꽝, 하쿠, 홀

6. 그/녀들의 실험실 만들기 I

1강 낙태권과 생명공학: 생명을 둘러싼 권력투쟁

2강 성적 자율권: 로맨스의 탈을 쓴 강제적 연애와 성별화된 몸의 권리

3강 의료화에 개입하기: 남성의 의학을 여성의 시선으로 해부하기

4강 모성권과 노동: 아이 낳아 기르는 노동기계의 권리

5강 확장된 의미와 재생산권: 몸과 노동을 구획지우는 이분법들을 넘어서

강사 : 수인(여성문화이론연구소 연구원), 무영(여성해방연대), 오김숙이(여성해
방연대)

■ 2004년 가을강좌

1. 위험한 국가, 위험한 여성

1강 경계에 선 여성'들' : 이주여성노동자/국제결혼

2강 "국가 페미니즘"의 딜레마

3강 국가와 전쟁에 대한 페미니즘의 쟁점들

4강 여성의 몸과 젠더화된 국가 1 : 성매매/기지촌

5강 여성의 몸과 젠더화된 국가 2 : 가족/재생산

6강 국가와 성별 정치학: 성장치로서 국가와 페미니즘의 대안

강사: 고갑희(한신대 교수), 권희정(한국정신문화연구원 박사수료), 김일란(연분홍 치마), 메이(여성문화이론연구소 연구원), 임옥희(여성문화이론연구소 공동대표)

2. 주디스 버틀러 읽기

1강 법적인 수행성 개념: 법, 사랑, 아이러니

2강 권력으로서의 금지

3강 버틀러의 멜랑콜리아: 배수아 《〈에세이스트의 책상〉》을 중심으로

4강 몸을 중심으로 한 자연/섹스/젠더의 관계

5강 여자가 욕망하는 것: 국가, 여성, 혁명?

6강 이데올로기, 언어, 헤게모니

강사: 임옥희 (여성문화이론연구소 공동대표)

■ 2005년 겨울강좌

1. 여성주의 정치경제학1

1강 여성과 생산양식: 여성노동의 '물적 토대'

2강 생산의 정치: 작업장 정치와 여성의 노동권

3강 가사노동의 재-발명 : 성별분업의 탄생에서 '웰빙' 열풍까지

4강 여성들의 시간과 자본: 가사노동과 성매매의 은폐구조

5강 여성들의 공간과 자본: 전-지구적 여성 빈곤

강사: 고정갑희(한신대), 문은미(여성문화이론연구소), 큰쇼(여성문화이론연구소)

2. 이론가로 본 페미니즘의 최근 동향

1강 다나 해러웨이, 로지 브라이도티 : 사이보그, 몬스터, 여신, 배우들

2강 찬드라 모한티: 경계 없는 여성주의

3강 가야트리 스피박 : 하위주체의 목소리

4강 마리아 미즈: 식민화 기획 속의 자연/문화 이분법을 넘어서

5강 글로리아 안잘두아, 첼라 샌도벌, 체리 모라가 : 메스티자, 경계지대의 여성주체

강사: 큰쇼(여성문화이론연구소 연구원), 문현아(여성문화이론연구소 연구원), 태혜숙(대구효성카톨릭대 교수), 이수자(성신여대 교수), 노승희(전남대 교수)

3. 페미니즘 기초이론

1강 생산과 재생산의 은폐구조-마르크스주의 페미니즘

2강 정체성의 정치와 젠더-레즈비어니즘 페미니즘

3강 제국과 재현-탈식민주의 페미니즘

4강 욕망의 메커니즘- 정신분석학적 페미니즘

5강 권력과 섹슈얼리티-성차 페미니즘

강사: 김미연(경희대 강사), 문은미(여성문화이론연구소 연구원), 임옥희(여성문화이론연구소 공동대표), 조현순(성신여대 강사), 태혜숙(대구효성카톨릭대 교수)

4. 타자의 정치학

1강 '중독'의 현실과 매저키즘의 정치학

2강 정체성, 그 '환상'의 경계

3강 '퀴어'의 정치학

4강 '가족 로망스'와 그 위반

5강 사이보그/유령/괴물

강사 : 성미라(여성문화이론연구소 연구원), 조현순(성신여대 강사), 노최영숙(여성문화이론연구소 연구원), 손희정(중앙대 영화학 석사), 심혜경(중앙대 강사)

5. 동아시아 여성 정체성의 이론 지형

1강 질서이론 : 포함과 배제, 혈통과 젠더의 서사

2강 음양이론 : 머무름과 흐름, 해체와 구성의 이중주

3강 욕망이론 : 수신과 공존, 절제와 활용의 젠더 정치학

4강 조화이론 : 동일성과 차이성, 동화와 차별의 타자 정치학

5강 관계이론 : 성공과 실패, 칭찬과 비난의 변증법

강사: 이숙인(정신문화연구원 교수)

■ 2005년 봄강좌

1. 히스테리

1강 히스테리의 역사: 고대 의학에서 중세 마녀론까지

2강 전이와 역전이– 안나 오와 브로이어

3강 여성의 욕망과 남성적 시선– 도라와 프로이트

4강 현대의 히스테리, 다이어트와 거식증

5강 문학과 문화속의 히스테리, 광장 공포증, 거식증

강사: 조현순(경희대 강사)

■ 2005년 여름강좌

1. 페미니즘이론 1

1강 경계 없는 페미니즘: 이론의 탈식민화와 연대를 위한 실천

2강 페미니즘 역사

3강 섹스/젠더/섹슈얼리티

4강 차이와 평등의 딜레마

5강 젠더와 심리구조: '의존성'의 신화

강사: 권희정(한국학중앙연구원), 문은미, 문현아, 성미라(여성문화이론연구소),
서지영(한신대 강사)

2. 경전으로 읽는 동아시아 여성 I : [詩經]의 젠더 정치학

1강 [시경]은 어떤 책인가?

2강 주제로 읽는 [국풍](1) : 유혹과 열정

3강 주제로 읽는 [국풍](2) : 질투와 이별

4강 주제로 읽는 [국풍](3) : 복수와 구원

5강 [시경]의 성 담론과 젠더 정치학

강사: 이숙인(한국학중앙연구원 학술연구교수)

3. Nowhere? Now-Here! 미래를 만드는 페미니즘: 사이보그 페미니즘 이론가 해러웨이를 통해 21세기 테크노문화 읽기

1. 야릇한 과학혁명 : 객관성? 우리를 정당화해주는 것은 우리의 허구이다.

2. 사이보그 생체정치 : 조각나 거래되는 몸들, 나의 나에 대한 권리는 가능한가?

3. 오르가즘 스캔들 : 섹스/젠더 생산 장치로서 사회생물학

4. 부족한 하나 : 우리인, 그리고 우리가 아닌 '동물'

5. 부적절한 타자 : 여자/몬스터/사이보그, SF 그리고 윤리

강사: 큰쇼(외계인-현 지구거주), 황희선(월수 25만원 '독립'연구가), 임옥희(사회
걱정세력)

4. 페미니즘이론 2: 젠더gender

1강 젠더라는 발명품: 내 몸 안의, 내 몸 밖의 몸

2강 젠더 트러블 : 젠더 정체성의 해체

3강 남(男)다른 젠더 시스템 : 브라질의 비남(非男) 트라베스티와 젠더화된 섹슈
얼리티

4강 젠더 정치학 : 실천의 문제들

강사: 문은미, 임옥희, 운조, 큰쇼(여성문화이론연구소)

■ 2005년 가을강좌 ··

1. 다락방에서 타자를 만나다

1강 비체들의 유혹적인 유머

2강 불안한 남성주체

3강 공포스런 여성비체

4강 거식으로 읽어낸 여성의 몸

5강 타자의 목소리: 성노동의 문제들

강사: 구번일, 김미연, 문은미, 손희정, 임옥희

■ 2006년 겨울강좌 ··

1. 페미니즘이론

1강 여성주의 철학: 주체성과 행위성에 관한 논쟁들

2강 섹슈얼리티: 욕망과 권력 관계에 대한 성찰.

3강 일상과 성의 정치학: '평등한 친밀성'의 가능성

4강 여성주의 정치경제학: 성과 노동

5강 (남성)과학의 욕망: 하이테크 생체과학과 여성의 몸

강사: 노성숙(이화여대 강사), 문은미(여성문화이론연구소), 서지영(한국학중앙연
구원 연구교수), 성미라(여성문화이론연구소), 큰쇼(여성문화이론연구소)

2. 처음 만나는 정신분석

1강 오이디푸스 콤플렉스와 남근선망

2강 매저키즘과 패티시

3강 히스테리

4강 여성성

5강 나르시시즘

강사: 구번일(여성문화이론연구소), 배수경(여성문화이론연구소), 성미라(여성문
화이론연구소), 심혜경(중앙대 강사), 조현순(경희대 강사)

3. 가족: 다른 가족은 가능한가?

1강: 가족 이론에 대한 검증과 여성주의적 질문

2강: 가족의 기원과 사상: 동아시아의 맥락에서

3강: 가족의 담론과 실제: 현대의 맥락에서

4강: 현대 가족과 저출산

5강: 다시 생각하는 '가족'이라는 화두

강사: 권희정 (여성문화이론연구소), 문현아(여성문화이론연구소), 박수미(한국여성개발원), 이숙인(한국학중앙연구원)

4. 성노동: 성 · 자본 · 권력

1강 성매매담론의 현주소: 논쟁점들

2강 시장과 신체의 역학 관계– 성노동의 경우

3강 국가/국제적 맥락에서 성노동자 인권: 국가 · 인신매매 · 에이즈

4강 여/성노동의 성격: 일하지만 노동이 아닌

5강 성노동/성매매 다시 생각하기: 네모테이블 토론

강사: 고정갑희(한신대교수), 김경미(이화여대 교수), 문현아(여성문화이론연구소), 문은미, (여성문화이론연구소), 이희영(민성노련)

5. 국가와 법과 젠더

1강 양심이 우리 모두를 주체로 만든다: 섹스/젠더/주체성

2강 젠더 수행성과 조롱의 독법

3강 혐오발화: 성매매, 포르노그래피, 군대에서의 동성애

4강 불확실한 삶: 폭력과 애도의 정치학

5강 국가와 법과 여성

강사: 임옥희(여성문화이론연구소)

■ 2006년 여름강좌

1. 성별 문제 (Gender Trouble) 그 이후 — 이원적 성별에 대한 재고와 도전들

1강 이론적 개괄: 성별 수행성 이론 이후의 성별에 대한 의제와 토론

2강 가려진 성별 위반: 여성의 남성성 (Female Masculinity)

3강 무대위에 별난 성별들: Drag King (여성의 남성성) 공연의 의미와 분석

4강 여성의 성별전환주의(female to male transgenderism)의 정치학

5강 미국 여성동성애자 TV 극 "L 단어" (The L Word) 거슬러 읽기: 여성의 남성성에 대한 재현을 중심으로

강사: 지혜 (공연학/문화학 연구자)

2. 자연, 여성, 노동: 탈식민의 문화정치를 위한 맥락 잡기 I

1강 맑스주의적 생산·소외 이론에 개입하기:『다른 세상에서』5장

2강 생산/재생산 노동 분리의 해체:『다른 세상에서』14장

3강 성노동, 자연, 민족—국가:『교육기계 안의 바깥에서』4장

4강 여성노동의 다양한 형태들:『포스트식민 이성비판』4부

5강 노동과 물질에 대한 새로운 정의: 몸의 유물론적 페미니즘 시각

강사: 태혜숙 (대구가톨릭대 교수)

3. 처음 만나는 정신분석 2

1강 무의식

2강 꿈과 실수행위

3강 강박증, 부친살해

4강 반복강박과 죽음충동

5강 우울증

강사: 구번일, 심혜경, 허윤(여성문화이론연구소), 오은경(동덕여대 교수), 조현순 (성신여대 강사)

4. 생명윤리를 넘어선 과학과 여성주의

1강 생명윤리와 일상의 윤리: 고지된 동의(informed consent)의 한계

2강 생명공학과 특허문제: 정보로 번역되는 몸

3강 'Bio'의 정치: 생명, 국가, 사회, 자본

4강 포르노화 된 생명이미지: 배아, 태아 그리고 여자

5강 환원론 너머의 생물학

강사: 백영경(연세대강사), 박소영(여/성이론 편집위원)

5. 안티고네와 주이상스

1강 소포클레스의 비극 안티고네 읽기

2강 라캉의 안티고네: 두 죽음 사이에 있는 숭엄한 아름다움

3강 셰퍼드슨과 주판치치의 안티고네: 사랑과 미의 영웅 혹은 욕망의 매혹과 공포

4강 버틀러의 안티고네: 친족과 젠더를 허무는 퀴어 주체

5강 여성적 주이상스

강사: 조현순(경희대 강사)

6. 성은 젠더, 이름은 트랜스

1강 말: 트랜스젠더와 범주

2강 칼: 트랜스젠더와 의학

3강 살: 트랜스젠더와 체현

강사: 운조

7. 여성주의, 공동체를 묻다

1강 공동체의 기원신화로서 과학 그리고 상황적 지식

2강 인구위기, 공동체, 재생산의 정치학

3강 남성연대, 군사주의, 안보공동체

4강 이승과 저승사이 여자들의 공동체

5강 공/사영역의 재구성과 여성주의 공동체

강사: 박소영(여/성이론 편집위원), 백영경(연세대 강사), 정희진(연세대 강사), 문영희(경희대 강사), 권김현영(언니네트워크 운영위원)

8. 함께 읽고 이야기하는 "경계없는 페미니즘"

1강 서구의 시선아래: 서로 다른 페미니즘의 목소리

2강 서로 다른 차이를 넘어서는 동맹의 정치학

3강 투쟁의 지도를 그리며

4강 신자유주의의 영향력에 맞서는 모한티의 페미니즘

5강 반자본주의 투쟁을 위한 페미니즘 연대

강사: 문현아(여성문화이론연구소, 경계없는 페미니즘 역자)

9. 성노동: 섹슈얼리티와 경제의 로고스

1강 "성노동"을 둘러싼 언어들: 매춘 · 성매매 · 성노동 · 성판매여성 등

2강 법은 성노동을 어떻게 보는가: 비범죄주의 · 합법화 · 금지주의

3강 성노동과 시장: 상품 · 가치 · 욕망

4강 여성운동과 성노동자운동: 성노동의 정치학

5강 성노동과 섹슈얼리티: 노동하는 성애 vs 성적 노동

강사: 고정갑희, 김경미, 문은미, 문현아, 박이은실(이상 여이연 성노동연구팀)

■ 2007년 겨울강좌

1. 여성철학 입문- 여성주의적 정체성을 중심으로

1강 분열된 여성, 그들을 위한 철학은 가능한가?

2강 여성주의 삼세대와 "여성주의적 정체성"

3강 "정체성"의 세 가지 개념 구분

4강 여성주의적 정체성과 인정이론

5강 여성주의적 연대의 가능성

강사: 이현재(여성문화이론연구소)

2. 생명과학기술 : 여성의 몸과 일상의 정치

1강 '여성의 몸'과 '과학기술' – 나쁜 개념들!

2강 황우석 사태 이후 난자문제의 전개와 여성주의적 개입

3강 바보같은 바이오경제 – 여성의 몸은 황금광이다?

4강 의료관광 – 지구화맥락에서의 제 3세계 의료 상품화

5강 테크노포비아 – 왜, 누가 과학기술을 두려워하는가?

강사: 박소영(여성문화이론연구소), 손봉희(한국여성민우회), 백영경(한국여성민우회)

3. 여성주의 문화이론: 여성의 눈으로 영화읽기

1강 로라 멀비: 시각 주체는 남성, 대상은 여성?

2강 메리 앤 도앤: 가면과 여성 관객

3강 아네트 쿤: 여성 바디 빌더의 몸

4강 산드라 리 바트키: 강요된 여성성, 날씬한 몸

5강 린다 윌리암스: 포르노, 표현의 자유 아니면 여성인권 탄압?

강사: 조현준(여성문화이론연구소)

4. 페미니즘과 정신분석: 사랑의 이야기

1강 여성적 나르시시즘의 가장무도회

2강 복수와 사랑의 도착: 여사제 지간의 애증

3강 사랑의 굴레 혹은 연대: 제시카 벤자민

4강 불안과 공포의 변주: 레나타 살레클

5강 슬픔과 애도의 정치: 사라지는 존재를 기억하기

강사: 니리, 영희, 옥희 (여성문화이론연구소 정신분석세미나팀)

5. 정신분석으로 유럽의 '히잡'논쟁 들여다보기

1강 이슬람 여성들은 왜 베일을 선택했을까?

2강 거세된 이슬람 남성과 페티시즘

3강 팰러스로서의 베일

4강 유럽은 무엇을 원하는가?

5강 민족주의 너머, 여성적 환상 가로지르기

강사: 오은경(여성문화이론연구소)

6. 여성, 교육기계, 초국가적 문화연구: 탈식민의 문화정치를 위한 맥락 잡기 Ⅱ

1강 학계의 정치, 주변성, 포스트식민성: 3장 [교육기계 안의 주변성]

2강 메트로폴리스의 다문화주의와 인도 서발턴 여성: 4장 [차이 속의 여성]

3강 문화번역으로서의 포스트식민 읽기와 제3세계 언어들의 번역: 9장 [번역의 정치]

4강 이주민 디아스포라와 새로운 읽기의 여성주의 정치학: 12장 [새미와 로지가 섹스를 하다]

5강 초국가적 문화연구와 해체론–맑스주의–페미니즘: 13장 [문화연구의 문제에 관한 단상들]

강사: 태혜숙(여성문화이론연구소)

7. 여성의 역사: "조선의 주변부 여성들"

1강 공녀, 변방 '국민', 이등 '시민'

2강 첩, 가부장제와 여성의 위계

3강 서녀, 가족 속의 경계인 역사 속의 주변인

4강 기녀, 천민의 몸에 귀족의 머리

강사: 김경미, 서지영, 이숙인(여성문화이론연구소), 정지영(이화여대)

8. 페미니즘 이론 : 가족 내 노동

1강 성별노동분업 이데올로기 검토

2강 여성적 노동/남성적 노동 = 가족/시장?

3강 가족 내 노동개념의 발견과 그 함의

4강 사랑? 가족? 그리고 자본

5강 가족 내 노동의 재구성과 젠더관계의 변화

강사: 문현아 (여성문화이론연구소)

9. 성을 이론화하기 I

1강 성이론과 성관계——성이론의 토대 구축을 위한 관계의 재설정

2강 성관계와 성별/성애——섹스, 젠더, 섹슈얼리티의 재설정

3강 성권력과 성거래——권력과 거래의 재설정

4강 성계급과 성자본——계급과 자본의 재설정

5강 성노동과 성산업——노동과 산업의 재설정

강사: 고정갑희(여성문화이론연구소)

■ 2007년 여름강좌 ···

1. 다문화주의와 여성주의

1강 다문화주의의 철학적 기반

2강 다문화주의와 젠더 불평등

3강 다문화주의와 여성주의의 접점 모색

4강 다문화주의와 유교적 전통

5강 다문화주의와 이슬람여성

강사: 현남숙(성공회대), 오은경(여성문화이론연구소)

2. 조선의 제도와 성: 예와 법

1강 제사가 재산이다: 상속제의 장자 중심성

2강 제사도 권력이다: 총부(冢婦)의 힘

3강 절차는 승인이다: 육례(六禮), 혼례의 여섯 가지 절차

4강 어머니만 어머니가 아니었다: 복제와 팔모(八母)

5강 죽음으로 남편을 따르다?: 재가금지와 열녀(烈女)

강사: 이숙인, 김경미(여성문화이론연구소)

3. 처음 만나는 정신분석 1

1강 오이디푸스 콤플렉스, 남근 선망

2강 매저키즘과 패티시

3강 히스테리

4강 여성성

5강 나르시시즘

강사: 심혜경, 오은경, 조현준, 허윤, 구번일(여성문화이론연구소)

4. 가족 내 친밀한 노동: 사랑인가? 노동인가?(Viviana A. Zelizer(2005))

1강 친밀한 가족 내 노동이라는 오해

2강 가족 내 재산의 통제와 분담

3강 출산 그리고 아동양육에 따른 노동과 사랑의 분담

4강 가족관계에 대한 법의 개입

5강 친밀함과 노동 사이의 가치 투쟁

강사: 문현아(여성문화이론연구소)

5. 섹슈얼리티sexuality 1

1강 역사와 개념들 : 성(sex)/성별(gender)/섹슈얼리티(Sexuality)

2강 이론적 문제들 : 본질주의와 사회적 구성주의

3강 성적 범주에 대한 질문들 : 이성애, 레즈비언, 양성애

4강 까다로운 문제들 1 : 성폭력, 포르노그래피, 낙태

5강 까다로운 문제들 2 : 노동하는 섹슈얼리티

강사: 문은미, 박이은실(여성문화이론연구소)

6. 급진주의 페미니즘: 이론가들

1강 슐라미츠 파이어스톤: 성의 변증법

2강 케이트 밀레트 : 성의 정치학

3강 캐서린 맥키논 : 성과 폭력

4강 캐서린 배리 : 섹슈얼리티의 매춘화

5강 캐롤 페이트만 : 성적 계약

강사: 고정갑희, 김경미, 문은미, 허라금(여성문화이론연구소)

■ **2008년 겨울강좌** ···

1. 페미니즘 이론 : 인식론 1

1강 페미니스트 인식론 : 지도그리기

2강 '내부의 아웃사이더'outsiders-within: 흑인 페미니스트 인식론

3강 '강한 객관성' strong objectivity, 하딩

4강 '상황적 지식' situated knowledge, 해러웨이

5강 유목적 사유 nomadic thinking, 브라이도티

강사: 문은미, 박미선, 큰쇼(여성문화이론연구소)

2. 서구의 시선 너머: 이론가들

1강 서구의 시선 아래 : 찬드라 탈파드 모한티

2강 여성, 원주민, 타자 : 트린 티 민하

3강 다른 세상에서 : 가야트리 스피박

4강 흑인 페미니즘의 정치학 : 패트리샤 힐 콜린스

5강 젠더와 인종의 교차. 계급 :벨 훅스

강사: 문현아, 박미선(여성문화이론연구소)

3. 양성애: 퀴어 메스티자

1강 양성애 개념의 계보

2강 양성애 정체성 그리고 양성애적 행위

3강 양성애적 인식론

4강 차이

5강 양성애: 퀴어 메스티자(mestiza)

강사: 박이은실(여성문화이론연구소)

4. 조선의 제도와 성: 예와 법

1강 제사가 재산이다: 상속제의 장자 중심성

2강 제사도 권력이다: 총부(冢婦)의 힘

3강 절차는 승인이다: 시집사람 만들기의 정착 과정

4강 어머니만 어머니가 아니었다: 여덟 어머니와 복제(服制)

5강 남편을 따라죽은 사정: 재가 금지와 열녀(烈女)

강사: 이숙인, 김경미(여성문화이론연구소)

5. 처음 만나는 정신분석 2

1강 무의식과 농담

2강 꿈과 실수행위

3강 토템과 터부

4강 반복강박과 죽음충동

5강 우울증

강사: 허윤, 구번일, 임옥희, 심혜경, 조현준(여성문화이론연구소 정신분석세미나팀)

6. "희망의 괴물들" – 페미니즘으로 읽는 생명과학기술

1강 공동체 – 호르몬, 바이오신약과 시민권의 정치

2강 일상 – 대리모, 과학기술의 문제가 아니라 일상의 문제

3강 거래 – 장기매매와 난자매매, 게일 러빈의 '여자거래' 다시 읽기

4강 몸 – 감시 테크놀러지로서 유방암과 자궁암 검진

5강 타임머신과 지도 – 해러웨이와 함께 Bio–자본주의의 미로를 탐사하기

강사: 큰쇼(여성문화이론연구소

1. 주디스 버틀러와 젠더 읽기

1강 섹스/젠더/섹슈얼리티: 〈젠더 트러블〉

2강 가장무도회와 젠더: 〈Bodies that matter〉

3강 모호한 욕망, 불순한 복종: 〈안티고네의 주장〉

4강 성적 자율의 경계에서: 〈Undoing Gender〉

5강 국가 없는 주체들: 〈누가 민족국가를 노래 하는가〉

강사: 조현준(여성문화이론연구소), 주해연(위스컨신대)

2. 페미니즘 이론 : 유물론적 페미니즘

1강 유물론적 페미니즘의 문제설정

2강 가사노동 논쟁

3강 여성의 임금노동

4강 섹슈얼리티와 재생산

5강 자본주의 발전 형태로서의 가족

강사: 문은미(여성문화이론연구소)

3. 음모 가득한 캔버스, 페미니즘/레즈비언 미술

1강 페미니즘/여성 + 퀴어/레즈비언 그리고 미술

2강 레즈비언+페미니즘 미술의 역사 – 서구를 중심으로

3강 페미니즘/레즈비언 미술가들

4강 페미니즘/레즈비언의 재현을 기획하기

5강 공동 기획 전시(액션) (5강 공동기획전시는 수강생과 날짜 조정 후 전시 예정)

강사: 수수 (〈퀴어문화축제 전시〉, 〈작전L〉, 〈젠더스펙트럼〉 전시 기획팀에서 활동했으며 마포FM 〈야성의 꽃다방〉,〈L양장점〉에서 페미니즘/레즈비언, 퀴어 미술가 소개하는 코너 진행 중)

4. 섹슈얼리티 2

1강 욕망 그리고 정체성

2강 레즈비언/게이 이론

3강 트랜스젠더 이론

4강 양성애 이론과 퀴어이론

강사: 한채윤(한국성적소수자문화인권센터), 나영정(순천향대), 루인(트랜스젠더
인권활동단체 지렁이), 박이은실(여성문화이론연구소)

5. 흑인페미니즘 사상

1강 흑인 페미니즘의 지형도

2강 노동, 가족, 모성, 지배적 이미지

3강 자기정의의 힘과 흑인여성의 성정치

4강 초국가적 틀에서 다시 본 흑인 페미니즘

5강 흑인 페미니즘의 인식론과 역능강화

강사: 박미선(여성문화이론연구소), 주해연(위스컨신대)

6. 사회주의 페미니즘: 이론가들

1강 여성, 가장 긴 혁명 – 줄리엣 미첼

2강 여성의 의식, 남성의 세계 – 쉴라 로우보텀

3강 맑시즘과 페미니즘의 불행한 결혼 – 하이디 하트만

4강 아버지 없는 삶 – 바바라 에렌라이히

5강 성적 민주주의(sexual democracy) – 앤 퍼거슨

강사: 문은미(여성문화이론연구소)

■ 2008년-2009년 이론읽기 강좌 지독
[지독至毒: 독하게 읽기, 지독遲讀: 더디게 읽기, 지독知讀: 알며 읽기]

화요강좌 자본론 읽기

강사: 이은숙

교재: 자본론(칼 마르크스, 김수행 역, 비봉출판사)

자본론 I 상(6주)

자본론 I 하(6주)

자본론 II (6주)

자본론 III 상(6주)

자본론 III 하(6주)

목요강좌 정체성 읽기

강사: 박이은실

교재: Identity: a reader(Paul du Gay, Jessica Evans, and Peter Redman SAGE Publication)

특강 : 박미선, 이현재(여성문화이론연구소)

1부: 언어, 이데올로기 그리고 담론이라는 주제에 대하여

누가 '정체성'을 필요로 하는가?(스튜어트 홀)/이데올로기가 주체로서의 개인에게 질의를 하다(루이스 알튀세르)/언어에서의 주체성(에밀 방브니스트)/거울단계(자크 라깡)/여성적 섹슈얼리티(재클린 로즈)/시적 언어에서의 혁명(줄리아 크리스테바)/봉합: 영화예술 모델(카자 실버맨)/차연(자크 데리다)/정체성 캐묻기: 탈식민적 특권(호미 바바)/영역계(미셸 푸코)/퀴어일 수 밖에 없는(주디스 버틀러)

2부: 정신분석과 심리사회적 관계

정신분열 체계에 대한 몇 가지 주석(멜라니 클레인)/아동발달기에 있어 거울로서의 어머니와 가족의 역할(도널드 위니콧)/변이적 대상과 변이적 현상(도널드 위니콧)/불안에 대한 방어로서의 사회체계(이사벨 멘지스 리트)/정신분석, 인종주의, 반인종차별주의(마이클 뤄스틴)/흑인과 정신병리학(프란츠 파농)/우리시대의 나르시스적 인성(크리스토퍼 래쉬)/오이푸스콤플렉스의 난제(제시카 벤자민)/자

아의 궤적(안소니 기든스)/애도에 무슨 일이 일어나고 있는가?(이안 크라입)

3부: 정체성, 사회학, 역사

호모 클로수스와 문명화 과정(노버트 엘리아스)/일대기적 환상(삐에르 부르디외)/'지위'에 대한 주석(토마스 험프리 마샬)/정체성, 계보학, 역사(니콜라스 로즈)/인간 정신의 범주: '인간 개인'이라는 개념과 '자아'라는 개념(마르셀 모스)/정치학이라는 전문직과 직업(막스 베버)/'쾌락의 활용'에 대한 입문(미셸 푸코)/'자아 양성'이라는 관념에 대한 성찰(삐에르 하도트)/인격과 가면적 인격(아멜리에 오켄스버그 로티)

■ **2009년 겨울강좌** ···

1. 시대난독

1강 시대난독: 어떻게 시대를 읽을 것인가

2강 옥소리를 지지한다: '간통죄'가 제기하는 문제들

3강 종부세 합헌/감세론을 통해 생각해 본 여성의 재산권과 가족

4강 '진실'의 소리 : 왜 아버지인가?

5강 살아있는 시체들의 낮: 군가산점제의 부활

강사: 고정갑희, 임옥희(여성문화이론연구소), 이박혜경(연세대 강사), 전해정(서울대 법대 BK21 연구원), 권김현영(국민대 강사)

2. 청소녀를 위한 강좌 "보라자루를 타고 날다"

1강 말랑말랑한 나 그리고 공간

2강 몸 그리기(Body Drawing) : 나의 몸과 그녀의 몸

3강 관계 안에서의 젠더, 섹슈얼리티 그리고 밖

4강 어떻게 살 것인가1– 여자'독립'만세

5강 어떻게 살 것인가2– 꿈꾸는 공동체

강사: 목요일오후한시(Playback theatre 극단), 김서진(독립영화 및 연극연출가), 살바, 팝콘, 오정(여성문화이론연구소)

3. "마성의 페미니스트" 1 : 여성주의 정치경제학

1강 게일 러빈 : 여자거래

2강 머린 매킨토시 : 성과 경제

3강 크리스틴 델피 : 가부장제, 가내 생산양식, 젠더

4강 스피박 : 최종심급으로서 여성의 몸

5강 그래함−깁슨 : 자본주의의 종말

강사 : 문은미, 박미선, 임옥희(여성문화이론연구소)

4. 여성주의 문화철학과 「오디세이」 신화

1강 여성주의 문화철학이란 무엇인가?

2강 아도르노의 모더니티 비판 및 극복과 여성주의

3강 「오디세이」신화읽기 Ⅰ−사이렌들: 비동일적 자아

4강 「오디세이」신화읽기 Ⅱ−키르케: 다중심적 자아

5강 「오디세이」신화읽기 Ⅲ−페넬로페: 스토리텔링에 의한 주체의 형성

강사 : 노성숙(여성문화이론연구소)

5. 여성주의 지리학 : 젠더, 정체성 그리고 장소(place)

1강 장소로서의 몸

2강 집, 장소 그리고 정체성

3강 공동체, 도시, 지역 그리고 국가

4강 탈장소성의 경험과 경계 가로지르기

5강 이주와 젠더에 대한 지리학적 접근

강사 : 이현재, 박미선, 오김숙이(여성문화이론연구소), 김현미(서울대 강사), 정현주(서울대 인문학연구소)

6. 역자와 꼼꼼히 읽는 〈젠더 트러블〉

1강 이원론과 일원론을 너머: 보봐르와 이리가레

2강 가면의 전략들: 리비에르와 라캉

3강 젠더 우울증: 프로이트와 버틀러

4강 몸의 정치학: 크리스테바와 버틀러

5강 에르퀼린 바르뱅: 푸코와 버틀러

강사: 조현준(여성문화이론연구소)

7. 여성주의와 사랑 · 권리 · 연대

1강 자기보존을 위한 투쟁에서 정체성 인정투쟁으로

2강 상호인정관계의 세 가지 유형: 사랑, 권리, 연대

3강 상호인정관계의 현대적 체계화: G. 미드와 제시카 벤자민

4강 모든 물화(Verdinglichung)는 인정의 망각이다.

5강 무시와 도덕적 저항: 성노동자 운동의 사례를 중심으로

강사: 이현재(여성문화이론연구소)

8. 미술 속 페미니즘 _ '페미니즘'으로 시작하는, 대안적 재현 기획

1강 한국의 미술 속 페미니즘 1 : 1980년대 후반부터 1999년

2강 한국의 미술 속 페미니즘 2 : 1999년부터 2008년

3강 미술에 던지는 페미니즘의 질문들 1 : 페미니즘의 실천 사례들

4강 미술에 던지는 페미니즘의 질문들 2 : 국내외 소수자/여성 미술 속의 재현
방법

5강 미술 속에서 찾는 대안적 실천 : 미술 속 민주주의 소통 확대와 관련한 실천

강사: 수수(미술 속 페미니즘과 젠더 아카이브 '대륙붕', 현재 마포FM 〈야성의 꽃
다방〉, 〈L양장점〉에서 여성/퀴어 미술 코너 진행)

■ **2009년 여름강좌** ···

1. 시대난독

"여성 연예인으로 산다는 것: 연예 노동과 인권"

패널: 고정갑희(여성문화이론연구소), 나영정(진보신당 대외협력국장), 키라(한국
성폭력상담소)

2. 세계화의 하인들 : 여성 · 이주 · 가사노동

1강 여성, 이주, 노동: 변화의 시작

2강 재생산노동의 국제적 분업

3강 여성노동의 이주와 초국적 가족의 형성

4강 가사노동의 정치학과 세계화

5강 새로운 주체로서의 발돋움: 무소속의 탈구위치

강사: 문현아(여성문화이론연구소)

3. 스피박 읽기, 넘기, 뒤집기

1강 교육기계의 안과 바깥: 페미니스트 페다고지

2강 스피박으로 오/독해한 칸트, 헤겔, 마르크스

3강 영혼의 발명과 제국주의 시학: 더 리더, 존 쿳시, 진 리스,

4강 텔레포이에시스와 경계넘기: 디아스포라의 문화정치

5강 생존회로와 하위여성주체: 커피와 빵과 장미?

강사: 임옥희(여성문화이론연구소)

4. '근대' 가족의 탄생

1강 도메스틱 페미니즘의 형성과 흐름

2강 신여성, 신남성들의 사랑과 결혼

3강 어린이기와 근대적 모성의 탄생

4강 신여성의 부엌개량과 "가정개조"

강사: 목토, 오정, 호두(여성문화이론연구소)

5. 정신분석 페미니즘: 상실의 상속이 주체를 만든다

1강 멜라니 클라인: 식인주체의 탄생과 채식주의 뱀파이어의 윤리

2강 도널드 위니콧: 놀이와 현실, 부모와 자녀의 관계

3강 제시카 벤자민: 매저키즘 주체와 주인−노예의 변증법

4강 주디스 버틀러: 젠더 정치와 불확실한 삶

5강 줄리아 크리스테바: 검은 태양과 어머니 죽이기

강사: 이현재, 임옥희(여성문화이론연구소)

6. 페미니즘 정치경제학 : 탈자본주의 정치의 가능성

1강 마르크스주의 정치경제학 비판

2강 다양한 경제들: 자본주의경제와 비자본주의 경제 형태들

3강 계급에 대한 재정의: 반본질주의적 개념화

4강 자본주의라는 공간: 강간의 공간에서 생산적 공간으로

5강 (여성주의) 경제공동체: 탈자본주의 정치의 가능성

강사: 문은미, 이현재(여성문화이론연구소), 최영진(서울대 지리교육학과 박사과정)

7. 여성주의 인문학으로 다시 읽는 현대 여성주의 이론

1강 성차의 정치에서 성차의 윤리로: 뤼스 이리가라이

2강 전지구화 시대 유목적 주체와 서구 페미니즘의 딜레마: 로지 브라이도티

3강 특수와 보편의 번역 실천으로서 페미니즘: 주디스 버틀러

4강 테크노 문화 시대의 여성주의 인문학: 다나 해러웨이

5강 흑인 페미니즘과의 조우: 여성주의 인문학과 이론 읽기의 방법들

강사: 황주영(한국철학사상연구소, 여성철학전공), 박미선(여성문화이론연구소)

8. 문서로 보는 조선여성의 경제생활(살림경제)

1강 여성 치산(治産)의 담론

2강 양반가 여성들의 살림살이

3강 치부(致富)에 성공한 여성들

4강 법과 제도를 통해 본 여성의 경제적 지위

5강 재산권에 관한 분쟁과 소송

강사: 김경미(여성문화이론연구소), 이성임(서울대 규장각), 이숙인(여성문화이론연구소)

■ 2010년 겨울강좌

1. 시대난독

페미니스트 '루저'?

발제 1. 홈(가부장적 홈)에서 홈(공동체)으로의 지향을 위하여/ 김강(예술과 도시 사회연구소)

발제 2. 페미니스트, '불온'한 건강을 말하다/ 약손(여성문화이론연구소)

2. 밑줄 긋기: 역자와 함께 읽는 흑인 페미니즘 사상

1강 억압과 저항의 변증법: 흑인 페미니즘의 사상과 정치

2강 노동, 가족, 재현: 억압에 반응하는 흑인여성들의 행위주체성

3강 성정치와 자기정의의 힘: 개인적 힘 기르기와 자기 표현

4강 흑인여성들 사이의 사랑: 유대 관계를 지닌 여성은 살아남는다

5강 지식, 의식, 힘기르기의 정치: 흑인 페미니즘 인식론과 액티비즘

강사: 박미선(여성문화이론연구소)

3. 여성주의와 사랑 · 권리 · 연대

1강 자기보존을 위한 투쟁에서 정체성 인정투쟁으로

2강 상호인정관계의 세 가지 유형: 사랑, 권리, 연대

3강 상호인정관계의 현대적 체계화: G. 미드와 제시카 벤자민

4강 모든 물화(Verdinglichung)는 인정의 망각이다.

5강 무시와 도덕적 저항: 성노동자 운동의 사례를 중심으로

강사: 이현재(여성문화이론연구소)

4. 여성+미술+관계 청산

1강 안전 단어(Safe Word) – 키워드 : 플레이, 세련된 욕망, 보여 지는 쾌락, 첨단 질병 등

2강 꽃/도망 – 키워드 : 꿈, 우상, 팬덤, 떡밥 갈증, 재현 유통 등

3강 저/화상 – 키워드 : 나, 자기애, 증식, 복제, 몸의 확장 등

4강 일 - 키워드 : 시간, 일하는 몸, 로맨스 등

5강 캡쳐(capture) - 키워드 : 기념하기, 역사 만들기, 시공간 조립하기 등

강사: 수수(미술 속 페미니즘과 젠더 아카이브 '대륙붕' 현재 마포FM〈야성의 꽃다방〉, 〈L양장점〉에서 여성/퀴어 미술 코너 진행)

5. 페미니즘 이론 : 여성주체

1강 '언제나 이미' 존재하는 몸: 끝나지 않는 논쟁, 성차 - 시몬 드 보부아르

2강 사랑의 지혜: 친밀함은 따로 거주할 것을 요구한다 - 뤼스 이리가라이

3강 여성 주체와 새로운 인식론의 구성: 내부자로서의 외부자(outsider within) 여성 - 산드라 하딩

4강 서사주체로서의 여성 - 실라 벤하비브

5강 테크노사이언스 안에서 주체의 재형상화 - 다나 해러웨이

강사: 이정순, 인디(NGA/SF), 이해진, 노성숙, 현남숙(여성문화이론연구소)

6. 초국적 자본/트랜스/네이션 시대의 문화읽기

1강 자본/국가/민족의 교환에서 여성의 자리- 영화와 섹슈얼리티 읽기

2강 구글베이비/재생산/'교환'가치의 문제

3강 신자유주의 시대의 가족의 경치경제학

4강 여성/역사/네이션: 잡거문화적 공간과 청연

5강 홈, 모성, 마더의 언어: 〈엄마를 부탁해〉

강사: 김선아(중앙대), 조혜영(여성영화제 프로그래머), 임옥희, 신주진, 허윤(여성문화이론연구소)

7. 출산 구별짓기와 입양의 낭만화

1강 근대, '가족' 없는 사람들

2강 영화 〈과속 스캔들〉 다시 읽기: 속도 뒤에 가려진 진실

3강 살아있는 유령 100만명: 진실과 화해를 위한 한국입양공동체 (A Million Living Ghosts: Truth and Reconciliation for the Adoption Community of

Korea) *통역제공

4강 미혼모당사자 좌담회 "제3의 가족"

강사: 권희정(한국미혼모지원네트워크), 문현아(여성문화이론연구소), 제인정 트렌카(〈피의 언어〉작가, 입양인, TRACK), 미혼모가족협의회 준비위원장 목경화 및 미스맘마미아회원 3인

8. 버틀러의 〈젠더 트러블〉과 〈젠더 허물기〉

1강 이분법과 일원론을 이론화하기, 그리고 그 너머

2강 라캉, 리비에르, 그리고 가면의 전략들

3강 푸코, 에르퀼린, 그리고 성적 불연속성의 정치학

4강 성적 자주성의 경계에서

5강 젠더의 진단 연기

강사: 조현준(여성문화이론연구소)

■ 빨간뻔데기 목요강좌

목요일마다 후일도모: 한국에서의 젠더와 미술 그리고 살아남기

1강 탈근대미술지형 들여다보기/ 임정희(미학/미술평론가 연세대학교 겸임교수)

2강 우리시대 페미니즘 미술의 담론과 형상/ 임정희(미학/미술평론가 연세대학교 겸임교수)

3강 1950년대 뉴욕 미술계와 동성애: 남성성, 미술, 그리고 문학/ 고동연(한예종, 성대 강사)

4강 레즈비언과 여성미술: 프로젝트 L의 실례를 중심으로/ 고동연(한예종, 성대 강사)

5강 순전히 주관적인, 대한민국에서의 여성+미술─ 쓰라린 경험/ 오혜주(전시기획자, 전 여성사전시관 관장. 현 테이크아웃 드로잉 프로젝트 디렉터)

6강 대한민국에서 문화적인 여성으로 살아남기는 가능한가?/ 오혜주(전시기획자, 전 여성사전시관 관장. 현 테이크아웃 드로잉 프로젝트 디렉터)

7강 정정엽 작가 작업실 탐방

8강 윤석남 작가 작업실 탐방

■ 2010년 여름강좌

1. 여성/작가 그리고 공동체의 지속가능한 삶을 위한 예술을 고민하기

1강 여성과 '작가' 정체성

2강 노동의 위계와 젠더

3강 예술의 위계와 젠더

4강 재생산을 위한 노동과 창조적 노동

5강 지속가능성이라는 창조를 위한 예술실천과 젠더

강사: 수수(여성문화실천을 만드는 사람)

2. 주디스 버틀러와 타자의 윤리학: 애도, 주권, 국가

1강 나에서 우리로, 규범의 규제성과 변형성이라는 패러독스

2강 애도의 정치학과 윤리성, 살 만한 삶은 무엇인가?

3강 주권의 역설, 보편적 이중성인가, 특수한 역사성인가

4강 민족과 국가의 경계에서 타인의 얼굴을 환대하기

5강 심리 양태와 국가 장치로서의 스테이트(state), 그 수행적 모순의 미래

강사: 조현준(경희대 교양학부 객원교수)

3. 포스트식민 시대의 문학읽기

1강 (파키스탄) 혼종성과 그로테스크: 살먼 루시디의 [수치]

2강 (인도) 식민주의, 카스트, 젠더- 머뭄과 떠남: 아룬다티 로이의 [작은 것들의 신]과 바라티 무커지의 [재스민]

3강 (필리핀) 이방인들의 나라: 제시카 해거든의 [개먹는 놈들]

4강 (베트남) 사이를 오가는 자: 앤드류 X. 팜의 [메기와 만다라]

5강 (카리브) 하얀 피부 검은 가면: 미셀 클리프의 [하늘로 통하는 전화는 없다]

강사: 성정혜, 신현욱, 이경란, 이승은(탈식민세미나팀)

4. 섹슈얼리티 3_욕망, 정체성, 사회 그리고 횡단적 성적 주체성

1강 한국의 성 연구 지형 살펴보기

2강 주체화 과정과 욕망의 구성에 관하여

3강 성적 정체성에 관하여

4강 횡단적 주체성에 관하여

5강 그리고 남아있는 문제들

강사: 박이은실(지구지역행동네트워크/페미니즘학교)

5. 지구화시대 여성, 몸, 노동

1강 상품화의 문제

2강 감정의 상품화: 어디까지가 진심인가?

3강 친밀성의 상품화: 어디까지 용인되는가?

4강 몸 노동의 상품화: 하이-터치 서비스

5강 지구화와 서비스 경제의 등장

강사: 문은미, 오김숙이, 이현재(여성문화이론연구소)

6. 페미니즘 개념어 사전 1 : 젠더와 정치적인 문제의 재구성

1강 공적인 것과 사적인 것(public/private)

2강 정체성의 정치(identity politic/the politics of identity)

3강 평등(equality)

4강 돌봄(care)

5강 시민권(citizenship)

강사: 구번일, 문은미, 오김숙이, 정혜실(여성문화이론연구소)

■ 2010년 강좌수강생 요구에 따른 맞춤형강좌: 화요실험실
현대여성주의 이론사: 자매애부터 포스트페미니즘까지

강사: 박미선

주교재: 다나 해러웨이 『여성, 유인원, 사이보그』(1991, 민경숙 역, 동문선), 로지 브라이도티, 『유목적 주체』((1994, 박미선 역, 도서출판 여이연), 브라이도티, 『변위: 유목적 윤리학』((김은주, 박미선, 이현재 역. 근간, 문화과학사)

0강 예비강좌: 전지구적 틀에서 본 현대 여성주의 이론사

1강 여성의 몸과 재생산을 둘러싼 논쟁들: 이론적 쟁점을 넘어

2강 여성주의 인문학으로 읽는 젠더 이론사

3강 우리들의 독법 개발하기: 대가들을 서로 대결시켜 읽어 보자

4강 유목적 페미니즘: 정치, 철학, 윤리

5강 나의 언어를 말해보기: 나와 우리의 여성주의 인문학을 향해서

6강 젠더 연구의 현재와 미래, 그리고 젊은 이론가인 나의 연구

■ **2011년 겨울강좌** ···

1. 한국, 지금 여기에서 포스트식민을 생각하다.

1강 포스트식민주의의 지형도 그리기 (1)

2강 포스트식민주의의 지형도 그리기 (2)

3강 동서양의 제국 개념 비교

4강 근대 일본과 한국의 제국 개념

5강 식민/ 신식민/ 탈식민/ 초국가

강사: 이삼성(한림대), 태혜숙(여성문화이론연구소) 외

2. 즉흥연극 워크샵 〈엉덩이와 의자의 결별〉: 몸 · 사랑 · 일 · 욕망 · 꿈

진행: 극단목요일오후한시(배우: 두둑, 오정)

3. 페미니즘 운동사, 새로운 물결들

1강 제 1세대 페미니즘

2강 제 2세대 페미니즘

3강 "제 3세대 페미니즘?"

4강 제 3세대 페미니즘?, 포스트페미니즘

5강 한국 페미니즘 운동 맥락에서 다시 읽기

강사: 문은미, 박이은실, 최은영(여성문화이론연구소)

4. 조선, 여자의 일생 : 문서로 읽는 조선 여성

1강 숨은 일꾼, 여성들의 노동현장

2강 여성에 대한 규제와 그 틈새

3강 문학 속의 에로스와 규범

4강 깨가 쏟아지는 규중의 취미생활

5강 고문서로 읽는 18세기 조선의 생활세계

강사: 정지영(이화여대), 김경미, 서지영, 조혜란, 이숙인(여성문화이론연구소)

5. 〈젠더 허물기 Undoing gender〉 읽기

1강 〈나〉를 허물고 〈우리〉로: 문화번역의 실천 가능성

2강 트랜스 젠더의 현실적 문제들: 자존감 상실을 유도하는 재정적 지원

3강 이성애적 국가 권력과 친족의 딜레마: 제시카 벤자민의 상호인정과 상보성의 문제

4강 이성애적 욕망과 친족을 규범화하는 정신분석학: 반동적 퀴어 주체 안티고네

5강 여성, 타자, 페미니즘의 미래와 전망: 차이와 다름을 수용하는 열린 보편성을 향해

강사: 조현준(여성문화이론연구소)

■ 지독강좌

1. 페미니즘이론읽기 : "페미니즘이 뒤흔든 20년" (1부)

강사 : 김경미, 문은미, 박미선, 박이은실, 이현재, 임옥희 (여성문화이론연구소)

1강 "페미니즘이 뒤흔든 20년" : 페미니즘 이론과 운동의 역사

2강 여성의 신비_베티 프리단(1963년), 여성, 가장 오래된 혁명_줄리엣 미첼
(1966년)

3강 성의 정치학_케이트 밀렛(1970년)

4강 성의 변증법_슐라미츠 파이어스톤(1970년)

5강 레드스타킹선언(뉴욕, 1969년), '개인적인 것이 정치적인 것이다' 캐롤 헤이
니쉬(1970년)

6강 '우리가 매우 각성했을 때'(1971년), 더 이상 어머니는 없다(1976년)_애드리언 리치

7강 '자연이 문화에 대해서처럼 여성은 남성에 대해서 그러한가?'_쉐리 오트너

30강 워크샵 및 종합 토론

2. 정신분석이론읽기: 페미니즘으로 읽는 정신분석 개념들

1강 가족로망스와 오이디푸스화

2강 불안: 죽음에 이르는 영혼의 병

3강 선망 혹은 시샘

4강 전이/역전이의 연금술

5강 나르시시즘: 우정과 환대

6강 시선과 응시: 시선의 패러다임

7강 메저키즘: 공손한 저항

8강 클라인의 편집분열증(카니벌 주체)

9강 슬픔과 애도(크리스테바의 검은 태양)

10강 비체와 비천한 것들: 자본의 순교자들

11강 사랑, 혹은 클레랑보 신드롬

12강 히스테리와 포이에시스

강사 : 임옥희(여성문화이론연구소)

■ 2011년 여름강좌

1. 버틀러의 포스트모던 윤리(5주에 걸쳐 『윤리적 폭력 비판』을 읽는다)

1장 '자기를 설명하기' 읽기

2장 '윤리적 폭력에 대항해서' 읽기

3장 '책임감' 읽기

강사: 양효실 (서울대, 현재 버틀러의 『윤리적 폭력비판』(영어 원제 : Giving an Account of Oneself)을 번역 중)

2. 19세기 유럽, 여성의 탄생

1강 근대적인 삶 – 개인, 욕망, 사생활

2강 부르주아 계급의 여성들

3강 하층 계급의 여성들

4강 몸을 파는 여성들

5강 주체가 되고자했던 여성들

강사: 고원 (경희대학교 후마니타스 칼리지 객원교수)

3. 「트랜스포지션」을 트랜스포지션하기

1강 개념 도구들 점검하기

2강 전지구화 시대 권력의 지형도 그리기

3강 주체의 트랜스포지션: 여성-되기와 동물-되기

4강 유목적 윤리학: 윤리적인 것을 욕망하게 하라!

5강 "우리에겐 창의성도 필요하고 함께 할 사람도 필요하다"

강사: 황지영(서울시립대 박사과정), 박미선(여성문화이론연구소, 한신대)

4. 페미니즘의 논쟁적 쟁점으로 보는 〈젠더 트러블〉

1강 여성 없는 페미니즘: 비정체성의 정치학

2강 이원론과 일원론을 너머: 보봐르와 이리가레

3강 가면의 전략들: 리비에르와 라캉

4강 젠더 우울증: 프로이트

5강 몸의 정치학: 크리스테바

6강 에르퀼린 바르뱅: 푸코

강사 :조현준 (여성문화이론연구소, 경희대학교 후마니타스 칼리지 객원교수)

■ 2012년 겨울강좌 ···

1. 성 · 노 · 동

1강 성노동에 대한 성이론적 고찰

2강 성노동에 대한 윤리적 고찰

3강 성노동에 대한 역사적 고찰

4강 성노동에 대한 법적 고찰

5강 성노동에 대한 노동이론적 고찰

강사: 여성문화이론연구소 성노동연구팀(고정갑희, 지혜, 이현재, 문은미)

2. 울트라 수퍼 "자본주의" 대 그따위 "자본주의": 깁슨-그래함의 페미니즘 정치경제학

1강 울트라 수퍼 자본주의는 착각이다: 다양한 비자본주의 경제형식들

2강 전략 1: 자본주의 허수아비 만들기

3강 전략 2: 자본주의의 비본질화

4강 전략 3: 계급을 다양화 하기

5강 그 따위 자본주의의 종말: 강간의 공간에서 가임의 공간으로

강사: 이현재(여성문화이론연구소)

3. 근대 여성의 탄생

1강 근대적인 삶 – 개인, 욕망, 사생활

2강 부르주아 계급의 여성들

3강 하층 계급의 여성들

4강 몸을 파는 여성들

5강 주체가 되고자 했던 여성들

강사: 고원(경희대학교 후마니타스 칼리지 객원교수)

4. 이웃의 윤리학

1~2강 케네스 레이너드 "이웃의 정치신학을 위하여"

3강 에릭 샌트너, "기적은 일어난다"

4~5강 슬라보예 지젝, "이웃들과 그밖의 괴물들: 윤리적 폭력을 위한 변명"

강사: 민승기(경희대학교 후마니타스 칼리지 객원교수)

3강 생명복제 – 무엇이 그렇게 두려운가?

4강 유전공학과 유전자치료 – 축복인가? 재앙인가?

5강 임신중절 – 생명인가? 권리인가?

강사 : 강준호(경희대 후마니타스칼리지)

5. 낯선 곳에서 나를 만날까?: 여성주의 인류학 세미나를 위한 특강

1강 인류학의 등장과 태생적 한계

2강 여성주의 인류학의 등장–인간 연구에서 누락된 '여성'

3강 후기 근대 지식의 교차로에 선 여성주의 인류학

강사 : 권희정(여성문화이론연구소)

6. 왜 정신분석인가?

1강 성과 존재론

2강 희극과 언캐니

3강 행위란 무엇인가?

4강 부정의 부정

5강 해체론과 욕망의 신학

강사: 민승기(경희대 후마니타스칼리지)

■ 2013년 지독강좌

지젝 읽기: 『부정적인 것과 함께 머물기』

교재: 슬라보예 지젝, 『부정적인 것과 함께 머물기』, 도서출판 b, 2007.

1주: 코기토–주체라 불리는 공백

2주: 칸트에서 헤겔로

3주: '사라지는 매개자'로서의 주체

4주: 성 구분 공식

5주: 환상–응시로서의 코기토

6주: 당신을 문 개의 털

7주: 무한 판단의 대상

8주: 아테와 그 너머

강사: 민승기(경희대 후마니타스칼리지)

■ 2013년 여름강좌 ······································

1. '家'에 가려진 조선시대 여성들의 삶

1강 유교적 주체형성의 성장치

2강 사화 속 여성의 정치적 선택

3강 여성의 위계, 그리고 그 '사이'

4강 여성노동과 경제생활

강사: 김경미

2. 프랑스 혁명과 여성

1강 계몽주의사상과 인권선언

2강 여성의 권리선언과 페미니즘의 탄생

3강 여성참정권 운동: 『페미니즘의 위대한 역설』

강사: 이정순

3. 후기자본주의와 로맨스

1강 포스트모던적 로맨스 주체: 줄타기와 저글링/ 이현재

2강 로맨스자본주의: 소비주의와 사랑의 계급화/ 박이은실

3강 로맨스 유토피아, 여성이 만든 억압의 세계/ 사미숙

4강 로맨스는 노동이다!: 일상생활의 로맨스/ 유서연

4. 성노동 계보학 입문

1강 성노동 논쟁 1: 급진주의 페미니즘과 폭력 패러다임/ 배상미

2강 성노동 논쟁 2: 근절주의와 성노동 사이의 페미니즘/ 문은미

3강 페미니스트 계보학 1 : 유물론적 페미니즘 맥락에서/ 배상미

4강 페미니스트 계보학 2 : 가사노동 논쟁과 성노동/ 김경미

5강 후기자본주의 맥락에서 본 성노동의 정치경제학/ 문은미

5. 페미니즘 이론입문

1강 글로벌 시대, 페미니즘에게 정의란 무엇인가/ 임옥희

2강 노동과 젠더 : '오늘'의 젠더 불평등/ 문은미

3강 살며 사랑하며 섹스하며/ 박이은실

4강 공간 규약의 위반과 여성의 낙인/ 이현재

5강 몸과 소비: 미적 액티비스트의 파우더룸/ 김주현

■ 2013년 하반기 지독 강좌

인문학적 페미니즘의 가능성 강좌(II)

젠더이론: 다시 휴먼으로 되기

사랑의 유혹

1강 캐롤 길리건: 〈다른 목소리〉로 기쁨의 탄생, 치유, 〈저항에 합류하기〉까지

2강 에바 일루즈: 감정자본주의 시대, 사랑이란?(시앤 응가이 Sianne Ngai)

3강 마사 누스바움: 사랑의 취약성과 서사적 상상력

정치의 환상

4강 조앤 스콧: 남녀동수제, 베일의 정치, 환상의 페미니즘

5장 낸시 프레이저: 지구촌 시대의 정의 vs 아이리스 영

6강 주디스 버틀러: 불안의 시대, 전쟁의 프레임, 다시 인간으로

7강 웬디 브라운: 다문화시대, 주권의 문제

희망의 미로

8장 아이와 옹과 트린 민하: 다른 곳에서

9강 레이 초우: 《《원시적 열정》》에서 《《디아스포라 지식인》》

10강 가야트리 스피박: 초국적 독해능력과 타자와 만나기

11강 줄리아 크리스테바, 《《잘린 목》》The Severed Neck과 비체(멜라니 클라인)

12강 옐프레드 엘리네크: 다시 새로운 여성으로 태어난다는 것

강사: 임옥희(여성문화이론연구소)

■ 2014년 겨울강좌 ···

1. JK 깁슨-그래함의 『그따위 자본주의는 벌써 끝났다』강독

1강 좌파 멜랑콜리 따위는 벗어 던지자!

2강 남근중심적 자본주의의 허와 실

3강 반본질주의적 정치경제학 시작하기

4강 비자본주의적 경제의 유령 불러내기

5강 계급과 정체성을 함께 생각하기

강사: 이현재

2. 세즈윅 읽기: 〈Between Men〉에서 〈The Weather in Proust〉까지

1강 〈Between Men: English Literature and Male Homosocial Desire〉 (1985)

2강 〈Epistemology of the Closet〉 (1990)

3강 〈Tendencies〉 (1993)

4강 〈Touching Feeling: Affect, Pedagogy, Performativity〉 (2003)

5강 〈The Weather in Proust〉 (2011)

강사: 박이은실

3. 성노동의 이론화- 폭력 담론에서 노동/가치 담론으로

1강 성노동의 가치 생산 문제/ 김경미

2강 성매매 근절론을 둘러싼 딜레마: '성매매'와 '성평등'의 관계/ 배상미

3강 매춘 낙인과 문화실천/ 오김숙이

4강 낭만적 사랑 사회에서 성노동의 문제/ 사미숙

4. 젠더를 허물고 불확실한 삶으로

1강 『젠더 허물기』 서문 합주행위/ 영상물 〈주디스 버틀러 제3의 철학〉

2강 『젠더 허물기』 1. 나 자신을 잃고

3강 『젠더 허물기』 2. 젠더 규제들

4강 『불확실한 삶』 3. 폭력, 애도, 정치

5강 『불확실한 삶』 4. 반유대주의라는 비난: 유대인, 이스라엘, 공적 비판의 위협

6강 『불확실한 삶』 5. 불확실한 삶/ 영상물 〈Examined Life〉

강사: 조현준

5. 프랑스 페미니즘의 흐름

1강(1월 24일) 〈여성과 시민의 권리선언〉에서 『제2의 성』까지/ 이정순

2강(2월 7일) 뤼스 이리가레: 성차, 사랑, 초월/ 황주영

3강(2월 14일) 사라 코프만 : 여성의 수수께끼/ 유서연

4강(2월 21일) 비판적 포스트 휴머니즘─새로운 포스트 페미니스트적 주체성은 가능한가?/ 윤김지영

6. 페미니즘 기초 이론읽기

1강 여권의 옹호_메리 울스턴 크래프트/ 이해진

2강 제2의 성_시몬느 드 보부아르/ 이정순

3강 여성의 신비_베티 프리단/ 문은미

4강 성의 정치학_케이트 밀렛/ 문은미

■ 2014년 여름강좌 ···

1. 젠더는 패러디다: 주디스 버틀러의 〈젠더 트러블〉에 대한 해제인 〈젠더는 패러디다〉의 저자 직강

1강 1장 왜 〈젠더 트러블〉인가

2강 2장 이원론과 일원론 너머

3강 3장 가면의 전략

4강 4장 젠더 우울증

5강 5장 몸의 정치학

6강 행복한 회색지대의 쾌락과 정치적 레즈비언

강사: 조현준

2. 미학 특강 시즌 I – 반미학 : 부정적 숭고, 아브젝시옹 그리고 퀴어한 예술

1강 모더니즘 숭고: 버크와 칸트

2강 왜 부정적 숭고인가: 낭만주의와 리오타르

3강 아브젝시옹: 협상의 정치학과 해방의 탈구

4강 반미학적 트렌드: 퀴어한 예술

강사: 김주현

3. 페미니즘 철학 입문

1강 어떤 여성이 될 것인가? – 정체성에 대한 여성철학적 논의들/ 이현재

2강 보살핌 윤리 – 도덕 영역을 다시 생각하기/ 조주영

3강 여성의 미적 권리와 포스트예술/ 김주현

4강 유교와 여성/ 김세서리아

4. 애도의 정치 : 데리다/라캉/지젝/대니언 리더

1강 유령과 애도작업 – 자크 데리다

2강 우울증과 트라우마 – 자크 라캉

3강 개인적 애도에서 사회적 애도로 – 데리다/지젝/리더

4강 세월호 재난, 그리고 애도의 정치 – 이론적 실천

강사: 정원옥

5. 후기자본주의와 로맨스

1강 고대 에로스에서 근대 로맨스까지/ 이현재

2강 소비주의와 자기계발 시대의 포스트모던적 로맨스 주체/ 이현재

3강 로맨스 유토피아, 여성이 만든 억압의 세계/ 사미숙

4강 로맨스는 노동이다!: 일상생활의 로맨스/ 유서연

6. 프랑스 페미니즘의 흐름

1강 시몬 드 보부아르 : 제2의 성/ 이정순

2강 뤼스 이리가레 : 성차, 사랑, 초월/ 김남이

3강 사라 코프만 : 여성의 수수께끼/ 유서연

4강 비판적 포스트 휴머니즘 – 새로운 포스트 페미니스트적 주체성은 가능한가/
윤김지영

7. 섹슈얼리티 Ⅲ

1강 알렉산드라 콜론타이 : "삼대의 사랑"

2강 게일 러빈 : "The Traffic in Women: Notes on the 'Political Economy' of
Sex"

3강 게일 러빈 : "Thinking Sex"

4강 이브 코소프스키 세즈윅: [Between Men]

5강 이브 코소프스키 세즈윅: [Epistemology of the Closet]

강사: 박이은실

■ 2014년 가을강좌

인문학자와 페미니스트를 위한 지구과학 강좌1: 〈천문학의 역사〉

1강 고대 그리스의 천문학; 우주관 – 천상의 세계와 지상의 세계 ; 코스모스(Cosmos)

2강 고대 우주관이 천문학으로 체계화; 프톨레마이오스 천문학

3강 근대 천문학의 성립; 유니버스(Universe)의 확립

4강 현대 천문학; 스페이스(Space)로의 전환

강사: 최은숙(한예종 영상원 객원연구원)

■ 2015년 겨울강좌

1. 폭력의 시대에 윤리적 삶이란? : 주디스 버틀러의 윤리이론을 짚어보다

1강 자기 자신에 대한 설명 : 나는 누구인가에서 너는 누구인가로/ 조주영

2강 윤리적 폭력에 대항해서 : 자기 자신의 한계와 타자의 우선성/ 이현재

3강 폭력, 애도, 정치 : 폭력의 악순환을 끊는 애도의 정치와 '우리'로서의 신체의
윤리/ 양효실

4강 불확실한 삶 : 타자성으로서의 '얼굴'의 재현불가능성과 실패의 윤리/ 양효실

2. 성.노.동 이야기

1강 매춘 : 왜 굳이 성노동인가/ 김경미

2강 성의 상품화와 노동의 위계 : 성은 거래될 수 있는 상품인가/ 고정갑희

3강 성과 노동의 문제 : 성매매를 노동으로 볼 수 있는가/ 문은미

4강 성과 노동과 폭력의 문제 : 성매매는 여성에 대한 신체적/정신적 폭력인가/ 배상미

5강 매춘과 낙인의 문제 : 매춘에 대한 낙인을 둘러싼 투쟁은 어떻게 일어나는가/ 오김숙이

6강 매춘의 가족로망스 : 매춘과 가족은 상반되는가, 가족 등 다른 사회제도와 매춘의 관계는?/ 오김숙이

3. 여성과 디자인

1강 가정과 사무실의 분리– 근대 디자인의 탄생

2강 모더니즘 운동과 여성 디자이너– 왜 위대한 여성디자이너는 없는가?

3강 가사노동과 기계하녀– 부엌과 여성의 역할

4강 소비자와 사용자, 기획자로서의 여성–1960년대 이후

강사: 조혜영

4. 정절의 역사

1강 정절의 법과 제도/ 이숙인

2강 정절의 학습과 지식/ 이숙인

3강 정절의 문화정치학/ 김선희

4강 정절 이데올로기를 흔드는 손/ 조혜란

5. 인문학자와 페미니스트를 위한 지구과학강좌2: 양자역학과 현대천문학

1강 보어의 원자모델 / 막스플랑크와 흑체복사 / 파동–입자의 이원성

2강 원자의 양자모델 / 하이젠베르크의 불확정성 원리

3강 특수상대성 이론 / 공간과 시간

4강 팽창하는 우주 / 별의 진화

강사: 최은숙

■ **2015년 여름강좌** ···

1. 지금 필요한 페미니즘 이론

1강 페미니즘 이론의 새로운 출발점: 교차성(intersectionality)

2강 교차성 이론 생산의 과정과 전개: 글로리아 안잘두아

3강 교차성 이론2: 흑인 페미니스트 이론가들

4강 자아생산과 지배의 테크놀로지

강사: 박미선

2. 들뢰즈 읽기 『천개의 고원』과 『디알로그』를 횡단하는 "여성-되기"

1강 사이와 생성: 『디알로그』 1장

2강 되기란 무엇인가: 『디알로그』 2장

3강 여성-되기에 관하여: 『천개의 고원』 10장

4강 섹슈얼리티와 소녀-되기: 『천개의 고원』 10장

5강 분자적 여성과 n 개의 성: 『천개의 고원』 10장

강사: 김은주

3. 프로이트와 라캉 이론을 통해 서양 의복에 나타난 젠더 읽기

1강 몸, 의복, 젠더, 프로이트, 라캉 정신분석의 성차

2강 재단이 최소화된 고대 그리스 로마 드레이퍼리 의복

3강 몸을 변형시키고 왜곡시키는 중세 · 르네상스의 입체형 의복

4강 여성과 남성의 신체 코드화 과정이 나타나는 근대 의복

강사: 이명희

4. 페미니스트와 함께하는 마르크스의 정치경제학 비판

1강 자본주의 경제의 역사적 성격: 상품가치를 중심으로

2강 자본주의적 생산과 착취

3강 생산과 분배: 자본주의 경제의 총과정

4강 자본주의의 현대적 형태로서의 복지국가

5강 왜 '정치경제학비판'인가?

강사: 김공회

5. 주디스 버틀러의 『자극적인 말Excitable Speech』 읽기: 혐오를 생각하다

1강 우리는 왜 언어에 상처를 받을까?

2강 혐오 발언은 표현의 자유일까?

3강 개인은 혐오 발언에 책임이 있는가?

4강 침묵 속에서도 말하기

강사: 유민석

■ **2015년 가을 지독강좌** ·····································

가장 급진적인 싸움: 퀴어 이론의 쟁점과 섹슈얼리티 논쟁사

1강 섹슈얼리티 이론사: 생물학에서 트랜스젠더리즘까지/ 박미선

2강 세지윅의 퀴어이론: 젠더 규범 비판과 동성애/이성애 규정의 위기/ 박미선

3강 버틀러의 〈젠더 허물기〉: 젠더 규율과 성적 자율성, 인권과 법률, 살만한 삶/
박미선

4강 게일 루빈, 〈일탈〉 1: 일탈의 성정치, 지속가능한 불평등과 성 계층화/ 임옥희

5강 〈일탈〉 2: 퀴어 연구의 계보: 레즈비언 아카이브를 찾아서/ 신혜수

6강 〈일탈〉 3: 일탈의 성산업, 포르노그래피와 성노동/ 허윤

7강 〈일탈〉 4: 게일 루빈에서 주디스 잭 할버스탐까지. 여성의 남성성과 젠더 수
행성/ 조혜영

■ **2016년 겨울강좌** ·····································

1. 페미니즘 정신분석

1강 멜라니 클라인: 엄마와 딸/ 이해진

2강 줄리엣 미첼: 동기살해와 죄책감/ 신주진

3강 줄리아 크리스테바/뤼스 이리가레: 여성적 숭고/ 김남이

4강 카렌 호니/제시카 벤자민: 매저키즘의 경제/ 임옥희

2. 멜랑콜리의 정치화: 데리다, 라캉, 버틀러, 크리스테바

1강 자크 데리다: 유령과 애도작업

2강 자크 라캉: 트라우마와 멜랑콜리

3강 주디스 버틀러: 슬픔의 정치화와 문화적 번역

4강 줄리아 크리스테바: 멜랑콜리, 젠더, 글쓰기

강사: 정원옥

3. 페미니즘 기초이론

1강 젠더, 가부장제, 불평등/ 문은미

2강 주체, 몸, 욕망: 여성적 향유, 몸과 몸의 관계성/ 윤지영

3강 페미니즘 정치경제학: 차이의 "경제"는 어떻게 가능한가?/ 이현재

4강 남성성, 섹슈얼리티, 내셔널리즘/ 손희정

5강 퀴어: 인지되는 것과 인지되지 못하는 것 사이/ 박이은실

4. 쉽게 이해하는 현대미술(대중강좌)

1강 실제 사물은 어떻게 미술작품이 되었을까?

2강 추상미술은 진정 정신성의 표현인가?

3강 난해한 현대미술의 기원, 미니멀리즘

4강 단순한 움직임 그 이상, 퍼포먼스

강사: 오경미

5. 우주의 시공간(대중강좌)

1강 별들 사이의 공간(인터스텔라)과 별들의 탄생; 반짝반짝 작은별, 네가 누군지 난 의심하지 않는다.

2강 별의 일생 그리고 별의 죽음—붉은 거성 태양과 지구의 운명; 밤의 숲속에서 어떤 불멸의 손과 눈이 그대의 무서운 광도를 만들어낼 수 있을까?

3강 검은 구멍과 일반상대성이론에서의 시간—중력과 타임머신; 빛살은, 태양 가까이에서, 직선으로 움직이지 않는다

4강 은하와 우주의 조직 그리고 대폭발; 바람이 몰아치는 북극의 벌판에서 달도 없는 캄캄한 밤에 조금씩, 조금씩 텐트를 치는 것을 상상해봐

강사: 최은숙

6. 연속1 주디스 버틀러의『젠더 허물기』읽기: 나에서 우리로, 젠더에서 삶으로

1강 1장. 나 자신을 잃고: 성적 자율성의 경계에서(영상물 〈주디스 버틀러 제 3의 철학〉)

2강 2장. 젠더 규제들

3강 3장. 누군가를 공정하게 평가한다는 것: 성전환과 트랜스섹슈얼의 비유

4강 4장. 젠더의 진단 미결정

5강 5장. 친족은 언제나 이미 이성애적인가?

6강 11장. 철학의 '타자'가 말할 수 있는가?(영상물 〈Examined Life〉)

강사: 조현준

7. 연속2 로지 브라이도티의『포스트휴먼』깊이 읽기

1강 포스트휴먼 상황: 탈경계 인문학에서 포스트 휴먼 담론의 형성

2강 안티휴머니즘 대 "포스트휴머니즘: 자아 너머 생명"

3강 "탈인간중심주의: 종 너머 생명"

4강 우리 시대 죽음정치와 포스트휴먼 윤리: "비인간: 죽음 너머 생명"

5강 인문학 열풍/위기와 "포스트휴먼 인문학: 이론 너머 생명"

강사: 이경란

■ **2016년 여름강좌** ┈┈┈┈┈┈┈┈┈┈┈┈┈┈┈┈┈┈┈┈┈┈┈┈┈┈┈┈┈┈┈

1. 페미니즘 기초이론: 지금 필요한 여성주의 정치와 함께

1강 젠더, 가부장제, 불평등/ 문은미(여성문화이론연구소)

2강 가장 첨예한 철학인 페미니즘: '꼴페미, 페미나치'라는 낙인적 범주화 가루내

기/ 윤지영(페미니스트 철학자, 건국대학교 몸문화 연구소)

3강 자본주의 통치성의 핵심, 섹스의 발명과 섹슈얼리티 규율/ 이해진(『여/성이론』 전 편집주간, 동덕여대 여성학 강사)

4강 신자유주의와 남성성, 여성혐오와 계급/ 손희정(경향신문 칼럼니스트, 연세대 젠더연구소)

5강 여성, 신체, 자연/ 황주영(서울시립대 철학과 박사수료, 지구지역행동네트워크)

2. 주디스 버틀러의 정치철학과 액티비즘

1강 《자극적인 말》(1997): 혐오발언의 정치학/ 유민석(서울시립대 철학과 박사과정, 『혐오 발언』 역자)

2강 《불확실한 삶》(2004): 망각과 폭력의 권력, 애도의 힘/ 양효실(서울대 미학과, 《불확실한 삶》, 《윤리적 폭력비판》 역자)

3강 《윤리적 폭력비판》(2005): 자기자신을 설명하기/ 양효실(서울대 미학과, 《불확실한 삶》, 《윤리적 폭력비판》 역자)

4강 버틀러의 정치철학과 윤리학: 《불확실한 삶》, 《윤리적 폭력비판》2/ 양효실(서울대 미학과, 《불확실한 삶》, 《윤리적 폭력비판》 역자)

5강 《주체의 의미》(2015): 다시 주체로/ 조주영(서울시립대 철학과 박사수료. 정치철학 전공. Sense of the Subject 역자 [근간])

3. 젠더, 감정, 정치: 페미니즘 원년, 우리가 갈등하는 감정의 모든 것

1강 젠더 무의식과 계급의 젠더화

2강 폭력의 에로티시즘, 비체와 호러, 마조히즘의 경제

3강 수치와 추락

4강 애도의 정치, 사랑의 용도, 공감의 상상력

강사: 임옥희(경희대 후마니타스칼리지 교수)

4. 가장 첨예한 정치, 페미니즘의 급진적 힘

1강 인정투쟁의 페미니즘적 급진화/ 이현재(서울시립대 도시인문학연구소 HK교

수, 여성문화이론연구소 대표)

2강 보지와 자지의 공간 정치학/ 윤지영(페미니스트 철학자, 건국대학교 몸문화 연구소)

3강 새로운 성적 계약은 가능한가?/ 윤지영(페미니스트 철학자, 건국대학교 몸 문화 연구소)

4강 성적 차이: 사랑과 초월의 정치윤리학/ 황주영(서울시립대 철학과 박사수료. 지구지역행동네트워크)

5. 여성주의 이론과 사회·문화비평 저자(직강 및 교재 5권 무료 증정)

1강 《주디스 버틀러 읽기》: 버틀러와 임옥희의 사회비평/ 임옥희(경희대 후마 니타스칼리지 교수, 《주디스 버틀러 읽기》 저자)

2강 《페미니즘 이후의 문학》: 여성들이 말하기 시작하자 벌어진 일/ 배상미(고 려대 국문과 박사수료)

3강 《여성없는 페미니즘》: 포스트페미니즘의 발흥과 대중문화/ 조혜영(영화학 박사, 서울국제여성영화제 프로그래머)

4강 《뻔한 드라마 찡한 러브》, 《다락방에서 타자를 만나다》: 페미니스트 문화 비평/ 신주진(대중문화평론가, 문화연구자, 《뻔한 드라마 찡한 러브》 저자)

6. 페미니스트 철학자 윤지영의 〈페미니스트 변이체 선언문〉

1강 섹스 개념을 폭파하라

2강 나는 항상 주류이기만 할까?: 소수자성의 보편성에 대하여

3강 일베와 페미니스트

4강 메갈리안들의 분노의 정치학

강사: 윤지영(페미니스트 철학자, 건국대학교 몸문화 연구소)

■ 2016년 가을강좌 ···

말대꾸하기: 급진적 여성주의 출발점과 논쟁 만들기

1강 침묵시키는 말, 침묵당하는 말: 매키넌과 랭턴/ 유민석(여성문화이론연구소, 주디스 버틀러 역자)

2강 되받아쳐 말하기: 랭턴과 버틀러/ 유민석(여성문화이론연구소, 주디스 버틀러 역자)

3강 침묵과 발화 정치의 철학적 법률적 곤경들: 버틀러와 갤버/ 유민석(여성문화이론연구소, 주디스 버틀러 역자)

4강 남성적 욕망을 정신분석하기: 이리가레의 반사경/ 황주영(여성문화이론연구소, 현대 여성철학 전공)

5강 남성들의 법에 말대꾸하기: 이리가레의 안티고네, 죽음과 저항 사이의 여성 주체/ 황주영(여성문화이론연구소, 현대 여성철학 전공)

■ 2016년 봄강좌 ···

지금 필요한 페미니즘 이론 2

1강 신자유주의식 공멸에 맞선 싸움, 여성주의 인문학:『채식주의자 뱀파이어』/ 임옥희 (여성문화이론연구소)

2강 인식가능성을 확장한 성 정치 이론:『퀴어 이론 입문』/ 박이은실 (『여/성이론』 편집장)

3강 현대 여성주의의 지식생산과 인식론:『흑인 페미니즘 사상』/ 박미선 (한신대 영문과)

4강 여성 (혐오) 재현을 둘러싼 기나긴 싸움:『여성괴물: 억압과 위반 사이』/ 손희정 (연세대 젠더연구소)

5강 이론과 운동의 새로운 패러다임:『성이론: 성관계, 성노동, 성장치』/ 고정갑희 (지구지역행동네트워크/페미니즘학교)

■ **2016년 지독강좌** ···

1. 페미니스트 정신분석이론가들

1강 줄리엣 미첼: 마르크스와 프로이트를 넘어/ 신주진

2강 캐롤 길리건과 제시카 벤자민: 타자의 목소리와 상호인정의 변증법/ 임옥희

3강 멜라니 클라인: 어머니라는 수수께끼/ 이해진

4강 줄리아 크리스테바와 뤼스 이리가레: 라캉 비판/ 김남이

5강 주디스 버틀러: 젠더 계보학/ 조현준

■ **2017년 겨울강좌** ···

1. 페미니즘 미학과 예술 이후

1강 페미니즘 미학의 기초

2강 몸과 섹슈얼리티: 퍼포먼스, 설치, 사진

3강 살림과 공예: 텍스타일, 오브제, 바느질

4강 집과 가정: 건축과 실내디자인

강사: 김주현(여성문화이론연구소)

2. 페미니즘 기초이론

1강 페미니즘의 시각에서 보는 가족/ 이해진(여성문화이론연구소)

2강 젠더와 노동/ 문은미(여성문화이론연구소)

3강 정신분석 기초/ 임옥희(여성문화이론연구소)

4강 여성주의 윤리/ 김남이(여성문화이론연구소)

5강 여성주의 정치경제학/ 이현재(여성문화이론연구소)

6강 섹슈얼리티: 쾌락과 위험/ 박이은실(여성문화이론연구소)

3. 젠더는 패러디다

*전체교재: 조현준, 『젠더는 패러디다』, 현암사, 2014

1강 왜 〈젠더 트러블〉인가

2강 이원론과 일원론 너머

3강 가면의 전략

4강 젠더 우울증

5강 몸의 정치학

6강 행복한 회색지대의 쾌락과 정치적 레즈비언

강사: 조현준(경희대학교 후마니타스칼리지 교수, 『젠더는 패러디다』 역자)

4. 표현의 자유와 페미니즘

1강 포르노그래피와 규제주의 그리고 자유주의/ 배상미(여성문화이론연구소)

2강 법과 표현의 자유/ 박경신(고려대학교 법학전문대학원)

3강 최근의 '문단 성폭력'을 둘러싼 논란과 표현의 자유/ 양경언(여성문화이론연구소)

4강 표현의 자유와 규제를 넘어서/ 이현재(여성문화이론연구소)

5강 시각예술에서의 표현의 자유/ 오경미(여성문화이론연구소)

5. 지금, 여기에서 세상을 바꾸는 래디컬 페미니즘

1강 선언문으로 보는 페미니즘/ 한우리(여성문화이론연구소)

2강 슐라미스 파이어스톤의 〈성의 변증법〉: 가부장제의 임신, 의료, 재생산에 맞서/ 김남이(여성문화이론연구소)

3강 케이트 밀렛의 〈성의 정치학〉: 남성 철학·예술의 여성혐오에 맞서/ 이해진(여성문화이론연구소)

4강 가장 급진적 흑인페미니스트 혁명가: 안젤라 데이비스의 〈여성, 인종, 계급〉/ 한우리(여성문화이론연구소)

6. 페미니즘 철학강좌: 말대꾸하기

1강 침묵 속에서도 말할 수 있을까?/ 유민석(여성문화이론연구소, 주디스 버틀러의 『혐오 발언』 역자)

2강 맨박스와 유리천장, 두 가지 신체 공간화 방식의 젠더 정치역학/ 윤지영(여성문화이론연구소, 현대 여성철학 전공)

3강 남성적 욕망을 정신분석하기: 이리가레의 반사경/ 황주영(여성문화이론연구

소, 현대 여성철학 전공)

4강 남성들의 법에 말대꾸하기: 이리가레의 안티고네, 죽음과 저항 사이의 여성 주체/ 황주영(여성문화이론연구소, 현대 여성철학 전공)

■ 2017년 여름강좌 ···

1. 페미니즘 기초이론

1강 페미니즘의 시각에서 보는 가족/ 이해진(여성문화이론연구소)

2강 젠더와 노동/ 문은미(여성문화이론연구소)

3강 여성주의 윤리/ 김남이(여성문화이론연구소)

4강 여성주의 정치경제학/ 이현재(여성문화이론연구소)

5강 섹슈얼리티: 쾌락과 위험/ 박이은실(여성문화이론연구소)

6강 여성주의 정신분석 기초/ 임옥희(여성문화이론연구소)

2. 페미니즘 철학강좌: 소수자성 정치철학

1강 들뢰즈의 여성-되기와 소수자성 정치학/ 김은주(동덕여자대학교)

2강 인정투쟁의 역설들/ 유민석(서울시립대학교, 여성문화이론연구소)

3강 초기에코페미니즘에서 퀴어에코페미니즘까지/ 황주영(여성문화이론연구소)

4강 섹스-젠더-섹슈얼리티, 세 축의 성구조를 넘어서/ 윤김지영(여성문화이론연구소)

3. 테크노페미니즘: 여성주의로 과학 · 기술을 사유하기

1강 주디 와이즈먼의 테크노페미니즘: 기술의 출현 · 진화 · 쇠퇴 · 폐기와 여성의 삶/ 오경미(여성문화이론연구소)

2강 캐서린 헤일즈: 정보와 체현/탈체현, 문학텍스트의 의미화 전략과 물질성/ 이경란(여성문화이론연구소, 이화여자대학교)

3강 로지 브라이도티: 유목적 주체에서 포스트휴먼 주체로/ 이경란(여성문화이론연구소, 이화여자대학교)

4강 도나 해러웨이, 사이보그선언에서 관란함과 함께하기까지/ 최유미(수유너머N)

4. 주디스 버틀러의 정치윤리에 관한 인문학적 성찰

1강 『젠더 트러블』 결론. 패러디에서 정치성으로/ 영상물 〈주디스 버틀러 제 3의 철학〉

2강 『젠더 허물기』 서문. 합주행위 / 영상물 〈Examined Life〉

3강 『불확실한 삶』 4. 반유대주의라는 비난: 유대인, 이스라엘, 공적 비판의 위험

4강 『갈림길』 1. 불가능하지만 필요한 과업/ Notes Toward a Performative Theory of Assembly, 3. Precarious Life and the Ethics of Cohabitation

강사: 조현준(여성문화이론연구소)

5. 퀴어이론: 양성애-12개의 퀴어 이야기

1강 퀴어 이론 입문: 섹스, 젠더, 섹슈얼리티의 어디쯤에 퀴어가 있는가?

2강 〈Between Men〉, "비대칭적 젠더 이항"과 〈The Epistemology of the Closet〉, '동성애/이성애'란 무엇인가?

3강 양성애 인식론: 불안정한 성/차와 불안정한 이성애

4강 양성애를 말할까?: 가부장체제의 강제적 이성애화와 강제적 단성애화

강사: 박이은실(여성문화이론연구소)

장소: 서울혁신파크

6. 페미니즘 영화이론

1강 로라 멀비: 시각적 쾌락과 내러티브 영화/ 김남이(여성문화이론연구소)

2강 테레사 드로레티스 : 젠더 테크놀로지/ 손희정(여성문화이론연구소)

3강 바바라 크리드: 여성괴물/ 손희정(여성문화이론연구소)

4강 카자 실버만: 여성 목소리의 음향거울/ 김남이(여성문화이론연구소)

■한국연구재단 지원 시민인문강좌 사업

저소득층 주부의 주체성 확립을 위한 동양고전 강좌

기간: 2008년 4월–6월

장소: 도봉여성센터

1강. 나를 찾아가는 또 하나의 길: 동양고전과의 만남

2강. 조선 여성을 보는 또 하나의 시선: 19세기 말의 기독교

3강. 조선 여성들의 일과 노동: 선비 아내들의 숨은 노동

4강. 조선 여성들의 소통과 연대: 삼호정 시사

5강. 조선의 주변부 여성들의 삶과 생각(1): 첩과 서녀

6강. 공녀를 통해 본 전통 시대 여성들의 운명: 왕조실록을 통해서

7강. 조선의 주변부 여성들의 삶과 생각(2)– 과부 · 재혼녀

8강. 신사임당을 통해 본 '여성' 창조의 역사:남성지식인들의 담론을 통해

9강. 동양고전을 통해 본 자식됨과 부모됨의 의미:성찰과 전망

10강. 조선의 주변부 여성들의 삶과 생각(3)– 기녀

11강. 동양고전을 통해 본 아름다운 부부의 모델:음양대대

12강. 동양고전을 통해 본 더불어 함께하는 삶 : 가족 · 이웃 · 사회

강사: 이숙인, 이숙진, 김경미, 서지영

충북지역 결혼이주농촌여성 다문화가족을 위한 인문학 강좌

기간: 2008년 3월–5월

장소: 청주 흥덕 문화의 집

1강. 여성주의 내공강화 프로젝트(1)

2강. 여성의 자신감 기르기

3강. 여성주의 내공강화 프로젝트(2)

4강. 효과적인 의사소통방법

5강. 60–70년대 한국영화로 본 여성현실

6강. 문학(영어권 지역)에 나타난 마녀의 이미지

7강. 바리공주/바리데기

8강. 음식의 언어, 〈카모메 식당〉, 〈터치 오브 스파이스〉

9강. 자유로운 몸에 대한 상상: 자기 몸에 관한 이야기

10강. 단군신화와 〈아, 대한민국〉에 이르기까지

11강. 타자에 대한 배려: 〈행복한 엠마, 행복한 돼지, 그리고 그 남자〉

13강. 우리에게 가족은? 공선옥의 《《유랑가족》》, 〈가족의 탄생〉

강사: 이안나, 문현아, 이은경, 문영희, 이은경, 이경, 임옥희, 사미숙

광주광역시 다문화가정 주부와 시민을 위한 인문학 강좌

기간: 2009년 4월-6월

장소: 외국인근로자선교회교육장

1강. 다문화가족과 결혼풍경:

2강. 몽골 신부 〈투야의 결혼식〉

3강. 〈행복한 엠마, 행복한 돼지, 그리고 그 남자〉

4강. 〈레몬 트리〉와 치유의 글쓰기

5강. 〈셰익스피어 인 러브〉

6강. 《한여름 밤의 꿈》

7강. 그리스 로마 신화: 내 안에 있는 여신의 힘

8강. 나르시수스와 에코의 사랑의 야기/오이디푸스와 스핑크스 이야기

9강. 공선옥의 《《유랑가족》》

10강. 켄 로치의 〈빵과 장미〉

11강. 〈진옥 언니 학교가다〉

12강. 치유의 글쓰기

13강. 꿈을 연출하는 무대

강사: 임옥희, 문현아, 지따, 사미숙

노원구 저소득층 여성들의 자존감 회복을 위한 인문학 강좌

기간: 2011년 12월-2012년 5월

장소: 노원구 월계동, 상계동, 중계동, 하계동

*이 강좌는 노원구의 시민단체들과 연계하여 진행된 사업으로, 외부 인문학 강사가 포함된 30강 이상의 강좌로 기획되었다. 여기서는 임옥희의 강의만 표기한다.

다문화 시대, 다양한 가족의 탄생

손님으로서 타자, 얼굴이 있는 풍경

오비디우스 《《변신》》: 신나는 신들과 비극적인 인간의 사랑의 이야기

자아의 표현으로서 '집'에 관한 이야기: 〈건축학개론〉

■ 한국여성재단 미혼모 삶의 질 향상을 위한 지원 사업

"두근두근 나의 삶" 미혼모 자기성장 프로그램

기간: 2012년 5월~12월 장소: 여성문화이론연구소

ㅣ여성주의 인문학 강좌

1강 인문사회학 – 폭력의 시대, 타자와 공존하기

2강 대중문화 – 브라운관에서 만나는 새로운 여성과 가족

3강 여성철학 – 여성의 정체성, 어떤 여성이 될 것인가

4강 여성주의 의료 – 나를 살리고 우리가 함께 사는, 몸 이야기

5강 심리학 – 엄마 이야기, 여자 이야기, 나의 이야기

강사: 임옥희, 신주진, 이현재, 김도희, 최현정

ㅣ체험 프로그램

미술치유 워크샵 "근심주물럭"/최윤정(예술집단 빨간뻐데기)

참여연극 워크샵 "즉흥, 발산, 에너지"/한혜정(극단 목요일오후한시)

가족과 함께 하는 여행 – 1박 2일 자연으로 떠나는 여행

ㅣ시민단체 멘토링

미혼모인권향상을 위한 당사자 강사양성 프로그램 "괜찮아요 싱글맘"

기간: 2013년 5월~12월 장소: 여성문화이론연구소

1강. 약자의 관점에서 본 세계관, 새로운 질서에 대한 상상력 /전희경

2강. 당사자 강사로 강의하기/손경이

3강. Switch On! 다른 몸 되기/김민혜정, 성폭력 예방을 위한 자기방어/임미화

4강. 모의 강의를 위한 강의안 구성 실습/사미숙

5 · 6강 평화를 만드는 의사소통 – 비폭력대화 소개 자료/최현진

7강. 한국 사회의 성과 사랑 1/박이은실

8강. 일하는 '엄마': 일이냐, 아이냐/문은미

9강. 한국 사회의 성과 사랑 2/박이은실

10 · 11강. 모의 강의 발표/사미숙

12강. 수료식

■ 한국여성재단 성평등한 사회 만들기 지원 사업

기간: 2015년 3월–11월

장소: 여성문화이론연구소

Ⅰ 공개 간담회

발표1. 잘 알지도 못하면서 – 청소년인권운동 여성주의에 바라다!/수수

발표2. 알 듯 말 듯한 페미니즘 – 청소년 성적권리/자기결정권 운동과 미묘함/쥰

발표3. 나에게 필요했던 여성주의, 만나고 싶었던 여성주의/쩡열, 윤서

Ⅰ 여성주의 인문학 강좌

1강. 말랑말랑 몸 워크숍 "나에게 여성주의란"/극단 목요일오후한시

2강. 어떻게 여성주의자들은 연대했는가?/이현재

3강. #청소년#섹슈얼리티#여성주의#잇츠온어스/문은미

4강. 연애, 할 수록 잘 하는 방법/박이은실

5강. 흔들리는 '정상가족', 친밀성의 새로운 실험과 대안가족/이해진

6강. 동료가 되기: 신자유주의 시대, 페미니즘으로 돌파할 수 있을까?/손희정

부

록

여/성이론

13

32

35

36

37

심으로 / 신나리
직장 내 남성 동성사회와 게이 남성들의 경계
지대 전략 / 임동현

여성이론가
활동하는 이론가, 공부하는 실천가 이이효재 :
사회, 가족 그리고 여성 / 심혜경

페미니즘 라이브
다락방 이야기 / 여성문화이론연구소 20주년
준비위 엮음

페미니즘 사용설명서
여성문화이론연구소 / 스칼렛

문화/텍스트
문재인 정부의 젠더정치 : 탁현민과 여성의 상
징적 소멸 / 이진옥
인공자궁 : 논의의 맥락과 몇 가지 쟁점들 / 최
하영

주제서평
나는 양성애자다 / 은하선
남성 중심적 군대의 현장에서 여군의 삶을 외
치다 / 조서연
페미니즘과 자본주의, 역사의 간계 / 김남이

리포트
퀴어문화축제에서 모두의 축제를 꿈꾸다 / 도균
'낙태'는 죄였던 적이 없다: 오늘의 낙태죄 폐지
운동 / 박종주
비혼여성공동체로 사는 이야기 / 이미정

부

록

여이연 책들

여이연 이론시리즈

탈식민주의 페미니즘
태혜숙 지음 | 216면 | 10,000원

뫼비우스의 띠로서 몸
엘리자베스 그로츠 지음 | 임옥희 옮김 |
472면 | 18,000원

여사서
이숙인 역주 | 386면 | 18,000원

다른 세상에서
가야트리 스피박 지음 | 태혜숙 옮김 |
552면 | 28,000원

페미니즘과 정신분석
여성문화이론연구소 정신분석세미나팀 |
384면 | 15,000원
★ 문광부 2003 우수학술도서

히스테리
크리스티나 폰 브라운 지음 | 엄양선 · 윤명
숙 옮김 | 500면 | 20,000원

후기 근대의 페미니즘 담론
이수자 지음 | 296면 | 13,000원
★ 문광부 2004 우수학술도서

유목적 주체
로지 브라이도티 지음 | 박미선 옮김 |
488면 | 20,000원

한국의 식민지 근대와 여성공간
태혜숙 외 지음 | 388면 | 15,000원
★ 문광부 2004 우수학술도서

동아시아 고대의 여성사상
이숙인 지음 | 516면 | 25,000원
★ 학술원 2006 우수학술도서

경계 없는 페미니즘
찬드라 탈파드 모한티 지음 | 문현아 옮김 |
430면 | 18,000원
★ 학술원 2007 우수학술도서

Work and Sexuality
여성문화이론연구소 엮음 | 359면 |
15,000원|

다락방에서 타자를 만나다
여성문화이론연구소 정신분석세미나팀 지
음 | 352면 | 15,000원
★ 영진위 2006 우수영화도서

주디스 버틀러 읽기
임옥희 지음 | 312면 | 15,000원
★ 학술원 2008 우수학술도서

성노동
여성문화이론연구소 성노동연구팀 지음 |
280면 | 15,000원
★ 문광부 2009 우수학술도서

여성주의적 정체성 개념
이현재 지음 | 336면 | 17,000원

소녀들: K-pop, 스크린, 광장
조혜영 엮음 | 280면 | 17,000원

다락방 총서

**19세기 서울의 사랑 〈절화기담〉,
〈포의교집〉**
김경미 · 조혜란 역주 | 270면 | 13,000원
★ 문광부 2004 우수학술도서

뻔fun한 드라마 찡한 러브
신주진 지음 | 294면 | 12,900원
★ 문광부 2007 우수교양도서

부

록

학술대회

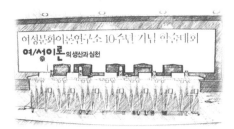

여성문화이론연구소 10주년 기념학술대회

여/성이론의 생산과 실천

일시: 2007년 10월 6일 토요일 오전 10시~오후 6시

장소: 서울대학교병원 함춘회관 3층 가천홀

1부 생존의 사막, 이론의 오아시스

사회 | 이수안(여성문화이론연구소)

발표 1 | 여성주의 이론 생산, 여성운동, 사회운동 | 고정갑희(여성문화이론연구소) / 토론 | 조한혜정(연세대)

발표 2 | 몸–노동–섹슈얼리티–자본: 여성주의 주체 생산을 위한 모델 | 태혜숙(여성문화이론연구소) / 토론 | 조주현(계명대)

2부 이론의 지형, 실천의 쟁점

사회 | 허라금(여성문화이론연구소)

발표 3 | 탈식민과 여성주의: 탈유교 · 탈서구의 전략 | 이숙인(여성문화이론연구소) / 토론 | 김혜숙(여성철학회)

발표 4 | 욕망의 시학, 일상의 정치 | 임옥희(여성문화이론연구소) / 토론 | 김영옥(한국여성연구원)

발표 5 | 젠더/섹슈얼리티와 노동의 재구성: '성노동' 범주의 확장 | 문은미(여성문화이론연구소) / 토론 김애령(이화여대)

3부 열린 토론: 여성주의와 운동

사회 | 김현미(연세대)

토론 | 배은경(서울대), 윤정숙(아름다운재단), 호성희(사회진보연대)

여성문화이론연구소 제2회 학술대회

페미니즘이 뒤흔든 20년: 열정과 냉정사이

일시: 2011년 12월 17일 토요일 오후 1시~6시

장소: 혜화동 제로원 디자인센터 B1 씨어터

1부

사회 | 이현재(여성문화이론연구소)

발표 1 | 탈식민 페미니즘의 지형도 다시 그리기: 다른 여러 아시아, 트리컨티넬 탈리즘, 적녹보라 패러다임 | 태혜숙(여성문화이론연구소) / 토론 | 윤혜린(서울시 늘푸른여성지원센터장)

발표 2 | 젠더/무의식의 귀환: 열정과 이해관계 | 임옥희(여성문화이론연구소) / 토론 | 나임윤경(연세대)

2부

사회 | 김경미(여성문화이론연구소)

발표 3 | 급진적 섹슈얼리티 연구의 재/구축을 제안하며 | 박이은실(여성문화이론연구소) / 토론 | 우주현(중앙대)

발표 4 | '평등'에서의 차별과 차이의 딜레마: 비정규직에서 돌봄노동까지 | 문은미(여성문화이론연구소) / 토론 | 김현미(연세대)

종합토론

사회 | 고정갑희(여성문화이론연구소)

여성문화이론연구소 제3회 학술대회

젠더불안 · 민주주의 · 혁명: 정치적인 것의 귀환

일시: 2012년 12월 15일 토요일 오후 1시~6시

장소: 동숭동 일석기념관 6층

1부 젠더불안과 정치적인 것의 귀환

사회 | 박이은실(여성문화이론연구소)

발표 1 | 인터넷지형을 둘러싼 여성주체생산 그리고 정치적 주체로 급선회하기 | 손자희(여성문화이론연구소) / 토론 | 김수진(서울대 여성연구소)

발표 2 | 젠더불안, 민주주의, 보편성 | 임옥희(여성문화이론연구소) / 토론 | 한상희(건국대 로스쿨)

2부 장구한 일상의 혁명

사회 | 박미선(여성문화이론연구소)

발표 3 | 우리 안의 낯선 타자와 만나는 순간: 괴물의 두 가지 변주_박연선의 〈화이트 크리스마스〉와 〈난폭한 로맨스〉 | 신주진(여성문화이론연구소) / 토론 | 조혜영(중앙대)

발표 4 | 피부라는 전선: 〈내가 사는 피부〉의 침탈과 겁탈 | 이경(여성문화이론연구소) / 토론 | 김경연(부산대)

종합토론

사회 | 김경미(여성문화이론연구소)

여성문화이론연구소 제4회 학술대회

성노동의 이론화: 폭력 담론에서 노동/가치 담론으로

일시: 2013년 12월 7일 토요일 오후 1시 30분~5시 20분

장소: 서울대학교병원 함춘회관 3층 가천홀

1부

사회 | 문은미(여성문화이론연구소)

발표 1 | 성노동의 가치 생산 | 김경미(여성문화이론연구소) / 토론 | 서정우(전남대)

발표 2 | '성매매' 근절론을 둘러싼 딜레마: '성매매'와 '성평등'의 관계 | 배상미(여성문화이론연구소) / 토론 | 이하영(중앙대)

2부

사회 | 이현재(여성문화이론연구소)

발표 3 | 매춘의 사회적 낙인과 의미를 둘러싼 문화적 실천 | 오김숙이(여성문화이론연구소) / 토론 | 조은주(연세대)

발표 4 | 낭만적 사랑 사회에서 성노동의 문제 | 사미숙(여성문화이론연구소) / 토론 | 김주희(서울시립대)

여성문화이론연구소 제5회 학술대회

젠더정의를 향한 해방의 기획: 잘 먹고 잘 사는 법

일시: 2014년 12월 13일 토요일 오후 2시~오후 6시

장소: 환경재단 레이첼카슨홀

1부

사회 | 고정갑희(여성문화이론연구소)

발표 1 | 사회재생산 패러다임과 젠더정의 | 윤자영(한국노동연구원)

발표 2 | 지구적 젠더정의와 해방의 기획 | 임옥희(여성문화이론연구소)

논평 및 토론 | 김현미(연세대)

2부

사회 | 이해진(여성문화이론연구소)

발표 3 | 기본소득, 성해방으로 가는 기본열쇠 | 박이은실(여성문화이론연구소)

발표 4 | 공동육아협동조합과 사회적 돌봄 | 정성훈(서울시립대)

논평 및 토론 | 문은미(여성문화이론연구소)

3부 종합토론

사회 | 이현재(여성문화이론연구소)

여성문화이론연구소 제6회 학술대회

퇴행의 시대: 페미니즘을 급진화하기

일시: 2015년 12월 5일 토요일 오후 2시~6시

장소: 서울대학교병원 함춘회관 3층 가천홀

1부

사회 | 양경언(여성문화이론연구소)

발표 1 | 퇴행의 시절: 성, 사랑, 혐오 | 임옥희(여성문화이론연구소)

발표 2 | 포스트-포스트페미니즘의 탐색: 신자유주의, 대중문화, 젠더 | 손희정(여성문화이론연구소)

토론 | 서동진(계원예술대학교), 조혜영(중앙대학교)

2부

발표 3 | (다시) 급진적으로 성을 사유할 때가 왔는가? | 박이은실(여성문화이론연구소)

발표 4 | 인정투쟁의 급진화: 인정투쟁의 시각에서 정치와 경제를 재구성하다 | 이현재(여성문화이론연구소)

토론 | 박차민정(이화여자대학교), 고정갑희(여성문화이론연구소)

여성문화이론연구소 제20주년기념 학술대회

페미니즘 트러블: 매체, 주체, 논쟁

일시: 2017년 12월 9일 토요일 오후 1시~6시

장소: 서울대학교병원 함춘회관 3층 가천홀

1부 발표 및 토론

사회 | 문은미(여성문화이론연구소)

인사말 | 고정갑희, 이현재

발표 1 | '이생망' '헬조선' 여성청년들의 페미니스트 되기 | 한우리(여성문화이론연구소)

발표 2 | 페미니즘 트러블: 도시 상상계와 편집증적 주체의 탄생 | 이현재(여성문화이론연구소)

발표 3 | 분절될 수 없는 것들: '넷페미'와 '퀸페미'의 이항 대립을 넘어서 | 홍혜은(넷페미니스트 · 자유기고가)

종합토론 | 김현미(연세대), 김수아(서울대), 손희정(여성문화이론연구소), 박미선(여성문화이론연구소)

2부 20주년 기념 〈다락방 이야기〉

인사말 | 이은경(20주년 기념 추진위원장)

이야기 손님 | 박이은실(사회), 고정갑희, 임옥희, 문은미, 나임윤경, 나영